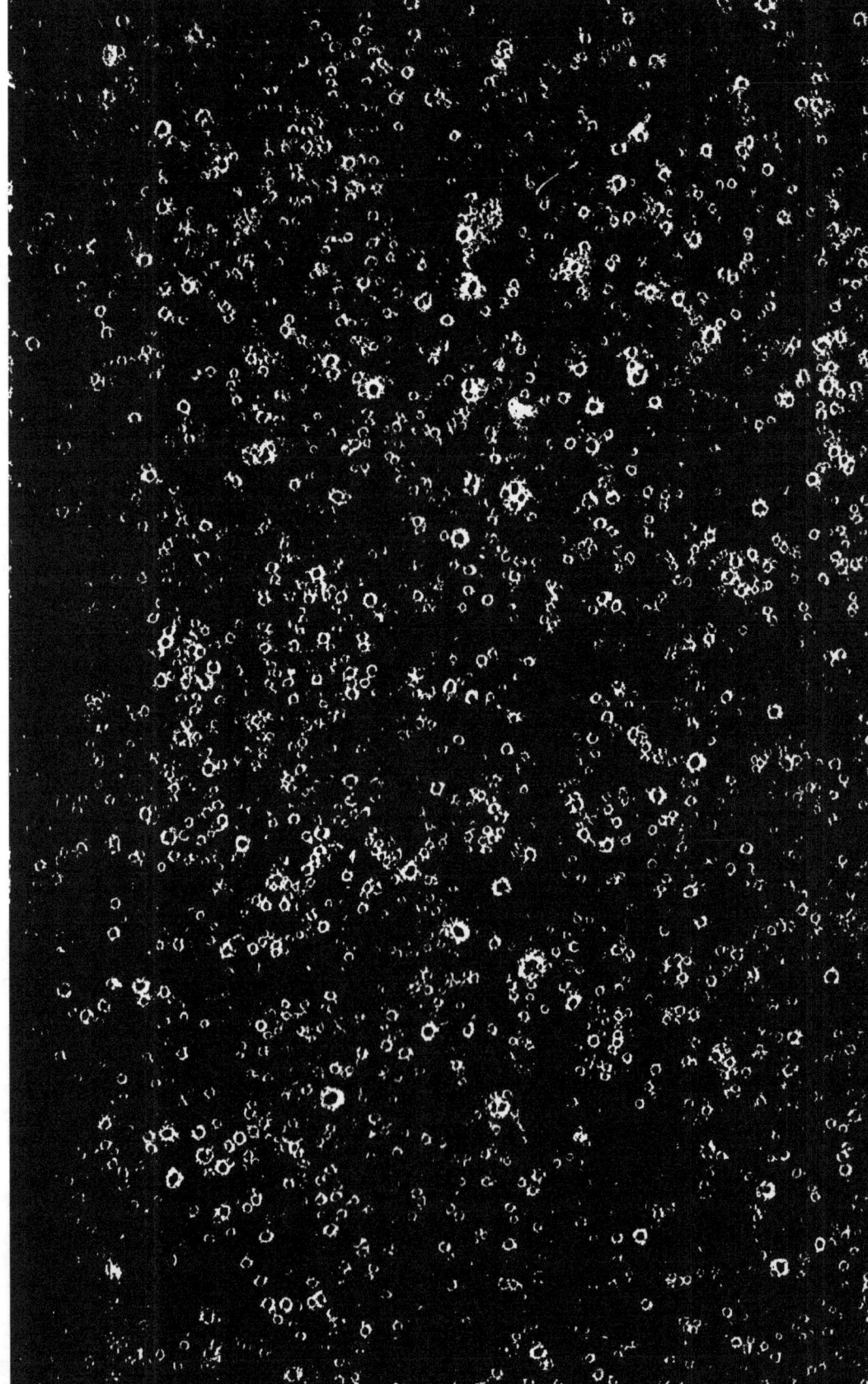

JEAN LAHOR

HISTOIRE
DE LA
LITTÉRATURE HINDOUE

LES GRANDS POÈMES RELIGIEUX ET PHILOSOPHIQUES

PARIS
G. CHARPENTIER ET Cⁱᵉ, ÉDITEURS
11, RUE DE GRENELLE, 11

1888

HISTOIRE
DE LA
LITTÉRATURE HINDOUE

OUVRAGES DU MÊME AUTEUR

L'ILLUSION, Poésies
Lemerre, éditeur

LE CANTIQUE DES CANTIQUES
TRADUCTION EN VERS

EN PRÉPARATION :

KALIDASA, MAGHA, LES PETITS POÈTES SANSCRITS, LES FABLES, LES CONTES, ET LE THÉATRE DES HINDOUS.

ASNIÈRES. — IMPRIMERIE LOUIS BOYER ET Cie

JEAN LAHOR

HISTOIRE
DE LA
LITTÉRATURE HINDOUE

**LES GRANDS POÈMES RELIGIEUX
ET PHILOSOPHIQUES**

Les Védas. — Les Darsanas. — Les Lois de Manu.
Le Bouddhisme. — Le Mahabharata.
La Baghavad-Gita. — Le Harivansa. — Le Ramayana.
La poésie mystique.
La religion de Siva. — Les Puranas.

PARIS

G. CHARPENTIER ET Cie, ÉDITEURS

11, RUE DE GRENELLE, 11

1888

(C)

A PAUL BOURGET

A vous, mon cher ami, qui avez fait du pessimisme contemporain dans vos belles « Etudes de psychologie » une si profonde et si douloureuse analyse, je dédie ce livre, en témoignage d'abord de ma très ancienne affection, et aussi de toute ma sympathie pour votre œuvre de psychologue.

Le sujet de ce livre est plus près de nous, que son titre ne le ferait supposer. Il raconte quelque peu en effet l'histoire du panthéisme et du nihilisme hindous. Or aujourd'hui la théorie panthéiste, sous des noms nouveaux, sous des formes nouvelles, et à sa suite, des théories pessimistes, nihilistes même, envahissent, troublent de plus en plus les esprits et les âmes. Il m'a dès lors semblé intéressant de rechercher et suivre l'histoire de ces idées au pays de leur origine, au pays du moins où elles ont reçu leur plus large et leur plus complet développement. Mais la façon la moins sèche peut-être d'écrire une telle histoire était de dérouler celle de la littérature et de la religion indiennes, toutes panthéistes à certaines époques, profondément nihilistes à d'autres : et j'ai composé cette esquisse, — car ce n'est vraiment là qu'une esquisse, — mais qui suffira, je l'espère, pour indiquer les grandes lignes de cette triple histoire, de la littérature, de la religion et de la philosophie des Hindous.

Cette littérature, si glorieuse et si riche de l'une des races les plus nobles parmi nos races aryennes, comment est-elle très peu connue, en France du moins ? Le voyage est long, je le sais ; la région est immense ; l'abord en est bien souvent difficile. Mais que de hauts enseignements, que de visions grandioses l'on en rapporte; comme on en revient étonné et plein de troublants, d'éblouissants, et aussi de terrifiants souvenirs, ainsi que ces voyageurs qui ont suivi les sentiers de l'Himalaya, longé par les crépuscules du matin et du soir ses glaciers ou ses gouffres!

Une de nos jouissances les plus vives et les plus nécessaires aujourd'hui n'est-elle pas de pouvoir revivre par la pensée, grâce aux progrès récents de toutes les sciences historiques, les divers moments du long rêve humain?

Or, avec celui des Grecs, celui des Arabes, à quelques moments du moins de leur civilisation, et j'ajoute celui de certains martyrs idéalistes, et surtout des martyrs chrétiens, je ne connais pas de rêve humain qui ait été plus magnifique et plus grand que celui de quelques-uns de ces brahmes, de ces rishis ou de ces poètes de l'Inde!

Évoquons les choses mortes. Si l'éternité future nous échappe, si notre vie trop brève, nous ne pouvons espérer de la prolonger dans l'avenir, prolongeons-la dans le passé de toutes ces idées, de tous ces sentiments, de toutes ces sensations qui nous sont rendus. C'est là le pouvoir magique des sciences historiques et critiques : et nous faisons bien de les aimer.

HISTOIRE
DE LA
LITTÉRATURE HINDOUE
PÉRIODE SANSCRITE

I

LE RIG-VÉDA [1]

On sait que la tribu des Aryas Hindous, après s'être détachée de la grande famille

[1]. La bibliographie des travaux sur l'Inde est si étendue déjà, que nous signalerons seulement les plus importants de ces ouvrages consultés par nous :
Reclus, *l'Inde*, VIII° vol. de la Géographie universelle (Hachette); Rousselet, *l'Inde des Rajahs* (Hachette); D' Le Bon, *les Civilisations de l'Inde* (Didot); F. Lenormand, *Manuel d'histoire ancienne* (A. Lévy); M. Fontane, *l'Inde védique* (Lemerre); sur l'histoire générale de la littérature, des religions et des philosophies de l'Inde, avant tout autre le livre excellent de Monier Williams, *Indian Wisdom* (H. Allen); et le beau travail de M. Barth, *les Religions de l'Inde* (Fischbacher); enfin les ouvrages bien connus de Max Muller, et surtout l'*Origine et le développement de la Religion*, traduit par Darmesteter (Reinwald); sur l'architecture indienne : Fergusson, *History of Indian and eastern architecture*.
Voir encore : le *Journal asiatique* et les ouvrages ou les mémoires publiés chez M. Leroux et M. Maisonneuve. Sur le Rig-Véda, voir : Bergaigne, *la Religion védique*

aryenne, d'où sont sortis aussi les Iraniens, les Slaves, les Germains et les Scandinaves, les Grecs, les Romains et les Celtes, se dirigea, par étapes, séculaires peut-être, vers le *Sapta-Sindhu*, et s'arrêta longtemps en ce pays des *Sept-Fleuves*[1]. C'est là sans doute que furent composés la plupart de ces hymnes, dont la réunion forme le *Sanhita du Rig*.

Le Rig-Véda, le monument le plus ancien et comme le Vieux Testament de cette race aryenne, n'a pas seulement, et d'une vive lumière, éclairé la naissance des Dieux aryens et des futurs Dieux brahmaniques; il a révélé encore l'origine et le sens primitif d'un grand nombre de mythes, de légendes, de vieux contes populaires, que les Aryens ont semés à travers le monde.

Nul document n'aura répandu de telles lueurs sur la paléontologie des religions indo-européennes, et aussi sur la genèse des Dieux dans la conscience humaine.

Ces hymnes nous montrent comment des idées, des images (εἰδέα), reflétant la nature en des imaginations très jeunes, et les plus riches peut-être qui aient jamais été, ont pris corps

---

d'après les hymnes du Rig-Véda; Em. Burnouf, *Étude sur le Véda*; Maury, *Croyances et légendes de l'antiquité*; Kuhn, *Die Heraukanft des Feuers*, etc.; les traductions, française de A. Langlois, réimprimée en 1872 chez Maisonneuve; anglaise de H. Wilson, réimprimée en 1868; de Max Muller (incomplète encore), 1869; allemande de Ludwig, 1876 et 1879; et de Grassmann, 1876-1877.
Pour la bibliographie de tous les Védas, consulter: Barth, *les Religions de l'Inde*, p. 4.

[1] Aujourd'hui le Pendjab, le pays des 5 fleuves, deux de ces fleuves s'étant perdus.

peu à peu dans la pensée et dans la langue, et sont devenues ainsi des entités divines.

Nous y voyons encore comment se sont formés les mythes, le plus souvent par des associations d'images, ou même par des synonimies fortuites, des rencontres, des confusions de mots. Puis d'âge en âge, de chute en chute, transformés et méconnaissables, nous ne les retrouverons plus dans la mémoire des hommes qu'à l'état de contes populaires[1] ; et nous aurons assisté ainsi à la complète évolution, à la naissance et à la mort, ou à la transformation plutôt, puisque en réalité rien ne meurt, de quelques-uns de ces mythes. et de ces symboles, qui pendant des siècles auront pu être la consolation, l'espoir ou la terreur de millions de consciences humaines.

Le trouble, l'hallucination perpétuels, la peur ou la joie, l'émoi journalier de l'homme primitif devant la nature, nous ne pouvons que bien difficilement les ressentir et nous les représenter aujourd'hui. C'est que tous les progrès de la science, c'est que l'accumulation de résistances contre la nature, lentement et patiemment acquises, nous ont donné plus d'indépendance en face d'elle, et aussi que des habitudes séculaires, émoussant toutes nos sensations, nous ont faits devant le spectacle des choses plus indifférents et tranquilles.

Comment aujourd'hui, par exemple, s'imaginer

---

1. La littérature des contes populaires est le patois des mythologies, a dit finement Max Muller.

ce qu'a été jadis l'adoration du soleil, du ciel lumineux, ou cette religion d'*Agni* (*ignis*), le feu universel, telles qu'elles nous apparaissent dans le Rig-Véda ?

Pour le bien comprendre un moment, il faut par la pensée revoir l'homme d'autrefois, la nuit, sur les rudes plateaux de l'Asie centrale, mal vêtu, mal abrité, grelottant de froid, terrifié souvent, dilatant ses prunelles, dardant ses yeux, tendant l'oreille vers ces ténèbres, où rôdent les fauves, qui sans cesse menacent ses troupeaux et lui-même. Ses armes le protègent à peine : aussi comme épouvanté par tout l'inconnu de la nuit, il attend le jour, épie ces feux légers, ces lueurs rapides qui, s'élançant dans le ciel, telles que des cavaliers (*les Aswins*), annoncent et précèdent l'aurore ! Et cette aurore, comme il la salue enfin, la bénit, et de quel cri, de quel hymne joyeux il acclame le libérateur, le sauveur, l'ami, *Surya*, le soleil, qui chasse le froid, perce les ombres, repousse les bêtes, les vagues démons nocturnes, ranime la chaleur du sang, rend la terre et le ciel aux regards de l'homme, réveille dans toute la nature la vie suspendue, presque éteinte.

Nulle connaissance, à cette époque, d'astronomie ni de géographie. Le soleil, chaque soir, où va-t-il ? Et quand vient l'hiver, quand il semble mourir et se coucher dans son sang, quelle inquiétude en toutes ces âmes! Le pâle et sanglant blessé, retrouvera-t-il sa force et son vivant éclat? De quel regard anxieux ils suivent ces luttes continuelles, dont l'atmosphère est le théâtre, luttes du soleil contre les nuages, contre la nuit, contre l'hiver ; lutte d'*Indra* ou du ciel contre les nuées, les dragons monstrueux qui longtemps ont retenu la pluie. C'est que pour ces tribus d'agriculteurs ou de pasteurs, en des régions où les sécheresses sont souvent longues et terribles, c'était la vie même, la vie des troupeaux et la leur, qui était en question à chacun de ces grands périls. Les orages, dans ces pays où ils sont fréquents et magnifiques, leur apparaissaient comme un drame divin, un drame effrayant et sublime, où leur existence et celle même du monde étaient chaque fois en jeu. L'éclair, le feu céleste, jaillissant de la pluie torrentielle, naissant ainsi des eaux, comme un embryon d'or, et cette pluie vivifiante, *ambroisie*, aliment des êtres, et cette voix du tonnerre formidable et sainte, qui paraît ressusciter la terre épuisée, mourante, tous ces prodiges, ces brûlantes visions étaient entrées depuis longtemps déjà dans les conceptions cosmogoniques de l'Arya : et des mythes nombreux rappelleront toujours chez les races aryennes l'idée de la vie sortant des eaux, de l'esprit divin qui se cache en elles, et celle du feu créateur, ou de la voix, évocatrice des êtres.

De moins en moins nous sentons aujourd'hui le mystère, l'*étrangeté* des choses. Mais pour ces imaginations naissantes, encore si près du réveil, véritables imaginations d'enfants, tout était miraculeux ou divin. Tout ce qui était favorable et bon, (la vie était si rude alors), ou aussi tout ce qui était menaçant, terrible, était facilement adoré par eux : la charrue, le sillon, le char de guerre, certains objets du sacrifice, les animaux surtout, la vache, le cheval, le chien, ou le serpent, l'oiseau avec ses cris d'augures, et ces montagnes hautes, impénétrables, qui de leur cime touchent le ciel, et ces sources, et ces fleuves qui sortent de l'inconnu, et ces arbres, ces plantes, dont la vie muette plonge mystérieusement dans la nuit, dans les premiers âges, tout naturellement était Dieu! Mais ce fétichisme inférieur a laissé peu de traces dans le Rig-Véda[1], et les Dieux de la Bible aryenne seront les personnifications plutôt des grands phénomènes lumineux.

Nous n'avons parlé que des feux célestes : imaginez quelle impression aussi pouvait produire le miracle, peut-être plus étonnant encore, du feu terrestre. Songez à l'homme, pendant de si longs siècles, souffrant, luttant, vivant sans le connaître! Un jour de deux morceaux de bois, le *pramanthi* et l'*arani* des hymnes védiques, par une mystérieuse conception, le feu jaillit, le Dieu parut! Quel éblouissement, et quelle joie! Mais quelle crainte aussi qu'il ne meure, que cette flamme, cette âme ne s'éteigne! Comme on veille dès lors sur le nouveau-né,

---

[1]. Il faut rappeler cependant le culte de certains arbres, de certains animaux, et celui des rivières, qui persistent encore parmi les Hindous. Nul Hindou, porteur du cordon, ne consentirait à manger de la chair de vache ou de bœuf. Quant aux rivières saintes, la Ganga, la Yumna, la Sarasvati, on sait les pèlerinages qu'elles attirent toujours.

sur le Dieu si étrangement conquis! Et comme de génération en génération, le père de famille désormais aura soin, au foyer domestique, de le protéger et nourrir! Lui aussi sait écarter les ombres, mettre en fuite les voleurs et les fauves, ranimer le sang engourdi, réveiller, réchauffer les cœurs; lui aussi attire et rapproche les êtres, fait se rassembler la famille: et voilà que ce Dieu, à qui rien ne résiste, fond même, assouplit les plus durs métaux, permet de forger les outils et les armes! De tels prodiges, nous ne les sentons plus; mais l'on comprend que les émotions, les idées et les associations d'idées qu'ils ont fait naître alors, aient pu créer ce grand culte d'Agni, qui prit dans la religion des Aryas Hindous un si curieux développement, et qui de nos jours encore est resté dans l'Inde l'un des plus populaires. Mais ce feu terrestre, qui reproduit ici-bas toutes les actions divines accomplies par le feu du ciel, est ce même feu sans doute, qui est descendu parmi nous : et devant cette tremblante flamme du foyer primitif, germe déjà en la pensée de l'Arya l'idée d'un Dieu, qui se fait humble, et vient, comme le fera Vishnu[1], s'incarner ici-bas pour le salut des hommes.

On suit facilement, à travers les hymnes du Rig, malgré leur désordre chronologique, les principales évolutions de la pensée religieuse chez l'Arya Hindou.

---

1. Prononcez Vichnou; l'*u* dans tous les mots sanscrits devra se prononcer *ou*, le *sh*, *ch*, le *j*, *dj*, et le *g* suivi d'un *i*, *gui*. Ex. : Patanjali, prononcez Patandjali; Yogi, Yogui.

Un premier âge apparaît, qui succéda sans doute à de longs siècles de fétichisme, l'âge d'*Indra*, où Indra, le Dieu du ciel d'orage, peu à peu conquiert la prééminence sur les anciens Dieux nationaux.

L'âge d'*Agni*, le feu divin, vient ensuite; Agni prend place à côté d'Indra, et l'importance donnée à son culte s'accroît jusqu'aux derniers temps de l'époque védique.

Et en même temps que ce culte d'Agni, le panthéisme se développe, grandit, a son plein triomphe aux temps des *Brahmanas* et des *Upanishads*.

On sait l'influence du langage dans la formation de tous les concepts religieux[1]. A l'origine il suffisait de créer des noms pour créer des figures divines, et certains Dieux du Rig ne sont en effet que des appellations diverses données par exemple au soleil, ou à différentes époques ou par des tribus différentes. L'un de ces Dieux solaires est *Surya*, l'Apollon hindou, dont le char est emporté par sept cavales brillantes, les sept *Harits* (les *Charites* grecques), et devant qui les étoiles fuient comme des voleurs.

... De sa splendeur il remplit l'air, et il se lève devant le peuple des Dieux, devant les hommes,

---

1. Songez, de nos jours encore, à la toute-puissance de certains mots, qui ont pris en bien des esprits la place et l'autorité des vieilles entités divines. Je rappellerai seulement ces mots, dont l'idée est généralement si vague, de Liberté, Égalité, République ou Royauté, etc., avec majuscules. Que de sottises ou de crimes commis aussi au nom de ces religions nouvelles!

devant le ciel entier, pour que tous le voient et l'admirent... De cette même clarté, Dieu purifiant et protecteur, tu couvres la terre qui porte les hommes, tu inondes le ciel, l'air immense, faisant les jours et les nuits, et contemplant tout ce qui existe. Sept cavales, au poil fauve, traînent le char qui te porte, Soleil éblouissant; ta belle chevelure est couronnée de rayons, Dieu qui vois tout... En te levant aujourd'hui, Dieu bienfaisant, en montant au sommet des cieux, guéris, Soleil, le chagrin de mon cœur et la pâleur de mon visage... (*Rig-Véda*, Sect. I, lect. II, hym. 4) [1].

Les autres noms du soleil sont *Bhaga* (le Magnifique), *Pushan* (le Nourricier), sorte de bon Pasteur, qui guide les troupeaux des vivants et des morts, *Savitri* (le Générateur), le Dieu à la main d'or, dont la main et les cheveux d'or se retrouveront dans de nombreux contes populaires; c'est aussi *Mitra* (l'Ami), que nous reverrons en Perse, *Aryaman* (le Protecteur), qui deviendra plus tard le soleil meurtrier, celui qui foudroie les impies, et dont le nom chez les schismatiques iraniens sera donné au principe du mal [2]; *Vishnu* enfin [3] (l'Actif), le

---

[1]. Trad. de Barthélemy St-Hilaire. *J. des savants*, 1853.
[2]. De même que les Dieux aryens, les *Devas* (les Lumineux), deviendront chez les Iraniens les esprits malfaisants, les *Divs*, et que les *Daimônes* de la mythologie gréco-latine seront les *démons* du moyen-âge chrétien, les haines religieuses firent sans doute aussi que le nom des *Asuras*, qui fut dans le principe celui des divinités aryennes, et resta chez les Mazdéens celui du bon principe, deviendra chez les Aryas du Sapta-Sindhu le nom des mauvais esprits.
[3]. Aux trois stations, aux trois pas, aux trois régions, ces noms d'abord étaient si bien de simples épithètes données au soleil que le nom de *Vishnu* fut aussi l'un des noms d'*Agni*, et celui de *Pushan*, l'un des noms d'*Indra*.

soleil créateur, qui plus tard, à l'époque brahmanique, quand auront pâli peu à peu ou se seront évanouies dans le ciel aryen quelques-unes des divinités anciennes, prendra un éblouissant éclat, et deviendra la seconde personne de la *Trimurti*.

Un jour, sans doute, la conscience aryenne voulut s'expliquer ces représentations d'un même Dieu, devenues ainsi des entités distinctes; et donnant à toutes une naissance commune, ce qui impliquait leur identité primitive, elle les fit sortir d'*Aditi*, figure mystérieuse dont la conception, ésotérique sans doute, fut certainement trop haute pour être jamais populaire, mais qui, très ancienne, semble avoir représenté déjà, chez les vieux Aryas, l'idée de l'universelle Substance, matrice profonde de tous les êtres :

Aditi, c'est le ciel; Aditi, c'est l'air; Aditi, c'est la mère, le père et le fils; Aditi, ce sont tous les Dieux, et les cinq races; Aditi, c'est ce qui est né et ce qui naîtra[1]... (S. I, l. VI, h. 9.)

Aditi a pour fils les *Attyas*, dont quelques-uns ainsi sont les personnifications du soleil, sous des apparences diverses. Un des fils d'Aditi est *Varuna* (l'Enveloppant), l'*Ouranos* grec, à

---

[1]. LANGLOIS, *Rig-Véda* (Maisonneuve). C'est à cette traduction que nous avons emprunté, mais en lui apportant parfois des modifications légères, la plupart des citations du Rig. Nous avons préféré toujours en effet renvoyer le lecteur français à des traductions françaises, qu'il a sous la main, tout incorrectes ou inégales sans doute que fussent quelques-unes d'entre elles, en attendant des traductions parfaites, comme le sont déjà par exemple celles d'Eug. et d'Em. Burnouf, celles aussi de MM. Foucaux, Hauvette Besnault, Regnaud, Bergaigne ou les traductions étrangères de Max Muller et d'Ém. Gorresio.

l'origine représentation de l'Océan céleste, et surtout de la Voûte nocturne, et qui prit de plus en plus dans la suite des âges un caractère moral, celui d'un justicier redoutable, punisseur des péchés.

Mais parmi les divinités lumineuses, celle que les hymnes ont certainement chantée avec les plus vives, les plus fraîches images, c'est *Ushas*, l'*Aurore*, l'une des rares figures féminines du polythéisme védique.

La plus douce des lumières se lève : elle vient de ses rayons colorer partout la nature.

Ramenant la parole et ramenant la prière, l'Aurore (Ushas [1]) répand ses teintes brillantes; elle ouvre pour nous les portes du jour. Elle illumine le monde, et vient visiter tous les êtres. Le monde entier était dans le sommeil; tu annonces, Aurore, que le temps est venu de marcher, de jouir de la vie, de faire les sacrifices, d'amasser des richesses. L'obscurité régnait; l'Aurore a au loin éclairé l'horizon; elle a visité tous les êtres....

Fille du ciel, tu nous apparais jeune, et sous un voile étincelant, reine des trésors terrestres. Aurore, brille aujourd'hui, brille fortunée pour nous.

Suivant les pas des Aurores passées, tu es l'aînée des Aurores futures, des Aurores éternelles. Viens ranimer tout ce qui vit, viens revivifier ce qui est mort!

Aurore, tu rallumes les feux des sacrifices; tu rends au monde le soleil ; pour l'œuvre sainte tu viens réveiller tous les hommes...

Depuis combien de temps l'Aurore vient-elle ainsi nous visiter? Celle d'aujourd'hui imite les anciennes

---

1. *Ushas*, éolien : Αως; lithuan. : *Aussra*, la fille du ciel, la sœur de la nuit, l'épouse du soleil, la bien-aimée du soleil levant, qui chez les Grecs sera *Eros*.

qui ont lui déjà, comme elle sera imitée de celles qui luiront dans l'avenir. Elle vient, à la suite des autres, briller pour le bonheur des êtres.

Ils sont morts, ceux qui voyaient l'éclat des Aurores passées; nous aurons leur sort, nous qui la voyons aujourd'hui; et ils mourront aussi, ceux qui les verront, les Aurores futures...

Dans les temps passés elle brillait splendide; avec la même magnificence aujourd'hui elle éclaire le monde; et dans l'avenir elle resplendira aussi belle. Elle ne connaît pas la vieillesse; immortelle, elle s'avance, toujours rayonnante de nouvelles beautés...

Elle nous appelle, pareille aux Aurores qui l'ont toujours précédée, aux Aurores qui la suivront toujours.

Levez-vous; l'esprit vital est venu! L'obscurité s'éloigne, la lumière s'avance! elle prépare au soleil la grande voie qu'il doit suivre. Nous allons reprendre nos travaux, ces travaux qui créent la vie.

Le ministre du sacrifice élève la voix, il chante les clartés de l'Aurore. Loin de lui, Aurore, repousse l'obscurité. En les éclairant de tes rayons, bénis le père et ses enfants. L'homme qui t'honore verra les Aurores futures multiplier ses vaches, et ses enfants robustes.

Puisse celui qui t'offre ces libations, accompagnées d'une prière qui chante comme un vent favorable, obtenir des Aurores fécondes en beaux coursiers..... Qu'ils nous protègent également, Mitra, Varuna, Aditi, les Eaux, la Terre et le Ciel [1].

Comme une danseuse, chante aussi Gotama, l'Aurore déploie ses formes; elle découvre son sein, comme la vache sa mamelle féconde; comme la vache donne son lait, elle donne au monde sa lumière... (S. I, l. VI, h. 12.)

Et ailleurs encore : L'Aurore ouvre ses voiles, comme une femme couverte de parures... Elle semble,

---

1. Hymne de Cutsa. LANGLOIS. Sect. I, lect. VIII, h. 1. *Rig-Véda* (Maisonneuve).

quand elle se lève, une jeune femme sortant du bain. Comme une femme qui veut plaire, l'heureuse fille du ciel déploie sa beauté devant nous. (S. IV, l. iv, h. 18.)

Adorable poésie, vivifiante et salubre, toute vibrante et comme pénétrée de la pure clarté du matin! Poésie heureuse, bien que traversée parfois d'accents mélancoliques! Poésie d'une race jeune et forte, vraiment sœur des nôtres, et qui allègrement sous le soleil accomplit son labeur humain! Et cette poésie, ne paraît-elle pas saluer pour l'âme aussi l'avènement de la lumière? La lumière, quelle autre race l'a plus aimée, et plus répandue par le monde? Et comme il appartient bien à cette race vaillante et vivante, cet appel au travail d'un sentiment et d'une expression si modernes : « Levez-vous! l'esprit vital est venu!... L'obscurité s'éloigne... Voici la lumière... Reprenons l'œuvre qui crée et entretient la vie!... »

Je retrouve ailleurs un appel semblable :

Il se lève du ciel, le Soleil brillant; il va à sa tâche lointaine, éclatant de lumière; — allons! que les hommes aussi, réveillés et ranimés par lui, aillent à leur place et à leur tâche [1].

L'Aurore dans le Rig-Véda est la sœur de la Nuit; elle est la mère des Dieux; elle est tantôt la mère, tantôt l'amante ou l'épouse du Soleil; de ces images, de ces appellations diverses, et de ces noces, de ces rencontres avec le Soleil, rencontres dont elle meurt en quelques passages du Rig, naîtront mille légendes et mille contes po-

1. Rig. VII, v, 4 (MAX MULLER, *Origine et développement de la religion.* Trad. de Darmesteter).

pulaires, depuis ceux par exemple d'Apollon et Daphné, qui disparaît dès que le soleil la touche, jusqu'à ceux peut-être de Psyché ou de l'Ilsa de Lohengrin [1], perdant leur bien-aimé dès qu'il s'offre à leurs yeux [2], et aussi tant de ces romans mythologiques, pleins de bizarres ou de monstrueux hymnes.

L'Aurore dans le Rig-Véda n'est pas la seule divinité du matin. Des feux la devancent, qui courent dans le ciel, rapidement le traversent : ce sont les *Aswins*, les jumeaux célestes, les feux crépusculaires du matin et du soir, qui en Grèce seront les Dioscures.

« O Aswins, s'écrie l'hymne de Prascanwa, percez les ténèbres qui nous entourent, et donnez-nous cette nourriture lumineuse qui rassasie les yeux. » (S. I, l. III, h. 14.)

Ils traversent les cieux tantôt sur un char, tantôt sur un vaisseau. Ils sont parfois les époux

---

[1]. Lohengrin, le soleil sans doute, héros-cygne, comme Zeus dans la mythologie grecque.

[2]. L'on a certainement abusé des mythes du Soleil et de l'Aurore; nous reconnaissons toutefois qu'on les peut retrouver en beaucoup de nos contes populaires. Ainsi Cendrillon, aux beaux souliers d'or, et la Belle au bois dormant, que délivrent des Princes charmants, beaux comme le jour, semblent en effet la Lumière éclipsée ou endormie, l'Aurore ou le Printemps, que le Soleil délivre. Ailleurs, le Petit chaperon rouge paraît représenter au contraire l'Aurore tuée par le Soleil, sous la forme du loup (λόγνος, licht, lumière, et λύκος, lupus, loup). Peau d'âne semble être la lumière voilée par le brouillard ; et le Chat botté le Soleil, sous sa forme égyptienne du grand Chat d'Héliopolis. Barbe-Bleue serait Indra à la barbe d'azur, tuant l'une après l'autre les Aurores ses épouses. Enfin le Prince Grenouille, qui reprend sa forme et sa beauté premières en se mariant à une jeune fille rappellerait le soleil sortant le matin des eaux, et s'y recouchant le soir. Voir Husson, *la Chaîne traditionnelle*.

de l'Aurore, ailleurs les pères du Soleil et de la Lune, parce qu'ils les précèdent ; ils sont encore les médecins divins, et ils ont appris à Manu à labourer et à semer l'orge.

Mais voici les deux grands Dieux védiques, *Indra* et *Agni*.

Indra parmi les *Devas*, parmi les *Etres resplendissants*, adorés des Aryas, prit un jour le rang suprême.

Les autres Dieux, dit un rishi à *Indra*, on les a renvoyés, tels que des vieillards décrépits : et tu es devenu le Dieu souverain.

C'est le Dieu du ciel d'orage ; c'est bien le Dieu local de ces régions du Pendjab, où à la nature brûlée, desséchée, expirante, des orages soudains viennent rendre la vie. L'étymologie de son nom est peut-être *indu*, la pluie. Il est comme Zeus, armé de la foudre. C'est le Rajah triomphant toujours et cuirassé d'or.

Il paraît, et les montagnes, le ciel et la terre ont tremblé d'épouvante. (S. I, l. v, h. 2.) Toutes les forêts frissonnent à son passage. (S. IV, l. vii, h. 3.)

Par beaucoup de traits il rappellera aussi le Jahveh des Juifs. Invisible et secourable, il donne les troupeaux, les richesses.

C'est sa foudre en effet qui répand l'abondance, en délivrant la pluie captive. Il tue *Ahi*, il tue *Vritra*, les nuées noires, les dragons des orages, qui la tenaient prisonnière au fond de leurs cavernes. Il tue *Sushna* (le Desséchant), personnification de la sécheresse, le disque peut-être du soleil brûlant, qui dévore et consume la terre [1].

Les *Maruts* (les Brillants), Dieux des vents [2], fils de la *Terre* et de *Rudra* (le Hurleur), (le vent des tempêtes, qui se confondra un jour avec *Siva*), les *Maruts* l'accompagnent, lui forment une légion lumineuse, rappelant celle des *Amshapands* ou des *Izeds* de la religion persane, ou celle des Anges, armés comme eux et la lance en main, de la légende juive et chrétienne.

Les *Maruts*, dit l'hymne védique, pressent les nuages comme une mamelle (S. I, l. v, h. 3); ils la traient parmi les mugissements de la foudre... Tels que des éléphants sauvages, ils renversent les forêts, quand à leur char sont attelés des coursiers rougeâtres (les nuages rouges qui annoncent le vent). (S. I, l. v, h. 3.)

Ce sont donc eux qui soufflent la tempête, poussent les vaches célestes, les grands nuages.

C'est avec leur aide qu'Indra met en fuite et tue les *Rakshasas*, les mauvais génies, ces harpies, ces démons védiques qui remplissent la légende indienne.

Il les frappe avec son tonnerre à l'Orient, à l'Occident, au Midi, au Nord; il donne la mort à ces malfaisants esprits, à tous ces vagues démons, qui, sous la forme de chouettes, de chats-huants, de chiens, de loups, de vautours, (S. V, l. vii, h. 4),

---

1. La même légende en Grèce se transformera en deux légendes diverses, celles de Phaéton et d'Ixion.
2. Un autre Dieu du vent est *Vayu*, Dieu de l'air, Dieu des souffles, et du souffle de vie.

sinistres oiseaux nocturnes, ou bêtes impies, épouvantent les âmes pendant les ténèbres ou viennent troubler, souiller le sacrifice.

L'athéisme des bêtes, leur irrévérence devant les actes du sacrifice étonnait, inquiétait en effet les peuples primitifs, et l'on peut comprendre que des animaux qui venaient sur l'autel même ravir les viandes consacrées passassent pour d'impies et monstrueux démons.

Indra, comme le Zeus hellénique dans sa lutte contre les Titans, détruit les citadelles des *Asuras*[1], des esprits du mal, c'est-à-dire les amoncellements de nuages, qui viennent obscurcir les splendeurs célestes.

Les victoires d'Indra sur *Vritra* et *Ahi* sont surtout célèbres. *Vritra*, le ravisseur des nuées, desséchait la terre; de sa foudre puissante le Dieu le frappe, et de nouveau la pluie coule à torrents (S. I, l. v, h. 15).

Ahi, le serpent, est le nuage rampant, roulant dans le ciel, dragon qui va dévorer la lumière, et dans sa caverne retient les eaux captives (S. V, l. viii, h. 15.)

La multiplicité des images, qui toutes représentent le même phénomène naturel, a ici multiplié les légendes, les a variées à l'infini.

Indra de sa foudre a frappé Ahi; il a sur la terre répandu les ondes, déchaîné les torrents des montagnes célestes.

Il a frappé *Ahi* qui se cachait au sein des monta-

---

1. Le sens primitif d'*Asuras* fut celui de *Vivants*, d'*Esprits*.

gnes célestes ; il l'a frappé de l'arme retentissante que lui avait forgée *Tvashtri* [1].

Il a frappé Ahi, et les eaux comme des vaches courant vers l'étable, précipitamment s'en retournent au fleuve (S. I, l. III, h. 13).

La poésie de ces pasteurs compare donc à des vaches, qui courent à l'étable, les eaux bondissantes, rendues à la terre ou au lit des fleuves desséchés ; et ces vaches, image alors de tout ce qui donne la richesse, des nuages [2], des eaux, comme des clartés du soleil qu'Indra chaque matin avec sa chienne *Sarama* (l'Aube du jour) va chercher dans l'étable nocturne, nous les retrouverons en de nombreuses légendes, dans celle de Vishnu par exemple, comme ailleurs dans celles d'Hercule ou de Cacus.

Dans cet hymne qui célèbre la victoire d'Indra sur Ahi et Vritra, on voit clairement la genèse des mythes ; et ces figures de serpents, de dragons, représentant les lourdes nuées sombres qui semblent par les jours d'orage vouloir envelopper et dévorer le soleil, deviendront l'origine aussi de tant de contes populaires, familiers surtout à la race aryenne, où un héros toujours jeune et resplendissant de beauté, tel que Vishnu, Ahouramazda, Féridoun, Apollon, Hérakles, Cadmus, Jason, Odin, Sigurd, combat et détruit des

---

1. Le Vulcain védique, le feu vital, le Dieu mystérieux de la génération, habile à créer les formes, et qui dans le sein de leur mère façonne tous les animaux, l'une des apparences, l'un des noms d'Agni. Il est l'aïeul maternel des Aswins. Parfois il est père d'Agni.

2. Dans les hymnes védiques, les nuages sont tantôt des serpents, tantôt des vaches, tantôt encore des forteresses ou des villes, repaires des sombres *Asuras*.

dragons ou des monstres, dont quelques-uns crachent le feu, comme la nuée, la foudre.

La conception d'*Indra* s'élevant peu à peu, il fut un jour le Dieu, qui comme le *Jahveh* hébraïque, « tient le monde en sa main, qui a fait naître le soleil et l'aurore, a déployé l'immensité des cieux, à qui la terre et les cieux obéissent et qui les dépasse de son infinie grandeur... L'homme qui l'honore peut être ébranlé, mais ne périt pas. » C'est lui qui donne la victoire à l'Arya, et lui aussi devient un Dieu des armées. Enfin il apparaît bientôt comme la force universelle, le Dieu qui a formé toutes choses, et nous ne disons pas *créé*, pour le bien distinguer du Dieu sémitique. C'est en effet du néant, *ex nihilo*, que celui-ci fait surgir la nature. Indra, le Dieu aryen, la tire de sa propre substance, et agissant perpétuellement en elle, continue à la pénétrer et à la vivifier de son souffle.

Et cependant le panthéisme arya-hindou semble sorti plutôt de la religion d'*Agni* (*ignis*, le Vif, l'Agile), considéré bientôt comme le Dieu du feu et de l'énergie universels, comme la force immanente, éternelle, sans cesse produisant et entretenant la vie.

Il n'était d'abord que le feu terrestre, la flamme du foyer ; il devint celle du sacrifice quand s'établit le sacrifice, puis bien vite, se transfigurant, il égala Indra. En s'élançant vers le ciel, comme pour remonter à sa source, il semblait emporter les prières, et il prit le rôle de médiateur entre la terre et le ciel.

Il fut dès lors le pontife suprême, le prêtre

consacré par *Manu* et qui officia de tout temps dans la demeure de *Vivaswat*[1].

L'Arya dans le principe ne pensait sans doute qu'à reproduire par le sacrifice le rite et l'ordonnance des phénomènes célestes ; mais comme cette flamme du foyer, excitée ou allumée par lui aux heures du matin et du soir, il la nourrissait par ses oblations, il crut naïvement nourrir ainsi le Dieu du feu et les Dieux mêmes, vers qui elle montait avec sa fumée, et qui avaient pris, disait-il, « la bouche et la langue d'Agni, pour qu'elles fussent leur bouche et leur langue. »

Ces paroles d'évocation, ces appels à l'Aurore, au Soleil, ne semblaient-ils pas réveiller et comme ressusciter la nature engourdie?

Dès lors le sacrifiant, qui croyait, à l'appel de l'hymne, faire jaillir la lumière, l'éclair, ou faire tomber la pluie, se regarda comme investi d'un pouvoir magique sur la vie des choses, et les rites du sacrifice dominèrent bientôt toute la religion des Védas.

Mais cette flamme qui surgit splendide, quand la libation[2] est versée et « qui dormait dans l'*Arani*, comme l'embryon dans la matrice », n'est-elle pas la même que l'éclair, la flamme, qui sort de l'eau des nuages[3]? Le feu de la

---

1. L'Étincelant, le Soleil, et quelquefois le Firmament.
2. Libation de beurre clarifié, ou de *Soma*, liqueur fermentée, l'*eau-de-vie* du temps.
3. On remarquera qu'en ces mythes de l'orage et du feu parfois le feu sort des eaux, comme l'éclair de la pluie, et qu'ailleurs ces eaux sont créées par Agni, parce que la pluie quelquefois suit l'éclair, et semble délivrée par lui. Les images se pressent trop confuses en des imaginations aussi jeunes.

terre et le feu du ciel sont donc identiques ? Et Agni apparaît multiple : car s'il est dans les maisons, il est aussi dans le ciel, au sein des nuages, « où il n'a ni pieds ni tête, cache tous ses membres, se mêle à la noire vapeur ». Dans l'hymne 9, l. v, S. II, il est éternel, infini, il est tous les Dieux, tous les Adityas, il devient le feu cosmique, il est le Dieu universel ; enfin dans l'Atharva-Véda, il est *Kama*[1], le Désir ou l'Amour (Ath.-V., III, 2-4), Dieu des terreurs et des orages, Embryon d'or, perdu aussi dans des ténèbres d'eau, dont il s'est dégagé un jour.

A l'origine, enveloppé dans la nuit, cet univers n'était qu'une grande eau indistincte. L'Un formidable, du sein du vide, surgit alors par la puissance de son désir. Oui, l'Amour, voilà le premier-né des êtres, l'Amour, qui plus tard produisit la Pensée, et en qui les sages, s'ils interrogent leur cœur, découvrent le lien du non-être et de l'être [2].

Mais l'imagination aryenne, animant toutes choses, animera et adorera aussi tout ce qui appartient à ce Dieu, tout ce qui l'entoure et le sert, ainsi les *Apris*, les sept formes de la flamme, et les objets employés dans le sacrifice, et les dix doigts du sacrificateur, pareils aux *Dactyles* grecs, et les Prières, qui seront les épouses d'Indra, comme dans Homère elles sont les filles de Zeus, et le *Soma*, la liqueur fermentée, qui, aliment de ce feu sacré, finira

---

1. *Kama*, l'Amour a pour symbole un poisson, qui figure sur les bannières du Dieu, et qui rappelle cette origine : c'est le poisson *Makara*, la monture de Varuna.
2. DARMESTETER. *Essais orientaux*, p. 147. — Voir aussi dans l'*Atharva-Véda*, IX, 2.

par se confondre avec lui, et être un Dieu lui-même, précepteur et des Dieux et des hommes[1].

L'hymne enfin, *Brahman*, sera divinisé ; et dès lors, les *Brahmanes*, les sacrificateurs devenus chaque jour plus puissants par l'importance donnée à l'évocation magique, tendront peu à peu à enfermer la pensée religieuse dans un ritualisme, un formalisme étroit, mais dont s'affranchiront, nous le verrons bientôt, d'ardents et audacieux esprits.

Rien n'est curieux, en vérité, comme cette religion du *Soma*, qui se rattache ainsi à la religion du Feu.

Les Aryas primitifs connaissaient les boissons fermentées. Cette boisson de saveur chaude, le soma, ranimait, enivrait l'homme, comme le faisait *Agni*, le feu terrestre et céleste. Comme lui, elle communiquait à l'Arya une force, une vie nouvelle ; comme le feu né du mouvement rapide du *pramantha*, morceau de bois, taillé en pointe tournant dans l'*arani*, disque de bois creusé d'un trou)[2], elle était obtenue par un barattement circulaire : et cette ressemblance entre la production de la flamme et celle des boissons fermentées suffisait déjà pour faire naître en des imaginations naïves l'idée d'une origine commune ou d'une réelle identité. Agni n'est-il pas en tout, obscur, invisible, mais prêt toujours à se manifester, et ainsi dans le miel, dans

---

1. Voir, S. VII, les hymnes qui lui sont consacrés.
2. Où il était sans doute entré avec la pluie, qui avait nourri et fait croître le bois.

les plantes [1], d'où s'écoulent ces liqueurs de feu?

Après les sécheresses, parfois si redoutables en ces contrées de l'Asie centrale, le miracle de la vie ressuscitée par la pluie torrentielle, et cette véritable ivresse, qui pour la nature suit l'orage, firent comparer par les Aryas l'eau céleste ravivant la terre au *Soma*, qui excitait leur joie, réveillait, décuplait leurs forces.

La pluie fut le *Soma* céleste, l'*Amrita* [2], la liqueur qui donne l'immortalité, et « Mitra et Varuna dans les nuages gardent l'Amrita précieux » qu'un faucon un jour, image de l'éclair, sut ravir et apporter aux hommes. Ainsi, sous les espèces de l'Amrita ou du Soma, l'*eau de feu*, c'est Agni, Agni toujours qui coule de ces nuages, jaillit de ces plantes, anime la nature entière, enivre l'Arya et ses Dieux. Car Indra, quand il va combattre, boit aussi le Soma, pour exalter ses forces [3]. Le Soma devient comme Agni un Dieu descendu sur la terre pour le salut des hommes, et qui souffre, a sa passion divine, ses membres, les tiges de la plante qui le donne, étant meurtris, broyés dans un mortier! Et après cette mort il ressuscite sur le bûcher, s'élance

---

1. Certaines plantes aussi ne sont-elles pas filles de la foudre? — Voir *les Mythes du feu et de l'arbre céleste*, par Kühn, dans la *Revue germanique*.
2. De *a* privatif, et de *mri*, mourir.
3. Voir dans l'hymne 14, l. VII, s. VIII, l'ivresse d'Indra : « Comme le vent secoue les arbres, ce breuvage m'agite. Je suis ivre de soma. Ce breuvage m'agite, comme des chevaux furieux qui entraînent un char. Je suis ivre de soma. ..... Je suis plus grand que le ciel, que cette terre que l'on dit grande : je suis ivre de soma. ....Je suis entouré de splendeurs, je m'élève au-dessus des airs. Je suis ivre de soma... »

radieux pour devenir, dit Langlois (Mém. sur le *Soma*), ce Soma céleste ou *Agni Surya*.

Des rapprochements involontaires viennent à l'esprit: qu'en conclure? ceci seulement, que la race aryenne était plus prête que toute autre à accueillir la religion d'un Dieu, qui vient s'incarner, souffrir, mourir pour les hommes.

Mais l'hymne de la prière, *Brahman*, médiateur entre le ciel et la terre, entre le sacrificateur et les Dieux, est devenu Dieu aussi, et ce Dieu, qui semble figurer le Brahmanisme triomphant va bientôt envahir le ciel d'*Indra* et d'*Agni*, y resplendir après leur crépuscule, et sera la première personne de la *Trimurti* hindoue.

Le *Brahman* védique paraît ne représenter encore que la force des mots sacramentels, cette irrésistible puissance des formules sacrées, qu'à tous moments rappellent les épopées hindoues. *Vack* (*vox*), qui fut certainement à l'origine la grande voix du tonnerre, fut la représentation d'une conception semblable; et *Vack* dans le Rig-Véda, est la Parole, évocatrice ou créatrice du monde (S. VIII, l. VII, h. 6). La parole en effet ne semble-t-elle pas génératrice de l'acte, et cette parole créatrice, ce fut *Vack*, ou *Brahman*, qui dans les Upanishads gardera longtemps ce sens d'énergie féconde.

Mais pendant que se multipliaient ainsi les images divines, quelques grands esprits, entrevoyant sous ces formes sans nombre l'unité de la force et de la substance, découvraient un ciel nouveau, plus lumineux, plus large, le ciel du Panthéisme hindou.

Ce fut, selon nous, cette conception, particulière à l'Arya védique, du feu universel, cause première et générale de la vie, qui lui fit imaginer d'abord l'idée d'une force ou substance unique, antérieure comme supérieure à tous les Dieux.

Agni, dit le Véda, est dans la terre, dans les herbes, dans les eaux [1]; Agni est dans la pierre, dans l'animal, dans l'homme [2]. Et ainsi apparaît déjà ce sentiment de la fraternité des êtres, qui se développera de plus en plus et remplira parfois d'une infinie douceur le brahmanisme et le bouddhisme.

Il est Vishnu, dit un hymne à Agni, il est Aryaman et Twashtri; il est Rudra; il est la force des Maruts et le soutien de tous les êtres; il est Pushan, Savitri, Bhaga; il est la raison de tout, l'âme de l'univers.

Agni, dans un autre hymne (S. V, l. VII, h. 2) devient le *Prajapati*, le maître de la création, et sa nature de Dieu universel y est clairement proclamée.

Le Dieu au germe d'or (*Hiranyagarbha*) apparaît. Il vient de naître, et déjà il est le maître du monde. Il remplit le ciel et la terre. A quel autre dieu offririons-nous l'holocauste ?

Il donne la vie et la force. Tous les êtres, les Dieux, sont soumis à sa loi. L'immortalité et la mort ne sont que son ombre. A quel autre dieu offririons-nous l'holocauste ?

Il est par sa grandeur le seul roi de tout ce qui voit et respire. Il est le maître de tous les animaux. A quel autre dieu offririons-nous l'holocauste ?

1. Puisque de la pluie semble sortir l'éclair.
2. La nourriture qui soutient la vie des êtres est faite de soleil, dira le Mahabharata, parlant déjà comme la science moderne. (Éloge du Soleil, l. I.)

Sa grandeur, ce sont ces montagnes couvertes de neige, cet Océan avec ses flots, et les régions célestes ce sont les deux bras qu'il étend. A quel autre dieu offririons-nous l'holocauste?

Par lui ont été solidement établis le ciel, et la terre, tout l'espace, tout le firmament. C'est lui qui dans l'air a répandu les ondes. A quel autre Dieu offririons-nous l'holocauste?

Le Ciel et la Terre affermis par ses soins ont frémi du désir de le voir, alors que Surya brille à l'orient. A quel autre dieu offririons-nous l'holocauste?

Quand les grandes Ondes sont venues, portant dans leur sein le germe universel et enfantant Agni, alors s'est développée l'âme unique des Dieux. A quel autre dieu offririons-nous l'holocauste?

Avec fierté il voit autour de lui ces Ondes, qui contiennent la Force, enfantent le Sacrifice. Parmi les Dieux il est incomparable. Lui seul est Dieu par-dessus tous les Dieux. A quel autre dieu offririons-nous l'holocauste?

Qu'il nous protège, celui qui, accomplissant sa fonction, a engendré le Ciel et la Terre, celui qui est le père des grandes Ondes. A quel autre dieu offririons-nous l'holocauste?

O Prajâpati, nul autre que toi n'a donné naissance à ces êtres. Accorde-nous les biens pour lesquels nous t'offrons le sacrifice. Puissions-nous devenir les maîtres des richesses!

Ces paroles, par instants sublimes, sont bien les premières lueurs du panthéisme hindou. Certains de ces vieux rishis furent pris de vertige, quand leur pensée tout à coup s'ouvrit à de telles clartés, quand ils découvrirent l'universelle parenté des choses, et se sentirent un avec Dieu.

L'essence, l'énergie d'Agni existe dans tous les

êtres. Quand je pense que cet être lumineux est dans mon cœur, les oreilles me teintent, mes yeux se troublent, mon âme s'égare en son incertitude. Que dois-je dire? et que puis-je penser[1]?

Citons cet hymne aussi sur la genèse des choses, où apparaît toujours le mythe du feu, né des eaux, et où le feu est glorifié comme Dieu créateur.

Le père de ce grand corps qui étonne nos yeux, a dans sa sagesse enfanté les ondes[2] aériennes, et ensuite le ciel et la terre...
Celui qui est notre père, qui a engendré et contient tous les êtres, connaît chacun des mondes. Dieu unique, il crée tous les Dieux. Tout ce qui existe le reconnaît pour maître. Les Ondes ont porté dans leur sein celui qui est supérieur au Ciel, à la Terre, aux Dieux, aux *Asuras*, celui qui éclaire tous les êtres...
Sur l'ombilic de l'Incréé, reposait un œuf dans lequel étaient tous les mondes.
Et vous connaissez celui qui a fait toutes ces choses; c'est le même qui est en vous. Mais à nos yeux, tout est couvert comme d'un voile de neige. (S. VIII, l. III, h. 11).

---

1. ÉM. BURNOUF, *Essai sur le Véda*. Le Mahabharata dira : O Agni, tu es l'âme du vent, tu es la matière des jeunes pousses; les eaux sont ta semence. Inné en toutes les choses et croissant toujours avec elles, tu les conduis à la maturité. Le tout subsiste en toi! Revêtu des formes du soleil, par tes rayons tu prends l'eau de la terre, puis par les pluies que dans leur saison tu répands, tu rends la vie à tous les êtres! Tout alors renaît de toi; les lianes, le vert feuillage, les lacs, le bassin fortuné des eaux, tout l'humide palais soumis à Varuna. (II, 8419.)
2. Ici encore, Agni semble enfanter les eaux, et plus loin il est porté ou enfanté par elles. Il y a peu de logique, il n'y a guère que des sensations, des impressions, et qui souvent se contredisent, en ces cerveaux primitifs.

Enfin, un de leurs grands poètes, Dirgatama, s'écrie en son religieux enthousiasme :

Le Ciel est mon père : il m'a engendré ; j'ai pour famille tout cet entourage céleste. Ma mère, c'est la Terre immense. Mais je ne sais à quoi ressemble tout ce mystérieux univers : et mes yeux se troublent, je vais comme enchaîné dans ma propre pensée...

L'Esprit divin qui circule au Ciel, on l'appelle Indra, Mitra, Varuna, Agni : les Sages donnent à l'Etre unique plus d'un nom : c'est Agni, Yama, c'est Matariswan [1].

Cette pensée de Dirgatama, que tous les Dieux ne sont que les apparences, les noms du Dieu unique, sera celle de tout le panthéisme hindou, et explique sa tolérance.

Par une étonnante audace, digne encore de cette race aryenne, comme le noble tourment de ces pensées, sœurs des nôtres, certains de ces rishis, qui sentaient si bien le divin dans les choses, comprirent cependant aussi que tous ces Dieux, peuplant l'espace, étaient des fantômes évoqués par leur rêve, et quelques-uns dès lors se refusèrent à rester les dupes d'entités, qu'ils avaient enfantées eux-mêmes.

Ils entrevirent que les Dieux naissent et meurent.

Les ancêtres, dit l'un d'eux, ont façonné les Dieux, comme un ouvrier qui façonne le fer..... Sans la Parole, disent-ils encore, il n'y aurait ni Dieu ni ciel. Les Dieux existants naissent de ceux qui ne sont plus, et qu'a vus l'âge précédent. Chantons les naissances des Dieux, qui, évoqués par l'hymne, verront le jour dans les temps à venir...

1. H. 7, l. III, s. II.

Agni, Varuna, Indra, furent, tout d'abord, les formes le plus souvent glorifiées du Dieu universel.

O Varuna, chante Vasishta (H. 7. s. V. l. vi), le vent, c'est ton souffle agitant les airs... En toi repose l'immensité de la terre et du ciel, O Varuna, tous les mondes sont en toi. Tes clartés heureuses voient se développer autour d'elles les belles formes du ciel et de la terre... Exempts de péché, puissions-nous plaire à Varuna, qui est doux, même au pécheur.

C'est à son culte en effet que paraissent rattachées surtout l'idée de la loi morale et celle d'une justice supérieure. Gardien de l'ordre dans l'univers, il punit les coupables, dispense les maladies vengeresses ; et à lui s'adresse le pécheur que tourmentent les remords.

Nous avons vu *Dirgatama* proclamer le Ciel et la Terre, comme deux divinités souveraines et antérieures à tous les Dieux. Un hymne (S. II, l.v, h. 2) chante le couple divin, *Dyava Prithivi*, dans un langage, dont l'élévation morale nous semble témoigner, comme l'hymne à *Varuna*, d'une origine relativement récente :

De ces deux divinités, quelle est la plus ancienne? Qelle est la moins âgée? Comment sont-elles nées? O poètes, qui le sait? Elles portent le monde, tandis que roulent comme deux roues le jour et la nuit.

Toutes deux, tranquilles, sans mouvement, contiennent des êtres doués de mouvement et de vie. Tels que des parents qui gardent sans cesse à leurs côtés un enfant chéri, ô Ciel et Terre, préservez-nous du mal !

Divinités heureuses et secourables, nous sommes

3.

à vous, Ciel et Terre qui avez les dieux pour enfants[1]. Vous marchez tous deux avec l'escorte divine des Jours et des Nuits. O Ciel et Terre, préservez-nous du mal!

J'invoque dans le sacrifice, en implorant le secours des dieux, ces deux divinités, mères grandes, larges, solides, remplies de beauté, immortelles. O Ciel et Terre, préservez nous du mal!

J'invoque, par ma prière et dans ce sacrifice, ces divinités grandes, larges, étendues, immenses, heureuses, bienfaisantes, qui contiennent le monde. O Ciel et Terre, préservez-nous du mal!

Si nous avons commis quelque faute contre les dieux, nos amis, nos enfants ou notre père, que cette prière nous fasse obtenir le pardon. O Ciel et Terre, préservez-nous du mal!

Pieux et recueilli, j'ai adressé cette prière au Ciel et à la Terre. Vous, notre père et notre mère, toujours irréprochables, préservez-vous du mal, soyez nos protecteurs.

Ciel et Terre, notre père et notre mère, accordez-nous la grâce que je vous demande. Donnez-nous la fortune, la force et l'heureuse vieillesse! (S. II, l. v, h. 2.)

Pour ce Dieu nouveau, entrevu par quelques rishis, il fut créé de nouveaux noms divins : ce fut *Prajapati* (le Seigneur des créatures), *Swayambhu* (l'Être existant par lui-même), *Viswakarman* (l'Artiste universel), *Paramâtman*, (la grande Ame du monde), et voici, à cette Ame suprême, le plus bel hymne peut-être de tout le Rig-Véda. Il est attribué à *Prajapati*, rishi qui portait le nom de son Dieu.

Rien n'existait alors, ni visible, ni invisible, ni

---

1. Comparez le Zeus et la Demeter pélasgiques, Ouranos ou Chronos et Rhéa.

sat, ni *asat* (ni *être,* ni *non-être*). Point de région supérieure; point d'air; point de ciel. Où était l'enveloppe du monde? quel lit contenait les ondes? Où étaient les profondeurs de l'air?

Il n'y avait point de mort, point d'immortalité. Rien n'annonçait le jour ni la nuit. Lui seul respirait, sans souffle, renfermé en lui-même. Rien n'existait que Lui.

Au commencement les ténèbres étaient enveloppées de ténèbres; l'eau était sans mouvement. Tout était confondu. L'Etre reposait au sein de ce chaos, et le grand Tout naquit par la force de son énergie.

Au commencement l'Amour (Kama) fut en lui, et de son esprit jaillit la première semence.....

Qui connaît ces choses? Qui peut parler d'elles? D'où viennent les êtres? Quelle est cette création? Les Dieux aussi ont été enfantés par Lui. Mais Lui, qui sait comment il existe?

Celui qui est le premier auteur de cette création, la soutient. Et quel autre que Lui pourrait le faire? Celui qui du haut du ciel a les yeux sur ce monde entier, le connaît seul. Quel autre aurait cette science[1]? (S. VIII, l. vii, h. 10.)

Ainsi l'Être absolu, donne naissance déjà dans les hymnes védiques à de nombreuses hypostases : ici c'est *Kama* (le Désir), ailleurs c'est *Hyanyagarbha* (l'Embryon d'or), ailleurs *Rita* (l'ordre), et les Eaux, et la Chaleur, et le Temps, (le Temps rappelant quelque peu la concep-

---

1. Voyez cet hymne encore sur le mystère des choses : Qui a vu l'Être primordial au temps de sa naissance ? D'où est venue la substance, dont s'est revêtu ce qui était sans substance? De la terre vinrent le souffle et le sang, mais d'où vint l'âme?... Quel sage peut répondre? L'indescriptible roue d'Agni accomplit ses révolutions sans fin... La disque du soleil s'avance et en lui fut déposé le monde... (II. 7. l. iii. s. II.)

tion moderne du mouvement éternel agitant la matière, et lentement ainsi créant et transformant les choses), qui sont comptés parmi les premiers Principes.

La distance cependant est grande encore de ce panthéisme des Védas à la religion brahmanique, telle qu'elle nous apparaît par exemple dans les lois de Manu. Nous ne trouvons dans ces saints livres ni l'institution des castes, ni l'idée de la métempsycose. Mais l'immortalité de l'âme y est maintes fois et clairement proclamée ; et les justes dans le ciel védique prennent place à côté des Dieux.

Cette conception de l'immortalité de l'âme se rattache, selon nous, encore à la religion d'Agni. L'âme en effet, étincelle d'Agni, doit, après la mort, retourner à lui, comme chacun de ces éléments, dont la réunion et l'équilibre instable forment l'être humain, retourne à la substance, ou à la force dont il émane.

Les hymnes funèbres du Rig doivent généralement à ces idées religieuses ou philosophiques une foi tranquille dans la loi des choses, qui tempère leurs douloureux accents.

On sait comme est réel aujourd'hui pour nous ce sentiment qu'au sein de la substance éternelle se désagrègent et se dispersent tous ces agrégats provisoires, qui font, pour un moment, notre personne humaine ; et ne paraît-elle pas singulièrement moderne, cette prière hindoue, si sereine et si simple ?

Que l'œil aille dans le Soleil; le souffle dans Vayu, (le Vent). Remets au Ciel et à la Terre ce que tu leur dois. Va donner aux eaux et aux plantes les parties de ton corps qui leur appartiennent [1].

Mais il est de ce mort une portion immortelle. C'est elle, Agni, qu'il faut échauffer de tes rayons, enflammer de tes feux. O Djatavedas [2], dans le corps fortuné récréé par toi, transporte-le au monde des hommes pieux. (S. VII, l. vi, h. 11.)

Cet hymne paraît se rapporter à une crémation du cadavre. Voici, pour une inhumation, un chant funéraire, qui s'adresse au Dieu de la mort, *Mrityu*, et qui sans doute était récité en face du cadavre, comme un *vocero* corse :

O *Mrityu*, suis une autre voie; ta voie n'est pas celle des Dieux. Je parle à un être qui voit et entend : épargne nos enfants et nos hommes.

O vous tous, vous qui parvenez à arrêter les pas de *Mrityu* et à prolonger votre vie, soyez purs, brillants, ayez des enfants nombreux et de grandes richesses. Sacrifiez magnifiquement aux Dieux.

Et nous, les survivants, retournons et laissons le mort! Puissent nos oblations plaire aux Dieux; et qu'ils nous soient propices! Allons maintenant, allons danser et rire, et espérons une vie longue.

Laissez approcher avec le beurre du sacrifice ces femmes pures qui possèdent encore leur époux...

Et toi, femme, va dans la maison où pour toi la vie est encore. Retrouve celui qui n'est plus, et dont tu fus l'excellente épouse, dans les enfants laissés par lui.

Je prends cet arc dans la main du trépassé pour notre force, notre gloire, notre prospérité. Voilà donc, ô mort, ce que tu es devenu. Et nous, soyons des hommes de cœur, et triomphons de nos ennemis!

Mort, va retrouver la terre, cette mère large et bonne, et qui s'étend au loin. Toujours jeune, qu'elle soit

---

1. Ou prends un corps dans les plantes.
2. L'un des noms d'Agni.

comme un tapis, douce à celui dont les oblations ont honoré les Dieux. Qu'elle te protège contre *Nirriti*[1].

O Terre, soulève-toi. Ne blesse point ses os. Sois pour lui prévenante et douce. O Terre, couvre-le, comme une mère son enfant d'un repli de sa robe.

Que la Terre se soulève pour toi et mollement t'enveloppe.

J'amasse la terre autour de toi; je forme ce tertre, pour que tes os ne soient point blessés. Que les Pitris gardent ta tombe. Que Yama creuse ici ta demeure.

Les jours sont pour moi ce que les flèches sont pour la plume qu'elles emportent. Je retiens ma voix, comme le frein arrête le coursier.

Hymne de Sancousouca, fils de Yama (H. 13, l. VI, s. VII).

On retrouve chez les Aryas l'antique coutume des libations aux morts : l'âme pour eux, comme pour les Grecs et les Romains, conservait donc au-delà du tombeau quelque matérialité, ainsi qu'en témoigne cette formule d'évocation :

Ton âme visite au loin la contrée de Yama; nous la rappelons ici, à ton habitation, à la vie;

Ton âme visite au loin le Ciel et la Terre; nous la rappelons ici, à ton habitation, à la vie...

Ton âme visite au loin l'océan des nuages ; nous la rappelons ici, à ton habitation, à la vie.

Ton âme visite au loin les torrents lumineux; nous la rappelons ici, à ton habitation, à la vie...

Ton âme visite au loin le Soleil et l'Aurore; nous la rappelons ici, à ton habitation, à la vie...

Yama, le premier homme, fils de *Vivasvat*, le Soleil, et qui fut le premier mort, est dans les

---

1. Déesse du mal et de la destruction. Elle se rapproche de Kali, la future déesse de la mort, l'épouse de Siva.

Védas le roi des régions funèbres¹. En Crète c'est aussi Minos (Manu), le premier homme, qui est juge aux enfers.

« Yama, dit un hymne védique, traverse les grands abîmes ; il est la Voie et le rendez-vous des nations. Il nous indique la route que nous suivrons tous. Nos pères l'ont parcourue avant nous ; et nous naissons pour y marquer nos pas. »

Yama, en compagnie de Varuna, règne dans les hauteurs du ciel, dans les régions des eaux éternelles et de la lumière². C'est là que sous le grand arbre mythique³, aux sons d'une flûte, il appelle et réunit les morts. Ces morts rassemblés par Agni ont à passer entre deux chiens énormes, qui gardent le chemin du ciel. Transfigurés, ils boivent comme les Dieux l'*Amrita* céleste, l'eau d'immortalité, l'ambroisie qui les divinise. Les *Pitris* (*patres*) en effet, les Pères prennent rang parmi les Dieux, et parmi eux resplendissent surtout ces Rishis, ces prêtres qui ont établi les premiers sacrifices et de la sorte fondé l'ordre éternel, allumé les feux du ciel et de la terre.

Mais pour que les *Pitris* pussent demeurer parmi les Dieux, il fallait que leurs descendants

---

1. Vivasvat et Yama sont peut-être encore des formes d'Agni. Yama serait Agni psychopompe. Yama et Yami, sa sœur, étaient pour quelques rishis le premier couple humain. Le Dieu de la mort est resté chez les Iraniens l'ancêtre de l'humanité.
2. D'où sont descendues la vie, l'âme, le feu terrestre.
3. Le monde apparut aussi aux Aryas primitifs, comme un arbre immense, dont les nuages étaient les rameaux. Comparez le frêne Ygdrasil de la mythologie scandinave.

entretinssent leur vie céleste par le sacrifice du *sradha*, et de là chez les Hindous, l'importance du fils, qui seul pouvait l'offrir, comme il conservait aussi, toujours allumée, la flamme du foyer domestique, image de l'étincelle de vie se perpétuant dans la race.

Si le paradis apparaît déjà, nulle trace d'un enfer encore, et le sort fait aux méchants par-delà cette vie n'est pas nettement indiqué.

Le Rig fournit quelques renseignements précieux sur l'état moral ou social, et sur l'histoire obscure de ces temps primitifs.

Les idées de bienfaisance, de charité envers ceux qui souffrent apparaissent déjà dans le recueil. L'idée du devoir semble née de bonne heure dans la conscience aryenne : et c'est l'ordre des choses, c'est le *droit chemin* (le *Rita*) suivi par l'Aurore, par le Soleil, par le Jour et la Nuit, c'est l'eurythmie universelle qui paraissent en avoir donné aux Aryas Hindous la révélation première. Leurs mœurs[1] étaient fortes et pures. L'Arya était monogame ; la polygamie n'apparaît que comme un privilège royal. Le mariage ressemble au mariage romain, si grave et digne. Les Aryas sont à la fois agriculteurs et pasteurs. L'idéal de la plupart d'entre eux, comme celui du reste de la plupart des hommes, est le plus souvent peu élevé. Ce qu'ils demandent à leurs Dieux, c'est tout d'abord une vie longue, c'est la santé, ce sont des vaches, des chevaux, de

---

1. Ils demandent aux rivières et aux montagnes herbeuses, au soleil et à l'aurore de les tenir dans la pureté. (Voir H. 13, l. v, s. VII).

grands troupeaux, des enfants qui prospèrent. Naïvement même, à chaque page du Rig, la prière le rappelle aux Dieux : si on leur donne, c'est pour qu'ils rendent. Mais par certains côtés, cependant, comme ils apparaissent supérieurs à certains de nos paysans d'aujourd'hui, d'abord par leur émotion devant la nature, et aussi par leur gratitude envers les animaux, surtout envers la vache qui, donnant son lait comme une mère, fut sacrée pour eux, autant que pour les Egyptiens.

Le culte était très simple et consistait en sacrifices et en prières. Pour autel, un tertre de gazon ; pour temple, la terre et la voûte du ciel.

Consacrée par la parole sainte, la terre entière est un autel. (Cat. Brahm., III, 1. 4.)

Alors nulle image des Dieux. Ce sera fort tard, après le bouddhisme, que s'élèveront les grands édifices religieux. Par côté les Aryas Hindous demeureront longtemps très idéalistes.

Les offrandes aux Dieux, que dévorait Agni, étaient le beurre fondu, le lait caillé, des gâteaux, du riz, du soma. Cependant, des fêtes solennelles, des sacrifices sanglants existaient déjà, réclamant le concours d'un certain nombre de prêtres.

C'était le sacrifice qui, aux yeux des Aryas, entretenait perpétuellement l'ordre et la vie des choses[1]. Le culte ayant pris de bonne heure une

---

[1]. Du sacrifice quotidien le sage védique s'éleva un jour à la conception d'un sacrifice primordial, dont la victime, *Purusha*, immolée par les Dieux, avait donné

telle importance, un corps de brahmanes se forma, gardant la tradition des prières et des rites, et le sacerdoce devint héréditaire. Plus tard les vieilles familles sacerdotales rattacheront leur origine aux anciens rishis, créateurs des rites, auteurs inspirés des hymnes, et dont quelques-uns, Dirgatama, Vasishta, Visvamitra furent de grands poètes.

Il semble que les Aryas soient arrivés très tôt à une science profonde et compliquée des rythmes. Cette musique des vers, imitation vague du rythme universel, devait être pour eux, on le sent, l'une des formes nécessaires et les plus hautes de l'adoration.

Les brahmanes, au temps du Rig, n'avaient guère qu'une autorité religieuse, et ne demandaient aux kshatryas que des vaches ou des chevaux, n'exigeant pas encore la domination temporelle.

Les rajahs, les chefs des tribus, parfois appelés *gopas* (pasteurs), ou *vispatis*, maîtres du peuple, étaient dans le principe sans doute nommés à l'élection.

Dans un des hymnes du Rig, qui célèbre avec majesté la puissance royale, ils paraissent sacrés par un prêtre :

Je t'ai amené au milieu de nous. Sois ferme; soutiens-toi sans trembler. Le peuple te désire. Que ta royauté ne soit pas ébranlée !

Crois en grandeur. Ne tombe pas; sois une montagne inébranlable. Tiens-toi aussi ferme qu'Indra. Affermis ta puissance.

naissance au ciel et à la terre, en semant son corps par l'espace.

Qu'Indra, par la vertu de cet holocauste, te soutienne. Que Soma, que Brahmanaspati te soit favorable.

Le Ciel est ferme ; la Terre est ferme ; fermes sont ces Montagnes et le monde. Que ferme aussi soit le rajah des peuples.

Que Varuna, que Vrihaspati, qu'Indra et Agni soient le ferme soutien de ta royauté.

Qu'Indra rende ton peuple fidèle à payer l'impôt. (H. 31, l. viii, S. VIII.)

Mais un recueil de prières ne peut, on le comprend, fournir que des renseignements bien incomplets sur les mœurs d'un peuple. L'hymne qui suit, le fameux hymne aux dés, qui se rapporte à l'une des passions les plus anciennes et les plus durables de la race aryenne, est ainsi d'une rare valeur :

J'aime avec ivresse ces enfants du grand Vibhâdaca[1], ces Dés qui s'agitent, tombent dans l'air et roulent sur le sol. Mon ivresse est pareille à celle que produit le Soma : que Vibhâdaca, toujours éveillé, me protège. J'ai une épouse qui n'a contre moi ni colère, ni mauvaise parole. Elle est bonne pour mes amis comme pour son époux. Et voilà la femme dévouée, que je laisse pour tenter la fortune !

Cependant ma belle-mère me hait, mon épouse me repousse. Les secours que me demande le pauvre, je les refuse. Le sort d'un joueur est celui d'un vieux cheval de louage.

D'autres consolent la femme de celui qui aime les coups de dé triomphants. Et son père, sa mère, ses frères disent : Nous ne le connaissons pas, qu'on le prenne et l'emmène.

Quand je réfléchis, je ne veux plus que ces Dés me fassent malheureux. Mais en passant les amis me poussent. Les Dés noirs en tombant font en-

1. Qui distribue le bonheur, Dieu du jeu.

tendre leur voix, et je vais où ils sont, pareil à une femme éperdue d'amour.

Le joueur arrive à la réunion. Il se dit, le corps échauffé : « Je gagnerai ! » et les Dés s'emparent de ce joueur, qui leur livre tout son avoir.

Les Dés sont comme le conducteur de l'éléphant, armé d'un croc dont il le presse. Ils brûlent le joueur de désirs et de regrets, remportent des victoires, distribuent le butin, font la joie et le désespoir des jeunes gens, et, pour les séduire, ils s'enduisent de miel.

La troupe des cinquante-trois [1] se livre à ses ébats ; et brille comme le divin Savitri. Ils ne cèdent ni à la colère ni à la menace. Le roi même s'incline devant eux.

L'épouse du joueur s'afflige, abandonnée ; sa mère se désole, ne sachant ce qu'est devenu son fils. Lui-même prend peur, poursuivi par un créancier ; la pensée du vol lui est venue ; il ne rentre que pendant la nuit.

En revoyant sa femme, il songe que d'autres sont heureuses, que d'autres ménages sont heureux. Dès le matin il attelle de nouveau le char de ses noirs coursiers [2], et quand Agni s'éteint, il couche sur le sol comme un misérable Vrichala [3].

O Dés, je salue avec respect le roi et le chef de votre armée. Je ne dédaigne pas vos présents, et je vous tends les deux mains. Mais je dirai en toute vérité :

O joueur, ne touche pas aux Dés ! Travaille plutôt à la terre, et jouis d'une fortune, fruit de ta sagesse. Je reste avec mes vaches, avec mon épouse. J'ai là un bonheur qui a pour garant le grand Savitri... (S. VIII, l. VIII, h. 2.)

Les hymnes les plus récents du Rig paraissent du XVI° ou du XV° siècle avant notre ère. A

1. Les trois forment un ensemble de 53 points.
2. Les dés.
3. Nom d'une classe d'hommes impurs.

cette époque les Aryas étaient arrivés jusqu'au confluent de la Yamuna et du Gange, et occupaient le Doab, l'ancien Brahmavarta, la terre sainte des brahmanes.

C'est vers le xiv⁰ siècle avant J.-C. que semble avoir été faite une première compilation des hymnes. Elle a été par la légende attribuée à *Krishna Dwaipayana*, surnommé *Véda-Vyasa* (l'ordonnateur ou le compilateur des Védas).

L'écriture n'existait pas encore. De génération en génération, le saint livre se transmettait oralement, et l'un des hymnes compare sa récitation dans les écoles aux coassements de joie des grenouilles, quand revient la saison des pluies, une grenouille répétant le chant de l'autre, comme l'élève, les paroles du maître.

Quand l'écriture s'introduisit dans l'Inde, apportée sans doute par les Phéniciens, on fit entre le ix⁰ et le viii⁰ siècle une nouvelle recension des hymnes, qui fut alors définitive. Au Rig, furent joints alors les trois autres Védas, puis des *Brahmanas*, des *Aranyakas* et des *Upanishads*, et tout cet ensemble forma le grand corps du Véda, ou de la Science sacrée.

Le Sanhita du Rig nous a longtemps retenu; c'est qu'il est de tous les livres védiques le plus intéressant peut-être.

En nous montrant ce que fut l'imagination si riche des Aryas primitifs, il nous fait comprendre comment par la suite s'est formé ce monde infini d'images, de mythes, de symboles, de légendes, que nous verrons s'épanouir dans la littérature hindoue, et comment s'est créée cette genèse de Dieux, la plus riche, la plus grandiose et la plus folle, que le rêve humain ait enfantée jamais. Il nous montre aussi comment le panthéisme hindou s'est peu à peu dégagé du naturalisme des premiers Aryas : et cette évolution, nous la suivrons encore dans l'étude des Brahmanas et des Upanishads.

II

LE YAJUR, LE SAMA ET L'ATHARVA-VEDA. LES BRAHMANAS ET LES UPANISHADS[1]

Le *Rig*, le *Yajur*, le *Saman* et l'*Atharva-Véda* forment par leur réunion le *Véda* ou la *science divine*.

Chacun de ces *Védas* se divise en *Sanhitas*, en *Brahmanas*, en *Aranyakas* et en *Upanishads*.

Les *Sanhitas* sont le recueil des hymnes ou *Mantras*, et sont en vers.

Les *Brahmanas* sont surtout des rituels ; mais ils renferment aussi des légendes et des spéculations philosophiques. Les plus anciens de ces Brahmanas ne paraissent guère de beaucoup antérieurs au viii° siècle av. J.-C. Les Brahmanas sont le Talmud hindou.

Les *Aranyakas*, ou « livres de la forêt », destinés aux ascètes, et les *Upanishads*, « les séances », sont des traités mystiques, le plus souvent en prose, et dont les méditations ou les rêves ont en général pour objet la nature de l'*Atman*, c'est-à-dire

1. Voir sur les Brahmanas et les Upanishads, la bibliographie de BARTH, *Religions de l'Inde*; REGNAUD, *l'Exposé chronique et systématique d'après les textes de la doctrine des principales Upanishads* (Vieweg); BARTHÉLEMY ST-HILAIRE, *Journal des savants*, 1853.

de l'âme humaine et divine. Les Upanishads sont aujourd'hui les vrais Védas pour l'Hindou qui pense.

Les hymnes du Rig et du Yajur étaient récités d'après certains rythmes, nécessairement solennels ; ceux du Saman étaient chantés.

Le *Yajur*, à l'exception de quelques passages en prose, est presque entièrement formé d'hymnes empruntés au Rig. C'est un bréviaire pour les offices. Le *Rig* n'a qu'un *Sanhita*, le *Yajur* en a deux, le *Yajur blanc* ou le *Vajasaneya-Sanhita*, et le *Yajur noir*, ou le *Taitiriya-Sanhita*, qui sont au fond peu différents l'un de l'autre.

Tous les vers du *Sama-Véda* sont aussi pris au Rig, et il n'est intéressant que par ses Brahmanas et ses Upanishads.

L'*Atharva-Véda* paraît le plus récent. Il ne semble pas qu'il ait été accepté dès l'abord par le corps entier des brahmanes. Les lois de Manu et la Baghavad-Gita omettront de le mentionner. C'est un recueil d'exorcismes et d'incantations, un livre de sorcellerie plus que de piété ; et nous serions tenté d'y reconnaître quelque influence étrangère, et comme l'infiltration des superstitions anaryennes dans la religion des Aryas. Il y a là des paroles magiques pour détruire son ennemi, chasser les pestes, gagner au jeu, être heureux en amour. Les Upanishads qui se rattachent à ce Véda sont, au contraire, d'une rare élévation, et c'est d'elles que s'inspirera surtout la future école Védanta.

Tel est, dans son ensemble, le monument du Véda, monument gigantesque, où des hymnes parfois sublimes se mêlent aux prières les plus plates, où des méditations très hautes se rencontrent près de puérils et pieux radotages, où des aperçus ingénieux, parfois des intuitions étonnantes, sont confondus avec d'enfantines rêveries, où des divagations physiologiques, philosophiques ou religieuses d'une interminable longueur et d'une irritante subtilité, accompagnent des légendes, souvent absurdes ou presque folles, encyclopédie monstrueuse, obscure toujours, et d'autant plus confuse que toute chronologie précise y est encore, comme en la plupart des œuvres de la littérature indienne, presque impossible à établir. Ce que l'on sait, c'est que le Rig est de cette littérature la partie la plus ancienne; c'est que les Brahmanas, les Aranyakas et les Upanishads sont postérieurs aux Sanhitas et qu'ils sont pour la plupart antérieurs aux différents systèmes de la philosophie hindoue.

Dans les Védas sont donc réunis des monuments de plusieurs âges : et de là, comme en presque toutes les compositions religieuses du génie hindou, tant de parties disparates et quelquefois contradictoires. Ajoutons que les différences d'interprétations et de doctrines étaient fréquentes entre les collèges brahmaniques, comme entre brahmanes du même rite, et que la plus grande liberté d'opinions était laissée à tous. Le brahmanisme en effet ne songea pas, comme le fit plus tard le bouddhisme, à bien préciser jamais ni à bien fixer sa doctrine. Tout au contraire, l'esprit de l'ancien brahmanisme, large comme il convenait à son génie panthéiste, volontiers et librement s'épanouissait en tous sens. C'est ainsi que des théories très contraires, et aussi opposées l'une à l'autre que le matérialisme l'est à l'idéalisme, se rencontrent dans ses livres saints : et d'elles prendront bientôt naissance les principaux systèmes de la philosophie indienne. Rien chez les Aryas, en effet, qui rappelle la religion révélée des Sémites, arrêtée, enfermée dans les dogmes : pour le panthéiste aryen la vérité est, comme la vie même, dans un perpétuel devenir ; elle se fait, se défait sans cesse, et nulle révélation ne se peut dire définitive.

En certaines Upanishads par exemple, à l'origine des choses, c'est d'une sorte de matière obscure et inconsciente, que paraît se dégager l'Esprit, et il porte alors le nom d'*Hiranyagarbha*, (l'Œuf ou l'Embryon d'or), de *Nârâyana* (Celui qui dort sur les eaux), ou de *Viraj* (l'Eblouissant), Dieux organisateurs du chaos. Ailleurs (Chandog. Up., III, 19, et Taittir. Up., II, 1. 7) l'*Asat*, le *Non-être*, la matière indéterminée, semble s'organiser par ses propres forces, et c'est la théorie qu'adopteront la philosophie Sankhya, et le bouddhisme, du moins à son origine.

La conception la plus commune cependant sera celle d'un Dieu, qui de sa propre substance crée ou plutôt émet l'univers, ainsi que l'araignée sa toile (Mundaka Up., 17) ; et alors ce Dieu produit le monde tantôt par un sacrifice volontaire, en donnant son sang et sa chair, qu'il répand à travers l'espace, tantôt par un développement logique, une évolution nécessaire de ses énergies infinies, tantôt par une opération de *Kama*, du Désir (l'Eros de la cosmogonie d'Hésiode), qui un jour de l'abîme divin fait sourdre l'immensité des êtres.

Dans la Brihad. Up. la *Mort*, *Mrityu*, est le premier Principe, et c'est elle qui a enfanté la vie, par horreur sans doute de sa solitude et de son néant. (Voy. aussi Gopatha Up., 1.)

Les doctrines sur les relations du Créateur et de la création sont également très diverses. Le plus souvent, dans les anciennes Upanishads, Dieu se confond avec l'Univers ; il est la nature entière, *natura naturans et naturata*. Ailleurs, il en est distinct, et pour combler l'abîme, qui sépare l'infini du fini, certaines Upanishads évoquent des divinités anthropomorphes, telles que *Prajâpati* (le Maître des créatures), ou *Brahma*, manifestation première de *Brahman*, le Dieu absolu, le Dieu neutre. Ailleurs enfin est niée la réalité objective de tout l'univers (mais ceci n'apparaît que dans les dernières Upanishads), et la nature n'est plus qu'une illusion décevante, un mirage, une vision qui se perd aussitôt et s'efface en Dieu, seule et immuable réalité.

Il y a deux formes de Brahma, la matérielle et l'immatérielle : la matérielle est illusoire, l'immatérielle seule est réelle. (Maitr. Up., 6. 3, trad. de Regnaud.)

L'homme, dit la Chand. Up., est égaré par la Maya, par cette erreur qui est comme l'enveloppe de toutes les choses réelles... L'univers n'est qu'un grand spectacle, évoqué par un magicien. (Maitr. Up., 7. 11, id.)

Fait curieux, et qui démontre bien la tolérance

particulière au vieux brahmanisme : ici c'est un kshatrya, et là c'est une femme, qui au cours de ces dialogues métaphysiques apportent les idées les plus audacieuses, les plus neuves (Brihad. Up., II, 1; VI, 2. Chandog. Up., V, 3, etc.). Le Buddha, kshatrya aussi, continuera la tradition de ces hardis penseurs, que nous ont révélés les saints livres.

Alors en effet, au sein du brahmanisme, se fit une profonde réforme religieuse, et comme un mouvement précurseur du bouddhisme. Peut-être cette réforme fut-elle provoquée par les solitaires, par ces rishis déjà nombreux qui, retirés dans les forêts ou les grottes des montagnes, ne pouvaient plus dès lors accomplir les rites coutumiers. Toujours est-il qu'à cette époque certains penseurs, s'affranchissant de l'anthropomorphisme, et repoussant tous les divins fantômes de la mythologie védique, firent consister la religion véritable non plus dans les rites et les sacrifices, mais dans la pureté du cœur, dans la méditation, dans la connaissance de Brahma, et déclarèrent que la science de l'Être suffisait à l'âme, pour conquérir sa délivrance [1]. Or, le brahmanisme des derniers temps védiques fit place, en ses saints livres, à ces doctrines si dangereuses pour lui, puisque leur tendance était en réalité de rendre le culte et le sacerdoce inutiles. Mais une telle foi, trop haute pour la foule des âmes, ne fut jamais

---

1. Voir dans la Chandog. Up. du Sama-Véda le dialogue entre Narada et Sanat-Kumara. VII, 1-4.

sans doute que la religion de quelques rares et très grands esprits.

Le Véda, la Bible des Hindous, renferme donc en germes toute leur métaphysique et à très peu près toute leur religion futures. Indigeste et trop illisible souvent, nous l'avons reconnu, est cette immense encyclopédie religieuse; mais, au milieu de conceptions absurdes et d'imaginations qui sont folles (car de plus en plus depuis l'entrée dans l'Inde le génie des Aryas hindous, simple encore et modéré au temps du Rig, s'est compliqué, s'est altéré, a déformé la vision des choses), soudain, en quelques pages, le sublime éclate, et ce sont ces glorieux aspects des Brahmanas ou des Upanishads, que nous essaierons de faire entrevoir.

Au Rig-Véda ne se rattachent que deux Brahmanas. Notons dans l'un d'eux très ancien, l'*Aitareya Brahmana*, une allégorie philosophique ingénieuse, la dispute des sens, origine peut-être de la fable bien connue des membres et de l'estomac; notons aussi une légende remarquable, l'histoire de Sunahsepa, qui doit se rattacher au souvenir des sacrifices humains (Voy. Haug. VI, 13), et où il est dit de la naissance d'un fils :

Par son fils un père paie sa dette aux ancêtres. Le père renaît en lui; et le plaisir que ce fils lui donne dépasse tous les plaisirs. La nourriture fait vivre, les vêtements nous protègent; l'or est une parure; une femme aimante, le meilleur des amis, une fille est parfois un objet de tourments, mais un fils est comme une lumière, qui descend du plus haut du ciel.

Au Yajur blanc appartient le *Satapatha Brahmana*, l'un des plus importants. Ce Brahmana renferme la légende du déluge, légende qui n'apparaît pas dans le Rig et qui certainement n'a pas une origine aryenne [1].

Parmi les Upanishads de ce *Yajur* nous signalerons *l'Isa* et le *Sarwamedha Up.*, qui exposent la doctrine du *Yoga*, développée plus tard par le *Sankhya* théiste de *Patanjali*, et magnifiquement traduite par la Baghavad-Gita.

Voici des fragments de l'Isa Upanishad :

Un maître souverain régit le monde...
Cet Etre unique, que rien ne peut atteindre, est plus rapide que la pensée, et les Dieux mêmes ne peuvent comprendre l'énergie de ce premier Etre.
Il est loin, et près de toutes choses ; il remplit tout cet univers, et il le dépasse infiniment encore...
L'homme qui sait voir tous les êtres dans ce suprême Esprit, et ce suprême Esprit dans tous les êtres, ne peut dès lors dédaigner nulles choses. L'homme qui a compris que tous les êtres n'existent que dans cet Etre unique, et reconnu leur identité avec lui, quel trouble et quelle douleur peuvent désormais l'atteindre ?
Et alors perdu en Brahma, il est lumineux, il est sans corps et sans matière, il est pur, il est délivré de toute souillure et de toute souffrance ; il sait, il prévoit, domine tout ; et les êtres lui apparaissent ce qu'ils furent de toute éternité, constamment semblables à eux-mêmes.
Que le vent, que le souffle immortel emporte ce corps qui n'est que cendres ; mais, ô Brahma, rappelle-toi mes désirs, rappelle-toi mes actes.

1. Ici le poisson, qui vient sauver le monde en annonçant le déluge à Manu, n'est pas encore une incarnation de Brahma, ce qu'il sera dans le Mahabharata, ou un avatar de Vishnu, comme dans les Puranas vishnouites.

Agni, conduis-moi par des voies sûres à la béatitude éternelle ; ô Dieu qui connais tous les êtres, purifie-nous de tout péché...

Ma bouche dans cette coupe d'or cherche la vérité. Je t'adore, ô Brahma, sous la forme du Soleil... ô Brahma, je t'adore ; entends ma prière, Brahma, ô Soleil éternel !... (*Isa Up.*, trad. de Barthélemy-St-Hilaire, *Journ. des savants*, 1853-54.)

Dans la *Katha Upanishad*, l'une des plus anciennes, nous trouvons l'intéressant dialogue de Naciketas et du Dieu de la Mort, Yama.

Le père de Naciketas a sacrifié son fils dans un *Sarvamedha* (sacrifice universel). Yama a quitté son royaume ; Naciketas y arrive, et comme pendant trois jours le Dieu s'est fait attendre, il offre à Naciketas de satisfaire trois de ses vœux. Or, celui-ci lui demande la révélation du grand mystère de la mort.

« Quand un homme a cessé de vivre, dit-il, il y a doute ; les uns disent qu'il existe encore, d'autres qu'il n'est plus. » Yama répond : « Les Dieux, sur ce sujet, les Dieux mêmes ont autrefois douté. Demande-moi toute autre chose...De belles Apsaras sur leurs chars avec leurs instruments de musique... je te les donnerai, tu vivras avec elles, mais ne m'interroge pas sur la mort. » Naciketas lui dit : « Garde ces chars, ces danseuses et leurs chants : choses d'un jour, ô Yama, et qui usent la vigueur des sens. Les conservons-nous ces richesses, quand tu nous apparais ? Non, révèle-moi ce que recèle l'avenir. Je ne te demande que de me faire pénétrer au fond du monde mystérieux. »

Et Yama révèle enfin à Naciketas la science de l'Atman, ou de la vie.

« Le sage, dit-il, qui, méditant sur son âme (son

atman), reconnaît pour Dieu l'Être antique inaccessible à tous les sens, l'Être enfoncé dans l'inconnu, l'Être enveloppé d'ombres, habitant de l'abîme, celui-là ne ressent plus désormais ni le plaisir ni la douleur... Comme le feu diffère, bien qu'il soit un en son essence, selon les objets qu'il consume, ainsi l'Atman est un au cœur de toutes choses, et il change cependant, d'après le milieu qu'il pénètre. Comme le soleil, l'œil du monde, n'est pas souillé par ces impuretés extérieures que peut percevoir l'œil humain, l'Atman aussi, un au cœur de toutes choses, n'est pas atteint par la souffrance du monde, car, bien qu'en elles, il en demeure distinct. Il existe un Penseur éternel, mais les pensées qu'il pense ne sont pas éternelles : il est un et remplit les désirs de beaucoup. Aux sages qui le perçoivent en leur propre *atman*, à eux seuls appartient l'éternel repos... Le monde entier, tout ce qui est, sort de Brahma et tremble dans son souffle : le Brahma est la grande terreur, comme une épée tirée.

Mais celui-là qui le connaît, celui-là ne peut plus mourir. Brahma, ni la parole, ni l'esprit, ni les yeux ne le peuvent atteindre. Il n'est saisi que par celui qui prononce ce seul mot : *Il est*.

Quand se taisent tous les désirs qui tourmentent le cœur, alors le mortel devient immortel, et il obtient Brahma.

Quand sont brisées toutes les chaînes qui lient le cœur à la terre, alors le mortel devient immortel [1].

Dans le Rig-Véda, Indra et Agni étaient les Dieux suprêmes ; dans les Brahmanas et les Upanishads, le Dieu suprême est *Brahman* ou l'*Atman*.

Brahman (au neutre) est devenu l'Ame universelle, l'*Atman*, que d'audacieux penseurs de

---

1. MAX MULLER. *Origine et développement de la religion étudiés à la lumière des relig. de l'Inde*, trad. par J. Darmesteter (Rheinwald, 1879).

ces derniers temps védiques ont reconnu identique à leur âme.

La conception de l'*Atman* appartient en propre à cette période du brahmanisme. L'*Atman*, « le moi », ne fut d'abord que le souffle, le *prâna*, l'*animus*, sorti de *Vayu*, l'air, pour rentrer en lui ; puis ce fut le principe de vie, ce fut l'air ou l'éther, animant tous les êtres ; enfin ce fut l'âme du monde, et dès lors ce mot d'*Atman* eut deux sens, et exprima tantôt le *moi* individuel, tantôt le *moi* universel, ou l'Etre existant par lui-même : curieux exemple de l'influence des mots, et d'un double sens attaché au même mot, sur l'origine des conceptions les plus hautes.

Cherchant l'essence de l'Etre, ces penseurs hindous la retrouvaient donc identique dans l'infini et le fini, dans l'univers et l'homme. Méditant sur eux-mêmes, ils sentaient que leur pensée les faisait consubstanciels à l'Esprit, qui régit les choses, comme leur corps à l'éternelle et à l'infinie Substance. Et dès lors il y eut deux sciences, l'inférieure, celle des Védas, et la science supérieure, qui s'élevait à cette connaissance de Brahma, à cette notion transcendante de l'identité du moi et du non-moi, ou, selon le langage des Upanishads, du *moi* et du *toi*[1].

Comment s'était pu faire à l'origine la séparation, la distinction de ces deux âmes, et quelle était la vraie réalité de l'âme animale ou de l'âme

---

1. Tu es cela, *tat swam asi*, résumera la doctrine védantique.

humaine, tombée dans la matière où, d'après des Upanishads, elle est enchaînée en des enveloppes concentriques de plus en plus épaisses, c'est le mystère que les penseurs hindous laisseront sans réponse, comme les panthéistes et les mystiques de tous les temps. Mais cette identité reconnue de l'âme individuelle et de l'âme divine, l'important sans doute était moins d'expliquer leur limitation présente, que de l'anéantir ; et ce fut le but de certaines Upanishads, mais du *Yoga* surtout.

L'état d'absorption de l'âme humaine dans l'âme divine, le *Yoga*, deviendra ainsi l'idéal de toute vie religieuse ; et le *Yogin*, ou le sage parvenu à cet état sublime, sera l'être pur, délivré, pour qui en cette vie déjà la dualité n'est plus, et qui à la mort obtiendra sa liberté définitive, son *nirvāna* en Dieu.

Comme les rivières s'écoulent dans la mer, et y perdent leur nom et leur forme, le sage, en perdant son nom et sa forme, disparaît dans l'Esprit suprême,... et devient cet Esprit lui-même. (Mundaka Up. III, 2. 8. 9 ; trad. de Regnaud.)

Les rivières sortent de l'Océan pour retourner à l'Océan, et elles redeviennent l'Océan... n'ayant plus conscience en son sein d'être encore telle ou telle rivière... (Chand. Up., 6. 10 ; trad. de Regnaud.)

C'était par des opérations intellectuelles, mais bien plus souvent par des pratiques matérielles et grossières, que l'*atman* individuel, le *jivatman*, cherchait à se dégager des organes des sens et de leur objet, pour rejoindre le *Paratman*, l'Ame suprême.

Certaines Upanishads, les dernières surtout,

décrivent minutieusement comme le Yogin peut s'absorber en Dieu. Immobile, retenant son souffle, la prunelle dilatée, l'œil longuement fixé sur quelque point du corps ou de l'espace, mêlant à ces procédés d'hypnotisme la récitation monotone de prières ou du magique monosyllabe, *Aum*, représentation de Brahman ou de l'Absolu, le Yogin parvient, disent les textes, « à faire rentrer les esprits du corps dans la pensée, la pensée dans l'âme, et l'âme dans le cœur », où elle retrouve, pour s'y perdre, l'Atman, l'âme suprême, qui mystérieusement y réside. Et c'est ainsi qu'en ces religions et en ces philosophies primitives l'absurde, le puéril, se mêlent sans cesse à des conceptions très élevées.

Du milieu, en effet, de tant de fantaisies étranges, et de doctrines vagues, confuses, contradictoires, des paroles profondes, peut-être d'éternelle vérité, se dégagent, celle-ci par exemple proclamant, il y a trois mille ans environ, l'unité de la substance et de la force.

C'est un même être, dit la *Maitarey Up.*, 3, 6, qui est dans le feu, dans le cœur de l'homme, dans le soleil, et le sage possesseur de cette connaissance obtient l'union avec celui qui est un, c'est-à-dire qui est identique à cet univers né de lui [1].

---

[1]. Voir encore sur la genèse des choses ce curieux passage :

« L'éther est né de l'Âtman; l'air est né de l'éther; le feu est né de l'air; les eaux sont nées du feu; la terre est née des eaux, et les plantes sont nées de la terre; la nourriture est née des plantes, et la semence est née de la nourriture; l'homme est né de la semence; l'homme est fait du suc de la nourriture. » (Taittiriya Upan., II, 1, trad. de Regnaud.)

La religion, dans certaines de ces Upanishads, apparaît ainsi comme la méditation d'une âme libre et haute en face de l'infini, cherchant par sa vertu propre à s'affranchir de l'illusion du monde, et entrant en communication directe avec le divin. La religion, le culte, la morale, tout semble en effet se résumer dans la connaissance de Brahma, c'est-à-dire dans la conscience de l'identité de l'âme humaine et de l'âme des choses. Mais cette foi transcendante, n'est-elle pas la foi même du grand Spinoza? Se reconnaître identique au Tout, éternel dans l'éternité du Tout, sortir de son égoïsme, de l'étroitesse du *moi*, pour rentrer par la sympathie et l'amour dans l'existence pleine et sans bornes, dans le large et profond océan de la vie : cette religion des Upanishads n'est-elle pas en vérité la religion suprême, impliquant la morale suprême, et ne peut-elle pas quelque jour, par son accord avec la science, devenir la foi de bien des âmes ?

Mais là ne finit pas encore toute cette immense littérature védique. Sans parler des six *Darsanas*, des six grands systèmes de philosophie qui pour les Hindous se rattachent aux Upanishads, et que nous étudions plus loin; il y a aussi les six *Védangas* (les six « membres » supportant le Véda ou qui naissent de lui), ouvrages de métrique, de grammaire, d'exégèse, d'astronomie et d'astrologie. Commentaires et compléments du Véda, ces Védangas, sortis des nombreuses écoles qui se consacrèrent de bonne heure à l'interprétation des saints livres, furent résumés vers le vi^e siècle avant notre ère en des sortes d'aphorismes, comme le furent tous les systèmes de la philosophie indienne, aphorismes qui prirent eux-mêmes un caractère sacré, les *Kalpa*, ou les *Sraula-Sutras*.

Les six Védangas sont :

1° Le *Kalpa*, commentaire du rituel ;

2° Le *Siksha*, qui règle la prononciation des mots ;

3° Le *Chandas* (mètre [1]), qui étudie toute la prosodie du Véda ;

4° Le *Nirukta*, qui en explique les mots difficiles ;

5° Le *Vyakarana*, livre de grammaire [2] ;

6° Le *Jyotisha*, qui comprend une astronomie et des mathématiques liées intimement à l'astrologie, et une géométrie fondée sur la construction de l'autel et de ses enclos [3].

A chaque Véda sont attachés encore des *Parisishta*, suppléments ou appendices complétant les *Sraula-Sutras*, et des tables, *Anukramani*.

Enfin il y a les *Upa-Védas* ou Védas secondaires ; ce sont l'*Ayur-Véda*, la science de la médecine, rattachée à l'Atharva-Véda ; le *Gandharva-Véda*, la science de la musique, rattachée au Sama-Véda ; le *Dhanur-Véda*, la science de l'art militaire, rattachée au Yajour ;

---

1. A l'origine les mètres étaient liés aux rythmes de la danse et de la musique, d'où *vritta*, mètre, de *vrit*, tourner : comp. *vertere, versus; chandas*, mètre, *scandere*, marcher, scander.

2. L'étude de la grammaire, très cultivée dans l'Inde, a fait naître l'un des chefs-d'œuvre de la littérature sanscrite, la grammaire de Panini.

3. Rappelons à ce propos que nous devons aux Hindous l'invention de l'algèbre.

le *Sthaaptya-Véda,* la science de l'architecture et des arts qui en dépendent. (Voy. Wilson, *Essays,* V, 1, et Monier Williams, *Indian Wisdom.*)

Le Véda, avec ses trois grandes divisions des Mantras, des Brahmanas et des Upanishads, représente aux yeux des Hindous l'œuvre de la *Sruti,* de la « révélation ».

Les six *Védangas,* les six *Darsanas,* ou systèmes de philosophie, les *Dharma-Sastras,* ou livres des lois, les *Itihasas,* poèmes légendaires, comme le Mahabharata, seront rangés parmi les œuvres de la *Smriti,* ou de la tradition, qui cependant reposaient toujours, aux yeux des Hindous, sur la *Sruti,* fondement de toute œuvre et de toute science humaines.

On sait ce que fut, dans l'Inde, la longue autorité du Véda, et l'on sait qu'elle s'étendit même, avec l'influence brahmanique, jusque dans l'Indo-Chine et la Malaisie. Ce Véda, si respecté encore, et que l'Europe en ce moment rend aux Hindous étonnés dans des textes d'une pureté parfaite, ce Véda que des brahmes mendiants, errant par les routes de l'Inde, continuent à réciter toujours, loin d'être un livre mort, contient peut-être, disions-nous, en quelques-uns de ses versets les germes d'une foi future.

Il est singulier qu'au moment où se révélaient à nous les anciens monuments de la religion et de la philosophie brahmaniques, la science commençait à reconnaître certaines des hautes vérités que d'intuition, il y a plus de trente siècles, affirmaient ces penseurs hindous : l'unité de la substance, celle de la force, la parenté de tous les êtres [1].

Peut-être en certaines âmes la foi future consistera-t-elle, en effet, dans une conception transcendante de cette unité de la substance et de la force, dans la conscience que prendra de plus en plus ce que nous appelons l'âme humaine de son identité avec ce que les Aryas Hindous appelaient l'Ame du monde, c'est-à-dire cette énergie mystérieuse, inconnue, qui crée sans fin le rythme et la vie des choses, le mouvement, et le mode de mouvement, imprimé à leur évolution; dans ce dogme aussi, auquel répondra sans doute une moralité plus haute, d'une étroite solidarité unissant tous les êtres et toutes les générations des êtres ? Or, cette foi nouvelle ne ressemblerait-elle pas quelque peu au panthéisme de certaines Upanishads?

[1]. Que distinguait seulement le principe erroné pour eux de l'individuation.

III

LA PHILOSOPHIE DES HINDOUS [1]
LES SIX DARSANAS

On compte chez les Hindous six grandes écoles philosophiques, les six *Darsanas* ou théories.

Ainsi que la philosophie chrétienne, la philosophie brahmanique, à son origine, ne se peut distinguer de la théologie. Puis des systèmes se formèrent, très indépendants, athées même, mais qui ne furent hérétiques (ce fut le cas du bouddhisme), que du jour où ils repoussèrent l'autorité du Véda, la distinction des castes, et la suprématie des brahmanes.

L'enseignement philosophique était résumé dans des *sutras*. Le *sutra*[2] était le fil ou la trame d'un commentaire, d'abord oral, plus tard écrit. Après ces sutras et leurs commentaires trop diffus vinrent les *Karikas*, qui résumèrent en quelques distiques les points principaux de la doctrine.

Il est remarquable que les six Darsanas

---

1. Voir : COLEBROOKE, *Essai sur la philosophie des Hindous*, trad. de Pauthier; *Études de philosophie indienne*, par REGNAUD, dans la *Revue philosophique*, 1878-1879.
2. De la racine *Siv*, coudre.

admettent, sans la discuter, la croyance à la métempsycose, cette croyance nouvelle, qui n'existait pas chez les Hindous aux époques du Rig.

L'âme est soumise à deux fatalités : elle doit subir des milliers d'existences (c'est le *punarhava*), et déterminer sa destinée future par les actes de sa vie présente (c'est le *karman*). Toutes ces doctrines dès lors auront un but commun, la libération de cette âme, n'aspirant qu'à sortir du tourbillon vital (le *sansara*), de ce mouvement éternel, qui pendant des éternités la roule par des angoisses et des douleurs sans nombre.

Les six Darsanas sont :

1° Le système *Mimansa* ou *Purva-Mimansa* de Jaïmini,

2° Le *Védanta* ou l'*Uttara-Mimansa* de Véda-Vyasa, le compilateur des Védas,

3° Le *Sankhya* de Kapila,

4° Le *Yoga* de Patanjali,

5° Le *Nyaya* de Gotama,

6° Le *Vaiseshika*, de Kanada.

La *Mimansa* de Jaïmini et le *Védanta* de Véda-Vyasa, compris sous la même appellation de philosophie *Mimansa*, représentent pour nous les doctrines, qui de tout temps furent le plus généralement en faveur auprès des Hindous.

La *Mimansa* de Jaïmini est un traité d'éthique. C'est la science des devoirs prescrits par la loi divine, une sorte de casuistique, continuant et commentant les Brahmanas, ou certaines œuvres de la *Smriti*.

Le *Védanta* de Vyasa, ou la *Brahma-Miman-*

sa, la fin et le but du Véda, est le développement philosophique du vieux panthéisme védique. Les Sutras en sont les *Brahma-Sutras*, attribués à ce Vyasa légendaire, « compilateur » des Védas, et rédacteur aussi du Mahabharata, des Puranas et du Manava-Dharma-Sastra. Le Védanta, du moins tel qu'il apparaît dans les Brahma-Sutras, nous semble postérieur à presque tous les grands systèmes de la philosophie indienne. C'est lui que Sankara, au VIIIe siècle de notre ère, doit commenter avec éclat.

Toute la foi védantiste paraît résumée dans ce passage de la Chandoya Upanishad, III, 14 :

Brahma est l'univers entier ; tout vient de Lui, et retourne à Lui ; tout respire en Lui.

Et les plus vives, les plus magnifiques images traduiront, chez les panthéistes hindous, cette conception de l'universelle identité des choses :

De même que des milliers d'étincelles jaillissent d'un feu brûlant, dont elles ont la nature, de même les âmes individuelles sortent de l'être immuable et y retournent. (Mundaka Up., 2; trad. Regnaud.)

Comme les gouttes de la pluie viennent individuellement des mers, et y rentrent, les âmes rentrent en Toi, une à une, à la dissolution des mondes... En possédant cette connaissance, j'ai pensé que la naissance et la mort des êtres étaient identiques avec Toi... (Mahabharata, Drona-Parva, hymne à Rudra-Siva.)

Ici nul dualisme, comme dans les systèmes Sankhya ou Nyaya. Aussi le Védanta est-il dit *advaita*, non dualiste. L'univers n'est pour lui qu'une de formes de l'éternelle Substance.

Ecume, vagues, tous les aspects, toutes les apparences de la mer ne diffèrent pas de la mer: nulle différence non plus entre l'univers et Brahma. (Chand. Up., trad. de Regnaud.)

Bientôt tous les phénomènes de la vie du monde n'apparaîtront plus aux yeux des védantistes, que comme des visions fugitives, dont la réalité est saisissable à peine, et comme des rêves dans la pensée divine. Mais comme l'objection subsistait d'un monde impur et matériel, manifestation d'une pure essence spirituelle, certains védantistes supposèrent que Brahma avait créé le monde par une sorte d'inconscience (*avidya*), sous l'influence de la *Maya*, de l'Illusion, qui avait égaré le Créateur comme elle égare la créature : et l'univers pour eux fut un délire divin.

Un tel idéalisme, on le reconnaîtra, confinait de près au nihilisme, puisqu'il faisait s'évanouir la réalité de toutes choses. Qu'un jour le sankhya ou le bouddhisme vienne à supprimer Dieu, rien en ces esprits ne demeurant du monde que la conscience de son néant, c'est au nihilisme qu'aboutira dès lors l'idéalisme ou le panthéisme hindou. Mais fantôme ou réalité, ce monde égarait l'âme humaine, et la foi védantique lui montrait du moins son erreur, et savait la ramener à Dieu. Par elle, en effet, l'âme individuelle retrouvait son identité avec l'âme du monde, étant d'abord guérie par elle de cette illusion de la forme, qui crée la distinction des êtres, celle du *moi* et du *non-moi*.

Quand par la science (le *jnana*), l'âme a reconnu

que toutes les formes sont des créations de l'ignorance, alors à cette âme apparaît Brahma, celui en qui tout se confond, l'être et le non-être, et la vie et la mort. (Bagh. Purana, I, 133.)

Voici en quels termes, au viiie siècle de notre ère, Sankaracarya glorifiait cette science suprême [1] :

> La science seule produit la délivrance des âmes. La science seule chasse l'ignorance, comme le soleil chasse la nuit. Car les choses et leurs révolutions sont comme les images d'un rêve, et la haine, l'orgueil, l'ambition, la passion semblent la réunion de tumultueux fantômes... Tant que dure le rêve, tout ce monde nous paraît réel ; le monde n'existe plus, quand le rêve est fini... Le saint, qui a su parvenir à la contemplation parfaite, voit en Dieu l'univers entier ; il voit le Tout comme une âme unique, et son âme se perd en cette Ame, ainsi que l'eau se dissout dans l'eau, ainsi que le feu s'unit au feu, ainsi que l'air s'unit à l'air... Rien donc n'existe que Brahma, et quand autre chose nous paraît être, il y a là une illusion semblable à celle du mirage au désert...

Mais nous n'insisterons pas sur toutes ces théories panthéistes, développées sans fin par les auteurs hindous, et dont le but toujours sera d'affranchir l'âme de l'illusion des choses.

Le *Sankhya* (calcul ou raisonnement) est un système rationaliste très indépendant. Cette école ancienne fut certainement antérieure au bouddhisme, qui lui emprunta sa métaphysique. Comme presque tous les systèmes de la phi-

---

1. *Atma-Bodha* (Connaissance de l'âme), trad. de Monier Williams, *Indian Wisdom*.

losophie hindoue, celui-ci perce déjà en certains passages des Upanishads.

Il y a deux philosophies *Sankhya*, l'une athée, exposée dans le *Sankhya Pravacana* : c'est celle de *Kapila*, qui remplace Dieu par une force aveugle, la *Nature*; l'autre déiste, celle de Patanjali, qui développe dans le *Yoga-Sastra* la doctrine du Yoga ou de l'union mystique.

La philosophie de Kapila invoque la raison humaine, comme fondement de la connaissance. La science, par l'analyse du monde, affranchit l'âme humaine, et de la fatalité même des transmigrations.

Dans le Sankhya, la Nature, la Matière éternelle, *Prakriti* ou *Mula-Prakriti*, principe féminin, est le Principe premier. Cette matière éternelle est seule active, éternellement et par essence ; elle seule a tout produit, et les éléments grossiers, et les plus subtils dont sont formés les Dieux (car par concession sans doute à la faiblesse des âmes, Kapila laissait vivre ces fantômes divins); et aussi la conscience, les sens, et les organes intellectuels au service des sens, mais dont l'Esprit (l'*Atman*) reste à jamais distinct. En effet, à ce principe féminin, à la Nature est opposé l'Esprit, *Atman* ou *Purusha*[1], principe mâle, et qui se résout en des âmes sans nombre, âmes individuelles, âmes éternelles, passant d'un corps à l'autre, comme l'acteur revêt des costumes divers. L'Esprit, sous ces multiples

---

1. Par souvenir, sans doute, de quelques-uns de ces vieux mythes dualistes, en faveur surtout parmi les populations anaryennes, dont la sourde influence percerait déjà dans ce darsana.

apparences, est le spectateur des choses qu'il n'a pas créées, et il jouit, il souffre par elles, mais seulement jusqu'au jour où, par la science, il reconnaît son absolue distinction d'avec elles, et où sur lui dès lors ce néant du monde n'a plus prise.

Le Védanta affranchissait l'Esprit, en faisant s'évanouir la Nature, comme une illusion mensongère ; le Sankhya affranchit l'Esprit, monade indépendante, en lui montrant que la Nature demeure sur lui sans puissance : et le sage est pour le Sankhya, comme il le sera pour le bouddhisme, l'Être véritable, *Iswara* (*homo sibi deus*); car en lui, en lui seul, l'Esprit éternel parvient à l'entière conscience, à la pleine possession de soi-même, et de la sorte à l'absolue liberté. L'Esprit, ici encore, était donc l'Atman des Upanishads, sans commencement ni fin, dispersé dans l'infini des âmes, « passant d'un corps à l'autre, dit un sutra, comme l'acteur change de costumes ».

Une charmante image peint la liberté que l'Esprit a conquise, après qu'il a su reconnaître l'inanité de tous ces phénomènes, par lesquels la Nature lui apparaît, l'éblouit et l'égare.

Comme une danseuse se retire de la danse lorsqu'elle s'est montrée à la foule, ainsi la Nature se retire lorsqu'elle s'est fait voir toute resplendissante à l'Esprit. (Sankhya-Karika, 45, trad. de Pauthier.)

Ainsi deux principes, d'une part la Matière, toujours et inconsciemment féconde, le muet abîme, la matrice obscure, la bête stupide et féminine, d'où sortent tous les êtres ; et de l'autre l'Esprit, longtemps soumis et dégradé par elle, jusqu'au jour où l'interrogeant, comme Œdipe le sphinx de Thèbes, il sait voir son néant, se délier, s'affranchir d'elle, et où victorieux, pacifié, il se sent libéré désormais de toute crainte et de tout désir.

Tel est le sens du moins prêté par nous à ce *sutra* bizarre, où la Nature, avec ses splendeurs et aussi sa misère, est comparée à la danseuse se retirant après la danse, quand elle s'est montrée à l'Esprit.

Dans certaines Upanishads, comme peut-être en la primitive doctrine du bouddhisme, ce système apparaît tout autre, plus franchement matérialiste et athée, n'admettant pas la coexistence éternelle ni l'égalité des deux principes, mais donnant l'antériorité à la Matière, d'où sortent par évolution inconsciente l'Intelligence (*Buddhi*), et la Conscience (*Ahankara*), puis tous les éléments, grossiers ou subtils, qui composent l'infini des corps.

Mais si athée qu'il fût, le Sankhya restait orthodoxe, en respectant l'autorité des Védas, et en laissant vivre, par dédain sans doute, les Dieux de la mythologie brahmanique.

Son analyse des principes des choses, analyse trop longue pour que nous puissions la reproduire ici, fut empruntée par presque toutes les écoles philosophiques. Nous la retrouverons par exemple dans le Manava-Dharma-Sastra, dans la Baghavada-Gita, et les Puranas, comme dans la métaphysique du bouddhisme. Nous remarquerons que l'Intelligence (Buddhi), et la

Conscience (Ahankara, moi, je suis) sortent de l'inconscient dans ce curieux système, et qu'il rapproche et confond volontiers les attributs intellectuels et matériels de l'homme [1].

La religion bouddhique ne sera pas la seule qui subira l'influence de la philosophie Sankhya [2]. Cette même influence, nous la retrouverons dans le sivaïsme, où Prakriti prendra la forme d'une des *Saktis* ou formes féminines de Siva, et dans la plupart des Puranas, où Purusha sera l'Absolu, et Prakriti, Maya ou l'Illusion divine.

Philosophie obscure, mais profonde, et s'illuminant parfois de lueurs magnifiques ! Certains de ses aphorismes exposaient déjà, il y a quelque trois mille ans, la doctrine actuelle de l'évolution :

Rien ne naît de rien. La production est impossible de ce qui n'existait pas en puissance. Toute production n'est que la manifestation de ce qui antérieurement existait. Toute destruction est la résolution

---

[1]. Une distinction établie par lui et devenue classique chez les auteurs hindous est celle des trois *gunas* (cordes) ou qualités de la nature, *Satwa*, *Rajas* et *Tamas*, c'est-à-dire la Bonté ou la Pureté, la Passion ou l'Activité, l'Obscurité ou l'Ignorance. « En équilibre dans Prakriti (aph. 61), ces qualités affectent inégalement les choses ; l'homme par exemple sera divin, passionné ou bestial, selon que prédominera en lui la bonté, *satwa*, la passion, *rajas*, ou l'ignorance, *tamas*. » Le sens du mot *guna* est lien ou corde, car ce sont les trois liens qui lient l'âme, comme la corde lie l'animal.

[2]. Voyez ce sutra, d'un sentiment tout bouddhique, dans le Sankhya-Karika :

« Par la sérénité ou le calme des sens, la puissance de la nature est affaiblie ou annulée. Mais un cercle d'existences nouvelles est le résultat au contraire des passions impétueuses. » (45, trad. de Pauthier.)

de chaque chose en sa cause ou en ses causes (en sa matière originelle)[1], etc.

L'école *Sankhya de Patanjali* (IIe siècle av. J.-C.) conserva de cette philosophie l'analyse des premiers principes, mais en dehors et au-dessus d'eux, elle rétablit le Dieu personnel, l'Etre suprême, *Isvara*. Puisque toute science est en Dieu, s'absorber en lui sera la voie directe pour atteindre à la connaissance et à l'éternelle félicité. Telle est la doctrine développée par les *Yoga-Sutras*, et qu'exposaient déjà les Upanishads de l'Atharva-Véda. Le mot *yoga* semble signifier l'action de concentrer tout son esprit sur une méditation. La fin de la doctrine sera l'union parfaite de l'âme individuelle avec l'âme divine, malgré l'esclavage où la tient son corps et tous les liens du monde ; les moyens de l'union seront les méditations, les extases, et des pratiques étranges, mentales ou corporelles, tantôt des tortures, destinées à dompter la chair, et que ni les fakirs musulmans, ni les ascètes chrétiens ne sauront dépasser, tantôt des exercices de braidisme, plongeant la pensée dans un vague sommeil, dans une léthargie où s'évanouiront pour elle l'obsédante réalité des choses, et l'inquiétude, la souffrance de l'individualité.

Le retour à l'inconscience, au *divin inconscient*, paraît être, en réalité, l'idéal que poursuit le Yoga. L'âme individuelle se détachant de tout ce qui fait ou exalte sa personnalité, n'as-

---

1. Monier Williams, *Indian Wisdom*.

pire qu'à redevenir l'âme sans conscience, sans personnalité, qu'elle fut jadis quand elle reposait endormie dans les profondeurs de l'abîme divin.

Ces pratiques, du reste, et cette théorie, étaient anciennes déjà. Mais quand le Buddha les aura condamnées, il semble que dans le brahmanisme aussi une réaction se fera contre elles; car le Manava-Dharma-Sastra, en partie pour nous postérieur au bouddhisme, et la Baghavad-Gita surtout, proclameront la sainteté, la vertu, l'absolue pureté, et les seuls vrais modes du *Yoya*, et les seuls états d'âme nécessaires au salut.

Mais les austérités, les macérations, les supplices, avec tout leur théâtral appareil, étaient plus accessibles que la vertu simple à la plupart des dévots extatiques, et sur les foules produisaient toujours une impression trop vive, pour que les religieux, surtout les religieux mendiants, consentissent à les délaisser. Il faut reconnaître, en effet, que les *gossaïns* de nos jours (le mot de fakirs doit être réservé aux religieux musulmans), ces *gossaïns*, qui, nus, décharnés, farouches, les cheveux en broussailles, parfois les bras dressés et ankylosés par la longue immobilité, continuent ces traditions d'effroyables pénitences avec un si singulier mépris de la douleur ou une insensibilité d'hypnotiques[1], sont pour la plupart poussés à de

---

1. Sur les yogins qui se font enterrer vivants, et ne ressuscitent qu'après deux ou trois semaines, voir SOURY.

telles pratiques moins par le fanatisme religieux que par des besoins de mendicité. Et cependant quelques-uns de ces yogins auront eu cet honneur de montrer, par leur mépris de la douleur physique, à quelles énergies l'esprit peut s'élever en nous.

Ces mortifications terribles, auxquelles, par un idéalisme glorieusement fou, les Orientaux se sont complus en tous les temps, devaient faire acquérir au yogin une puissance presque divine sur lui-même et sur la nature. Le yogin parfait pouvait[1], d'après les Hindous, monter et planer dans les airs, se mouvoir avec la rapidité de la pensée ; avoir le don de seconde vue, la vision du passé et celle de l'avenir, entendre le langage des choses muettes, pénétrer les idées et le corps d'autrui. Toute l'antique magie assurait à ses initiés le même pouvoir surnaturel, et les Orientaux se sont toujours refusés à croire que l'Esprit, qui créa les choses, ne pût également, quand il réside en nous, les soumettre à sa volonté[2].

Le Yoga, qui ne fut pas seulement une pure doctrine d'extase et d'anéantissement en Dieu, mais qui prêcha la vertu, l'effort, le sacrifice à l'idéal, le Yoga, malgré ses folies, a donc eu

Philosophie naturelle : La mort apparente et les yogins de l'Inde.

1. Voir sur les *siddhis* ou les pouvoirs surnaturels le Yoga et les Vedanta Sutras (IV, 4. 17.21. Bib. ind.), et L. VI, chap. v, 35, Bagh. Purana.
2. On sait qu'en ce moment certains de ces phénomènes singuliers, attribués aux yogins hindous, sont l'objet d'enquêtes scientifiques, et nous sommes peut-être, en ce domaine de la force psychique, à la veille d'étonnantes découvertes, et comme au seuil d'un nouveau monde.

ses mérites et sa vraie grandeur. Et d'abord nulle foi religieuse n'a plus exalté l'âme humaine. Cette âme, que demande-t-elle sans cesse du fond de sa solitude et de son néant, sinon de se donner, de s'abîmer dans la plénitude et l'infini de l'amour ? Une erreur qui a su par instants faire naître en elle de tels ravissements, de telles joies, ne peut être sévèrement jugée ; et puisse l'humanité, à défaut de vérités consolantes et il en est si peu, trouver encore de ces illusions qui l'enivrent !

Nous ne comprenons plus aujourd'hui ce qu'il y eut de nécessaire et de grand dans l'ascétisme. Mais que l'on se rappelle les impudicités qui partout s'étalaient à de telles époques et sous de tels climats (et faudrait-il remonter si haut ou aller si loin pour les retrouver encore ?) : l'âme, un jour, s'éveilla dans la brute humaine, et, prise de stupeur et de dégoût, voulut soumettre et dompter cette chair qui l'avait salie, humiliée, entraînée si bas avec elle. Au milieu des religions phalliques, et de tous ces débordements de luxures, il fut bien que dans l'Inde, en Judée ou ailleurs l'ascétisme se dressât comme une citadelle de diamant, un refuge pour l'esprit et pour l'âme. L'idéalisme fut l'honneur de l'Inde, et dans le flot montant des bestialités, fut une digue nécessaire, qui sauva certains jours la royauté de l'esprit.

Ces yogins donnèrent peut-être les premiers au monde ce spectacle, le plus noble et le plus rare de tous, de la pureté, de la sainteté absolues et *divines*. Ce que cette race hindoue connut ainsi, avant nulle autre race, ce fut la suprématie légitime, la puissance illimitée de l'esprit, sa domination sur la matière ou la nature [1]. Or, les expériences psychiques de ces yogis, démontrant à leur manière que l'esprit et la volonté sont d'infinies et incalculables puissances, eurent certainement et ont toujours leur prix.

La mode, certainement, n'est plus à ces révoltes de l'esprit contre les exigences de la chair, ni à ces éducations robustes du caractère et de la volonté. Mais quand on sait tout ce qui reste en nous de la bête primitive, bête apprivoisée seulement plutôt que transformée par les religions et les lois, quand on sait comme elle peut être, à l'occasion, basse, stupide ou féroce, l'on comprend mieux et l'on est tenté d'admirer la folie de ces idéalistes, dont l'esprit remporta de telles victoires sur la nature, et la volonté sur l'instinct.

Le *Nyaya* (analyse) de Gotama n'est guère qu'un système de logique, et qui a servi à toutes les écoles.

La métaphysique de l'école Nyaya est à peu près celle du *Vaiseshika*, que nous allons faire connaître ; mais l'idée d'un Dieu suprême, *Isvara*, ayant disposé les atomes dans l'ordre

---

[1]. L'esprit, peut-on objecter aux panthéistes, fait aussi partie de la Nature, est une de ses modalités, et comment alors cet antagonisme ? Mais cet antagonisme, diront-ils, répond à des moments, ou à des états différents de la substance, et un état nouveau, tel que ce règne nouveau de l'Esprit dans l'homme, peut entrer en lutte avec l'état ancien, de la brute en lui.

régulier de la création, apparaît dans les Sutras de Gotama. (IV, 5, 19.)

La philosophie *Vaiseshika* (de *visesha*, distinction, différence), considérée souvent comme une branche de la philosophie Nyaya et attribuée à *Kanada*, est un système atomistique.

Nous ne la suivrons pas dans l'étude de toutes ses catégories de la nature ; nous exposerons seulement, en quelques lignes, le fond de sa doctrine. Les atomes sont éternels, ils sont imperceptibles aux sens et indivisibles. L'âme est immatérielle et éternelle aussi. Le monde, composé transitoire, s'est formé par les rencontres, les agrégations de ces atomes. Simples à l'origine, ils produisirent en s'unissant des composés binaires, ternaires, quaternaires, etc., qui, en leur qualité d'agrégats, sont tous ainsi destinés à périr. Le *Manas*, l'esprit dans l'homme, est un atome ou une monade. L'idée d'une âme, monade suprême, paraît repoussée par cette curieuse école, qui rappelle le système d'Épicure. Là encore la science seule peut affranchir l'esprit.

D'autres doctrines philosophiques mériteraient également d'attirer l'attention ; mais ici, avec l'opposition aux Védas, apparaît l'hérésie. La philosophie des *Carvakas*, quelquefois appelés *Lokayatas*, était un matérialisme absolu. La sensation, pour eux, était l'origine unique de la connaissance. La combinaison de certains éléments matériels, véritables protoplasmas, produisait, par une lente évolution, l'organe aussi de la pensée « comme le mélange de sucre et d'autres substances produit une liqueur enivrante ». A la séparation de ces éléments, la pensée meurt, puisqu'elle n'est que leur résultante.

Vrihaspati, qui créa peut-être cette doctrine de matérialistes et d'athées, disait :

Il n'y a ni ciel, ni libération finale, ni âme, ni autre monde, ni rites de caste, ni récompense pour la vertu ; l'*Agnihotra* (sacrifice védique), les trois Védas, le *tri-danda* (triple bâton de l'ascète[1]) et les cendres de la pénitence, tout cela sert de métier à ceux qui n'ont ni intelligence ni énergie d'homme... Si l'homme, après la mort, revit en d'autres mondes, pourquoi n'en revient-il jamais, attiré par son affection pour les siens ? (Monier Williams, *Indian Wisdom*.)

Les *Shatoualas*, ne pouvant admettre que l'immatériel agit sur la matière, donnaient un corps à leur Dieu, mais tout éthéré, formé des particules les plus subtiles. L'âme humaine était étroitement liée à son corps, bien que par essence elle en fût distincte, et restait toujours sous sa dépendance.

Le *bouddhisme* et le *jaïnisme* se rattachent singulièrement au Sankhya de Kapila. Le *vishnouisme* et le *sivaïsme* auront aussi leurs philosophies, mais tout éclectiques, et sans originalité.

En résumé, les deux grands systèmes philosophiques, dont les idées se retrouvent rapprochées et confondues souvent dans toutes les œuvres de la littérature indienne, ce sont le *Sankhya* et le *Védanta*.

1. Voy. *Lois de Manu*, XII, 10-11.

On voit que les Hindous ont agité presque tous ces problèmes de la philosophie qui nous partagent et nous inquiètent encore. Ils ont eu leurs doctrines panthéistes, idéalistes, matérialistes, sceptiques : car devant le mystère du monde, l'esprit humain ne semble aboutir partout et toujours qu'au même genre et au même nombre de solutions. Quelques-unes de leurs théories ont été reconnues assez ingénieuses ou assez profondes pour que des penseurs contemporains, et l'un des plus grands, Schopenhauer, n'aient pas dédaigné de les reprendre et de les développer:

Il est curieux que l'étude de ces philosophies, si loin de nous dans le temps et l'espace, mais aryennes aussi, comme la philosophie grecque et toute la haute pensée moderne, ait pris par cette renaissance un intérêt très vif et tout d'actualité. Vraies ou fausses, quelques-unes de ces philosophies resteront du moins comme des poèmes magnifiques, de glorieux rêves de la pensée humaine.

IV

LE MANAVA-DHARMA-SASTRA (LES LOIS DE MANU)[1] ET LE CODE DE YAJNAVALKYA

Les Aryas Hindous ont victorieusement envahi toute la vallée du Gange et le nord du Dekhan. La classe guerrière s'est soumise à la suprématie brahmanique. Les lois de Manu, le Mahabharata et le Ramayana sont les monuments élevés par les brahmes en souvenir et en consécration de ces grands triomphes.

La rédaction du Manava-Dharma-Sastra, au moins dans son ensemble, nous paraît postérieure à l'avènement du bouddhisme, mais elle serait pour nous antérieure à celle du Mahabharata, refondu par les vishnouites. Le Dieu suprême, en effet, dans les lois de Manu, est toujours le Brahman des derniers temps védiques, sous sa manifestation de Brahma; et dans la cosmogonie, qui sert d'introduction à ces lois, on ne voit apparaître encore ni Siva ni Vishnu.

Il semble que ce *credo* brahmanique fut une réponse à certaines philosophies athées et peut-être aussi à l'apostolat des religions nouvelles,

---

[1]. Voir la traduction de Loiseleur-Deslongchamps.

comme le bouddhisme. Il est question dans ces lois de *Nartikatas* (athées), et de *Pashandrinkas* (hérétiques), et quelques préceptes du Manava-Sastra rappellent singulièrement la parole et l'enseignement bouddhiques.

Ce fut sans doute pour donner à leur texte plus d'autorité, que fut imaginée par les brahmanes, pieux artifice employé souvent dans l'antiquité, la fable d'une révélation très ancienne, attribuée à Manu (de la racine *Man*, pensée ou raison)[1].

Les Aryas, à leur entrée dans l'Inde, furent soumis à deux influences qui s'imposent à tout peuple conquérant, celle de la nature, et celle des races depuis longtemps en possession du sol.

Songez à ces Aryas, d'une imagination si vive, pénétrant dans l'Inde et y découvrant cette na-

---

[1]. Nous avons vu qu'au-dessous de la *Sruti* (la Révélation) se plaçait la *Smriti* (la Tradition), mais revêtue encore d'un caractère sacré. A la *Smriti* se rattachaient les *Smarta-Sutras*, qui se distinguent en *Grihya-Sutras* et en *Samaya-Carika-Sutras*, les premiers réglant les rites domestiques, et les seconds, les pratiques journalières de la vie. Chaque Véda avait ses *Grihya-Sutras*; aussi les Brahmanes, aujourd'hui encore, ont-ils des coutumes différentes d'après le Véda qu'ils pratiquent.

Nous ne nous arrêterons pas sur tous ces Sutras, dont les traits principaux sont reproduits par les lois de Manu et de Yajnavalkya. Nous noterons seulement, ce qui marque bien leur antiquité, que la doctrine de la métempsycose n'y apparaît pas encore; et nous en citerons ce passage, relatif aux cérémonies du mariage : « Le fiancé fait le tour du feu sacré et de la jarre d'eau en disant : « Je suis Lui, et tu es Elle; tu es Elle et je suis Lui; je » suis le Ciel, tu es la Terre; je suis le Saman (Véda), tu » es le Rig, (comme la musique et la voix); viens, unissons-» nous; et glorieux, et nous aimant, puissions-nous vivre » cent années! »

ture étrange, monstrueuse et splendide, exubérante de formes et de couleurs, et qui, des limites du Thibet au cap Comorin, offre les plus prodigieux aspects et les plus violents des contrastes.

Ici l'énorme Himalaya, dont plus de 200 sommets dépassent la hauteur du Mont-Blanc, ses cimes neigeuses, les plus élevées du monde, son colosse, le Gaurisankar, ou le Rayonnant, ses mers de glace, ses terrifiantes solitudes, ses tourmentes de vents dont le froid tue, et quand on descend ses pentes, à côté de gorges profondes, où hurle, emprisonné, un torrent invisible, avant qu'on atteigne les fourrés sinistres, les marécages du Téraï, dont le brouillard si souvent est mortel, ces hautes vallées merveilleuses, où, grâce à leur latitude, vivent à plus de 4000 mètres les peupliers, les bouleaux, les arbres de notre Europe, et où à 3000 mètres les abricotiers fleurissent. Ailleurs, sur la rive orientale du Sindh, le désert morne, les plaines salées de Thour et de Moultan, les solitudes de Catch, fantastiques régions du mirage, où le flamboiement de l'espace est parfois insoutenable aux regards, et d'où, à certains jours, souffle sur les régions voisines un vent chaud comme une haleine de forge. Entre l'Himalaya, les monts Vindhya et la mer, l'immense et riche plaine du Gange, fécondée par ses fleuves, par lui surtout, large, puissant, lumineux, tel que cette voie lactée, qui, selon la légende antique, est sa source dans les plaines célestes.

Jaillissant par une arche de glace, « la bouche de la vache », d'un glacier gigantesque, première marche du trône de Siva, premier degré de ce Kaïlasa, de ce groupe de montagnes colossales, où dans des solitudes inviolées réside le *Maha Deo*, le grand Dieu, la Ganga¹, la rivière sainte, roule d'abord mugissante en rapides, en chutes, en cascades, par des passes, par des défilés effroyables, puis, arrivée dans la plaine, s'étend majestueuse et sereine, répandant la vie, purifiant les êtres, justement adorée par des millions de pèlerins, qui, à Bénarès surtout, parmi les bûchers des morts, le long des escaliers de la rive, viennent pour s'y baigner de toutes les parties de l'Hindoustan.

Au nord-est, sous les torrentielles averses, sous l'incessant déluge de la mousson d'été, touffues, profondes, impénétrables, étrangement phosphorescentes, le jour perdues dans les brumes, la nuit s'éclairant de lueurs pâles, les forêts du Sikhim, « où d'innombrables sangsues, pareilles à de petits filaments, découlent des feuilles avec la pluie »², et où les bananiers et les palmiers se balancent à plus de 2 000 mètres parmi le fouillis épais des fougères arborescentes, des orchidées féeriques, ou des cruelles orties géantes. Au sud, dans l'atmosphère humide, électrique et chaude, immobile sous le ruissellement du soleil, ou le soir frissonnant aux brises de l'Océan, l'ardente végétation tropicale. Prodigieux est en certains points l'épanouissement de la fo-

1. Le Gange, féminin en sanscrit, et déesse pour les Hindous.
2 Voy. dans la belle géographie de Reclus, l'*Inde* (Hachette, 1844).

rêt indienne, avec ses arbres de tek et de sal, de sandal et de fer, ses essences à épices et à aromates, ses figuiers, ses palmiers et ses bananiers, ses manguiers énormes, ses mimosas, ses tamarins, ses acacias flamboyants et ces guirlandes de lianes qui les relient et les enlacent, si douces et si flexibles, que les poètes hindous les comparent à des bras de femmes amoureuses. On sait la beauté surtout de l'arbre des Banians, du figuier religieux, ombrageant les pagodes, les *Choultras*, abritant les foules réunies pour un marché ou une fête, étendant au loin comme des colonnes ses légères ou ses puissantes branches radicantes. Faut-il rappeler les fleurs, leur charme ou leur éblouissant éclat, et dans ce brûlant pays la troublante douceur ou l'âcre violence des parfums ?

Étonnante aussi la richesse, la variété de la faune! Quelle dut être la surprise des Aryas, quand pour la première fois dans les fourrés des bois ils rencontrèrent la turbulente tribu des singes, grimpant rapides aux troncs des arbres, ou pendus aux branches, se balançant aux lianes, caquetant, piaillant, effrontés et bizarres, avec leurs cris aigus et leur grimace humaine! Et quelle épouvante dans les premiers âges en face des fauves, des monstres pullulants en toutes ces régions ; sous l'eau claire, attirante, parmi les lotus et les longs bambous, les rhinocéros, les alligators, dont on remplira les fossés des places fortes ; dans les jungles, dans les marais, les forêts, jour et nuit rôdant, ou à l'affût, le tigre, le lynx, la panthère, le léopard, le lion, aujourd'hui très rare, le buffle, le bison terrible, et ces formidables éléphants sauvages, si redoutables, avant qu'apprivoisés ils ne soient devenus les bêtes splendidement caparaçonnées qui portent le trône d'or des Rajahs, ou les héroïques éléphants de guerre, c'est-à-dire les plus courageux, les plus fiers, comme aussi les plus intelligents et les plus dociles des serviteurs de l'homme! Et les serpents, qui partout se glissent, subtils, foudroyants ennemis, qui chaque année encore tuent plus de 20 000 Indiens, le cobra manilla, le petit serpent bleu, le subdira mandali, dont la morsure, mortelle toujours, fait sourdre le sang par tous les pores, le cobra capello ou le coluber naja, le plus dangereux peut-être, l'un des plus communs, aujourd'hui animal sacré, dont les sept têtes forment le diadème de Siva, celui que charment et font danser les jongleurs!

Parmi ces reptiles, ces félins, ces fauves, perpétuel et charmant contraste, errent les plus doux, les plus gracieux des êtres, les fines gazelles, les antilopes aux yeux de femme, où vole, frissonne dans le soleil tout un peuple féerique d'étincelants oiseaux, oiseaux de Paradis, flamants roses, paons sauvages, perroquets sans nombre, dont les plumes rouges ou d'un vert d'émeraude éclatent si brillamment sur l'azur cru du ciel, et qui, siffleurs et criards, singes de ce monde ailé, répètent impertinemment, semblent parodier la voix humaine.

Comprend-on qu'une pareille nature, dont nous ne pouvons décrire en ce tableau rapide tous les multiples et singuliers aspects, qu'une nature, si variée, si riche, si féconde, se venant refléter dans l'imagination des Aryas, l'ait toute remplie de fantastiques images ou de monstrueuses visions ? Comprend-on que tout cet univers peu à peu ait pris pour l'Hindou l'apparence d'un rêve, ou même d'un délire divin, dont l'homme un moment prend conscience avant de mourir et de rentrer dans l'Etre, qui a fait surgir toutes ces formes, toutes ces apparitions transitoires ?

Comment, si panthéiste déjà, le génie aryen eût-il pu résister à la fascination de ce nouveau monde ? Nulle race certainement n'a ressenti davantage ni gardé plus longtemps le frisson, l'émotion première d'épouvante ou d'extase, que communiquent à certaines âmes, mais plus rarement de nos jours, le spectacle incompréhensible et la troublante magie des choses. Seuls parfois certains grands génies de la Renaissance anglaise nous rappelleront ces prodigieux visionnaires. Tout, en effet, pour ces imaginations hindoues, si facilement délirantes, s'animera d'une vie intense et fantastique. La réalité des choses, si incertaine et fugitive, de plus en plus pour elles prendra l'aspect d'un songe ; et tout ce vague et flottant univers sera pour les Hindous le rêve d'un Dieu reflété par le rêve de l'homme.

Ils n'auront pas la science, leur génie étant synthétique, intuitif surtout. Esprits métaphysiques, ils ne sauront se complaire que dans l'infini de l'espace et de la durée, où bientôt ils accumuleront, comme pour les remplir, d'incalculables générations divines. Quand ils ne se perdront plus en Dieu, comme dans un océan de lumière, ils se perdront avec délices dans l'idée de la mort et la sensation du néant. Ces panthéistes pourront devenir nihilistes : l'impossible pour eux sera de s'arrêter, ainsi que nos générations modernes, dans le positivisme et l'étroite réalité du présent.

Toujours ils porteront en eux l'anxiété de l'infini, et le vertige de cet abîme obscur, qui est le vrai fond des choses, qui en soutient la surface, océan des causes éternelles, sur lequel les formes éphémères, de confuse et vaine apparence, roulent, s'élèvent tour à tour, une seconde se rencontrent, se mêlent, s'entrechoquent, puis s'évanouissent et s'effacent comme la figure des vagues, ou leur écume blanche sur la mer. Ils auront pendant des siècles la joie et la gloire de s'enivrer de Dieu, et ces idéalistes, dédaigneux du reste, regarderont la prière, la contemplation, la pensée ou le rêve comme le but supérieur, l'unique fin de la vie. Ils ne connaîtront jamais et n'auraient pu comprendre ce dogme tout moderne et inconnu de l'antiquité, du travail nécessaire, visiblement utile et productif.

La lutte pour l'existence n'avait pas alors cette âpreté, cette fureur qui semble augmenter chaque jour, et qui même pourrait contrarier le rêve, fait par certains esprits, d'un paradis matériel où dans l'avenir seraient conviés tous les hommes.

Il y aura eu dans l'Inde pour l'humanité plus jeune, comme à d'autres époques, dans la Grèce ou dans la Judée, des heures magnifiques d'enthousiasme, de foi et d'orgueil, qui sans doute ne se retrouveront plus, et qu'il nous est permis de regretter et d'envier parfois. Le panthéisme a enivré ces âmes, et de cette ivresse que communiquent seules les idées : oui, toutes les joies que nous pourront donner les plus belles conquêtes matérielles, ou celles même de la vérité scientifique, seront misérables toujours, comparées à la joie de ces âmes, qui, par la conscience de leur identité avec l'Ame des choses, savaient, vivantes, s'égaler à l'infini et entrer dans l'éternité.

Aussi l'histoire des Dieux sembla les intéresser toujours plus que leurs propres annales. Ils ont eu des épopées divines : ils n'ont pas un seul livre d'histoire, jusqu'à la chronique de Kashmir.

Parmi les forces dont pesa sur eux la Nature, il y eut celle encore du climat. Les rayons du soleil indien tombant droit sur de pareils cerveaux les chauffèrent, les enflammèrent souvent jusqu'à l'hallucination et au délire, ou d'autres fois la lourde chaleur tropicale accabla ces âmes jusqu'à l'anéantissement, et volontiers elles goûtèrent cette mort, ce *nirvana* dans un infini de lumière. De là par moments cette exaltation, cette passion, ces brûlantes extases d'âmes éperdues nageant dans la clarté divine, et par d'autres ces dépressions, ces fatigues et ces satiétés, cette soif de néant, et cette mort, cet évanouissement de la conscience perçus comme une sensation délicieuse [1].

Enfin les Aryas, dès leur entrée dans l'Inde, subirent l'influence des races qu'ils y rencontrèrent. Deux races principales, une négroïde et une race dravidienne ou touranienne, occupaient alors le pays. Faudrait-il ajouter ces Kouschites, dont la présence révélée par Lassen et d'Ekstein est fort contestée aujourd'hui, mais dont l'hypothèse nous semble renfermer certaine part de vérité?

Les deux races, négroïde et dravidienne, sont encore présentes dans l'Hindoustan, et facilement reconnaissables.

De ces tribus mélaniennes, la plupart ont gardé leur vieil et grossier fétichisme, et les sacrifices humains, si rares chez les Aryas, furent chez elles toujours en usage.

La race dravidienne est demeurée maîtresse du Dekhan presque tout entier. Ses tribus, avant leur conversion à peu près générale au brahmanisme ou au bouddhisme, pratiquaient certainement le shamanisme des races touraniennes. Les Dravidiens avaient pour prêtres des sorciers ou devins, armés de conjurations contre tous les maléfices. Ils avaient le culte des serpents, celui du *Lingam*, et eux aussi à leurs divinités farouches offraient des victimes humaines.

Mais qu'étaient ces Kouschites, dont les tra-

[1]. « L'esprit hindou, dit M. Barth, ne connut pas de milieu entre l'exaltation et la torpeur, et en toutes ses productions apparaîtra un caractère uniforme, mélange d'ardeurs inassouvies et de satiété. »

vaux de Lassen, du baron d'Ekstein et de Lenormand ont tenté récemment de reconstituer l'histoire? Ces Kouschites apparaîtraient, dans les brumes du passé, comme la première race sémitique ayant fondé de grands empires, et leur domination sur une partie de l'Asie semblerait avoir succédé à celle des antiques races touraniennes, par exemple à celle des Accads en Chaldée. Répandus à la fois en Ethiopie, en Asie Mineure, à Babylone avec Nemrod, dans la péninsule arabique, et le long des côtes de la Caramanie, de la Gédrosie, sur le littoral de l'Océan Indien, ce seraient eux, d'après ces travaux, qui auraient mis les Aryas Hindous en relations avec la Chaldée et l'Egypte, parvenues à une civilisation fort avancée déjà. Ancêtres des Phéniciens, ils auraient laissé dans l'histoire le souvenir d'une race d'audacieux marins.

Le mélange ou la juxtaposition de ces races ont naturellement produit la confusion de leurs légendes.

Si les légendes d'hommes serpents, fréquentes dans les poèmes hindous, si celles des Dieux des métaux et des feux souterrains nous paraissent le plus souvent d'origine touranienne, rappelant cette adoration des serpents et ces pratiques démoniaques de la métallurgie, familières aux races du Touran, nous croyons au contraire que celles des Matsyas, des hommes poissons, se rattacheraient aux souvenirs laissés par les Kouschites, ou, si l'on veut, par des Asiatiques de l'Orient, venus par cette route de mer, que suivirent les Phéniciens de Salomon. Par bien des traits, en effet, les Matsyas font songer au Dieu poisson des Kouschites de Chaldée, Dieu Accad, mais adopté par eux, à ce Dieu *Oannès*, le *Nohat* de la légende du déluge, qui protégea et instruisit les hommes [1]. La légende indienne du déluge, qui n'apparait qu'assez tard et dans les Brahmanas, est certainement née en Chaldée.

De grandes villes, une agriculture et une industrie savantes avaient sans doute existé dans l'Inde, bien avant que les Aryas l'envahissent, et selon nous la grande architecture hindoue eut une origine aryenne. On sait que les premiers temples furent dûs aux bouddhistes et aux jainas : et le triomphe même du bouddhisme et du jainisme, comme du sivaïsme, fut peut-être une revanche des races de couleur contre les Aryas de race blanche.

Si l'on admet cette présence dans l'*Aryavarta* et le *Dakshinapala* de Kouschites, ou d'Asiatiques de l'Ouest, on peut supposer que leur religion fut à très peu près celle de Babylone, de la Phénicie ou de l'Yémen, c'est-à-dire une religion voluptueuse et sanglante, un grossier panthéisme, comme le sera le sivaïsme, la religion sectaire, qui est demeurée toujours le plus en honneur dans le Dekhan. On constate dans le Mahabharata [2] les traces nombreuses de la lutte

---

1. Vishnu, dans certaines légendes (voir le Hari-Purana), reproduira d'une façon curieuse cette figure du Dieu Oannès.
2. L'opposition y est constante entre les adorateurs de l'Indra védique et les sectateurs de Siva.

entre les Dieux de la race aryenne, lumineux et purs, et les Dieux anciens, monstrueux et terribles, des populations qui occupaient l'Inde avant l'invasion aryenne. À nos yeux leur influence fut donc considérable dans le développement de la religion hindoue, mais surtout au sud, où l'élément aryen se dispersa et se perdit dans l'immense pullulation des vieilles races.

Quand aujourd'hui dans les forêts du Dekhan, la nuit, à la lueur des torches, parmi la foule demi-nue, au long corps maigre, à la peau bronzée, on voit s'avancer, précédée des éléphants de la pagode, et des bayadères, dansant avec ce roulement des hanches particulier aux danseuses de l'Orient, la statue hideuse de Siva, ou celle encore plus affreuse de Kali, de cette déesse de la mort, portant un collier de crânes pendu à son cou, et de ses bras qui s'agitent dans l'air brandissant un sabre et des têtes coupées, quand on voit se balancer ces monstrueuses images au-dessus de la foule délirante et hurlante, ivre du bruit des trompes, des tambours, des timbales, des tams-tams incessamment et lourdement frappés, et qu'au fond d'une avenue se découvre, vaguement éclairé par la lune, un temple immense avec ses pyramides fourmillantes d'animaux et de Dieux, ses escaliers descendant aux étangs sacrés, ses colonnades infinies, noyées dans les plantes et les lianes, envahies par la débordante végétation tropicale, l'on se sent en face d'une scène religieuse, étrangère aux religions de nos races, mais qui appartenait sans doute à celle de ces populations autochtones, de ces *Sudras* peut-être, si écrasés et méprisés jadis, et qui eux aussi se vengèrent du peuple conquérant, en lui donnant ses Dieux.

Sans trop insister sur des rapprochements, qui ne peuvent donner lieu aujourd'hui encore qu'à des hypothèses, n'est-il pas permis de faire observer que l'idée de la métempsycose, si ancienne en Egypte, celle des castes qu'on retrouve en Egypte aussi et chez les Kouschites de l'Yémen, celle de la Trimurti rappelant la conception de ces divinités ternaires, adorées en Egypte, dans l'Yémen et à Babylone, n'apparaissent dans l'Inde qu'après la rencontre des Aryas et leur mélange avec des populations anaryennes, qui certainement étaient en relations fréquentes avec les civilisations anciennes de l'Afrique et de l'Asie occidentale ? Ajoutons que l'architecture religieuse rappellera singulièrement, par ses temples sculptés aux flancs des montagnes, par ses figures gigantesques, plus ou moins dégagées du roc et se dressant, comme à Éléphanta ou à Salsette, le long des portes du sanctuaire, plus tard aussi par ses formes pyramidales, l'architecture de l'Egypte ou de Babylone. Rappelons enfin que l'alphabet sanscrit dérive de l'alphabet phénicien, ce qui prouve clairement tout au moins la part prise par des étrangers dans le premier développement de la civilisation indienne.

La foi dans la métempsycose et l'établissement des castes sont dans l'histoire des Hindous les deux grands faits nouveaux. La croyance au passage des âmes à travers une suite illimitée d'existences, croyance aussi fermement établie chez les bouddhistes que chez les brahmanistes, et ayant ce mérite au moins d'expliquer l'origine du mal, les inégalités de fortune entre les êtres, cette croyance donnait à la vie un sens singulièrement tragique et une perspective infinie. Qu'on se représente la conscience de l'Hindou en proie à l'épouvante de ce roulement sans fin à travers des éternités d'existence ! Son âme ainsi, pendant des siècles, pourra être flagellée sans cesse, meurtrie de châtiments, ou péniblement un jour des profondeurs de la vie, des confins du monde organique, elle devra donc recommencer sa route, tendre vers la lumière ? Pouvoir être dans une existence future ce tshandala, que chacun repousse, attaché aux œuvres serviles, vivant avec les chiens dans la même bassesse et l'ordure; ou ce malheureux rongé par la lèpre, ou celui que doit torturer, après une vie de misère, une mort atroce, ou cette bête de somme, abrutie de fatigue et de coups, ou cette bête immonde plongeant dans la vase, ou celle qui, farouche et hurlante, rôde à travers les bois, quelle obsession et quelle terreur ! Et quels regards se devaient échanger alors entre l'homme et l'animal ! Oh ! ces yeux de bêtes recelant dans leur profondeur tout un passé de péchés et de crimes ! Ces prunelles le plus souvent endormies, résignées et vagues, ou souvent féroces, criminelles, véritables prunelles d'assassins ! Comme ces Hindous devaient chercher à pénétrer tout ce fond mysté rieux d'idées et d'images, dormant en ces âmes; sœurs des nôtres! Et comprend-on quelle vision fantastique, avec des conceptions semblables, les Hindous se pouvaient faire de ce monde incompréhensible, où les êtres passent, se rencontrent, se regardent, se heurtent, s'entretuent trop souvent, sans se jamais connaître ni se jamais comprendre?

L'établissement des castes, qui suivit l'invasion, fut en partie sans doute une conséquence et une nécessité de la conquête. On sait que la première caste était celle des *brahmanes*, la seconde, celle des *kshatryas* ou des guerriers, la troisième, des *vaisyas* ou marchands, la quatrième, des *sudras*. Que fut cette classe des *Sudras?* Elle dut se composer à l'origine des populations vaincues, le mot *varna*, caste, signifiant couleur. Les Aryas, qui dans le Pendjab semblent avoir adopté quelques-unes des peuplades soumises, pénétrèrent dans l'Inde gangétique et le Dekhan en race dominatrice et hautaine, justement fière de ses conquêtes, de sa supériorité de couleur, et fort méprisante à l'égard de ces barbares, corrompus ou sauvages, pour la plupart adorateurs du *Lingam*, des serpents, quelques-uns cannibales, et ensanglantant les autels de leurs Dieux de sacrifices humains.

Alors commença entre la race blanche, entre cette aristocratie, mystérieusement formée d'âge en âge par des miracles de sélections, dont le secret nous échappera toujours, race certainement supérieure et humaine entre toutes, et cette tourbe des races inférieures, une lutte fatale et sourde, non terminée encore, mais où le nombre tôt ou tard devra l'emporter sur le choix. Les Aryas à bon droit voulurent contre l'impureté de ces races protéger la pureté de la leur; et quand à certaines époques nous verrons, malgré l'organisation sociale la plus restrictive qui ait jamais été, l'envahissement du brahmanisme des derniers temps védiques, de cette religion idéaliste et quelquefois si haute, par tous les cultes populaires de Krishna, de Siva, du Lingam, peut-être serons-nous bien près d'approuver cette création des castes, et cette tyrannie terrible, qui demeurèrent insuffisantes.

Certaines de nos idées d'aujourd'hui, par exemple ce goût vulgaire et bas d'égalité générale, si funeste à quelques pays, comme si l'ordre et la beauté, dans le corps social, n'étaient pas liés toujours, ainsi que dans le corps humain, à une hiérarchie des organes et de leurs fonctions, toutes les conditions aussi de la vie moderne ne nous permettent plus de comprendre le sévère et salutaire isolement, où se sont fortifiées les aristocraties antiques. C'est cependant grâce à leurs énergies et à leurs rigueurs, que l'humanité a pu sortir, en certains pays, de sa bestialité et de sa barbarie primitives. C'est grâce à ces aristocraties ou à ces théocraties, dont la main de fer, dont les lois saintes refrénaient sans cesse le vieil instinct animal, que la race humaine, menacée toujours de redescendre à la vie inférieure, d'où elle s'est lentement et si incomplètement dégagée, s'est élevée à ce degré de civilisation glorieuse, qu'elle a su atteindre en Egypte, aux Indes, ou à Jérusalem.

Et bien des faits semblent témoigner que l'autorité prise sur les Sudras par les Aryas d'abord, puis par les brahmanes sur les Aryas, fut légitimée à l'origine par des supériorités réelles, intellectuelles ou morales.

Ainsi désormais, à la cime de la hiérarchie humaine, le brahmane apparaît comme le représentant de Dieu même, comme le révélateur de la Loi divine, et au-dessous de lui est le kshatrya, détenteur de la Force, qui protège, fait respecter la loi, tient les êtres dans le devoir.

Déjà le sacerdoce, au temps des *Brahmanas*, était héréditaire; et l'éducation brahmanique, le *brahmacarya*, demandait un long noviciat, que souvent le jeune brahmane allait chercher au loin près d'un maître illustre.

Les deux classes des guerriers et des prêtres, une fois en présence, la lutte bientôt commença. Elle fut longtemps assez vive, comme au moyen âge celle des rois ou des empereurs contre les papes. Il semble même qu'à certains moments elle ait été sanglante: et de nombreuses légendes s'y rapportent, celles par exemple de Vasishta et de Visvamitra, deux figures gigantesques et que nous retrouverons souvent dans la littérature sanscrite, légendes où Visvamitra, ancien kshatrya devenu brahmane, représente d'ordinaire la caste des guerriers, et Vasishta, le pur sacerdoce brahmanique [1].

1. Dans la légende non moins célèbre de Parasu-Rama, les brahmanes ont été exterminés par un kshatrya, Para-

L'indroduction du Manava-Sastra est une sorte de *Credo* brahmanique, où il semble qu'à un certain moment, disions-nous, un collège de brahmanes ait voulu fixer les points principaux de leur doctrine, et dont la théologie paraît exposer les idées religieuses et philosophiques devenues à peu près générales dans les derniers temps de l'âge védique.

Brahman, l'Absolu, la Divinité impersonnelle et neutre, a sa manifestation première en *Brahma*, Dieu créateur, dont la conception, théologique surtout, ne fut jamais populaire, et qui aujourd'hui encore n'a peut-être qu'un sanctuaire dans l'Inde.

Du ciel à la terre, du monde invisible au visible, s'étend déjà toute une hiérarchie de figures divines, qui variera souvent; mais, chose curieuse, que nous retrouverons la même au début du Mahabharata, malgré les remaniements que lui auront fait subir les sectateurs de Vishnu Krishna. Mais tous ces Dieux ne sont en réalité que des émanations, des manifestations diverses du Dieu existant par lui-même.

La plupart des Dieux anciens survivent dans cette hiérarchie, quelques-uns toutefois à des places différentes, et avec des aspects nouveaux.

---

su-Rama. Un vengeur divin détruit à son tour la caste entière des guerriers; mais alors les classes inférieures délivrées ravissent, violent les femmes; « par le rapt, par la luxure, par le viol, les hommes retombent dans la barbarie primitive. La loi, ce soutien du monde, n'étant plus respectée, le faible devient le jouet du fort », et la Terre qui va périr obtient des Dieux la résurrection de la classe guerrière. Voir pour ces légendes le *Ramayana* et le *Mahabharata*.

Au-dessous de Brahma sont huit Dieux suprêmes, préposés à la surveillance des huit régions du monde et les protégeant contre les *Asuras*, les esprits du mal.

Mais Indra, détrôné ainsi par Brahma, est toujours à la tête des vieux Dieux védiques. Il préside à la région du Nord-Ouest, la plus vénérée des régions du monde, d'où son peuple était descendu jadis, et où s'élève, parmi les hauts sommets de l'Himalaya, sa splendide résidence, le Méru, la montagne sainte, sur laquelle auprès de lui trônent les esprits de lumière.

Les Hindous en effet, comme tous les peuples primitifs, à la vue de ces cimes lointaines, étincelantes de glaciers et de neiges, et qui par-delà les nuages paraissent flotter en plein ciel, ont fait d'elles des châteaux éclatants, les demeures aériennes où résidaient les Dieux.

Après Indra nous retrouvons parmi les huit grandes divinités *Yama, Varuna, Agni, Surya, Chandra, Vayu* et *Kuvera*, divinités anciennes, mais transformées pour la plupart et présentant des attributions nouvelles, quelques-unes en rapport avec ce monde nouveau, qui venait de se révéler aux Aryas.

Yama, le roi des *Pitris*, est devenu le Dieu de la région du Sud-Est; et ce n'est plus lui, c'est Indra, qui règne sur le *Swarga*, séjour des bienheureux.

Varuna, Dieu jadis de l'océan céleste, aujourd'hui est le Dieu de la mer, certainement entrevue à peine aux temps du Rig-Véda.

Chandra, Dieu de la Lune, peu honoré

jadis, a pris rang parmi les grands Dieux.

La haute place donnée à *Kuvera*, le dieu des richesses souterraines, indique chez les Aryas des besoins nouveaux, l'amour ardent de ces trésors, de ces pierreries, de ces métaux précieux qu'ils avaient trouvés dans l'Inde, diamants, rubis, saphirs, améthystes, onyx des Ghattes orientales, lapis lazuli de l'Himalaya et des fleuves, coraux et perles de la mer.

Au-dessous des huit grands Dieux présidant aux huit régions du monde sont *Rudra*, père des vents, bientôt assimilé à Siva, les dix *Maruts*, enfin les douze *Adityas*. Les brahmanes cherchèrent à former et garder le nombre de 33 Dieux, déjà donné par le Rig-Véda, et qui peu à peu par de simples multiplications décimales sera porté à 3330, puis à 33000, enfin à 330 millions, lorsque l'imagination indienne, à force de figures divines et de créations monstrueuses, semblera lutter avec l'infini des rêves et des créations de la nature.

Mais ce ne fut pas assez : ces Dieux suprêmes se dédoublèrent en divinités femelles, en déesses surnommées les *Mères*, et représentant, comme les divinités femelles de l'Egypte et de la Chaldée, l'énergie féconde, la *Sakti* de ces Dieux. Ces divinités femelles, nous l'avons remarqué, étaient rares dans la religion védique ; elles étaient nombreuses au contraire dans les religions des populations autochtones. En même temps que ces déesses, les *Apsaras* aussi, les bayadères célestes, envahirent le ciel brahmanique ; et des milliers de formes féminines se mêleront un jour sur les monuments religieux, lianes gracieuses en cette immense végétation de pierre, aux Dieux, aux héros, aux animaux, aux plantes, figurées le plus souvent dans les attitudes de la danse, la taille fine, les hanches fortes, les seins bombés et fermes, presque nues sous leur gaze légère, ou sous leurs parures de pierreries[1].

Aux Apsaras, aux courtisanes des Dieux correspondront les musiciennes et les danseuses, attachées aux pagodes, que déjà entrevit Alexandre, et qui semblent aujourd'hui encore entretenir dans la nuit de certains temples les traditions d'une luxure savante et de la prostitution sacrée.

La distinction, récente alors, des 5 planètes fit reconnaître par-delà le monde et l'atmosphère terrestre, sept sphères célestes, en comptant celles du soleil et de la lune, et qui chacune furent gouvernées par un Dieu. La sphère de la lune fut celle de Soma-Chandra, le Soma ayant donné à cet astre, surnommé *Oshadipati*, le seigneur des plantes, son nom et quelques-unes de ses qualités.

C'est ainsi que s'étendait de jour en jour avec les limites de l'univers le monde infini des divinités hindoues. Mais le sacerdoce triomphant fit dans l'orgueil de sa victoire monter encore au rang des Dieux ses ancêtres, les *Rishis*, qui avaient reçu la révélation des Védas, et institué

---

[1]. Voir au musée de Leyde cette déesse vêtue de pierreries et qui rappelle par sa parure la Salomé du grand peintre G. Moreau.

les sacrifices. Dans la légende, ils devinrent les fils de *Manu Swayambhuva*, le premier des 14 Manus et le plus grand, qui vivait il y a 30 millions d'années, qui avait sauvé du déluge, et recréé l'humanité, lui avait fait entendre la parole de Brahma, l'avait lié au devoir par la loi éternelle, et qui apparaît ainsi comme l'aïeul de l'univers, et comme son second créateur.

A chaque renouvellement du monde, ces 14 Manus, fils de Brahma, deviendront les ancêtres d'humanités nouvelles.

Nous allons voir se dérouler dans le Manava Dharma Sastra l'ordre universel établi par la loi divine et reconnu, fixé par la loi humaine. Comme toute théocratie, la théocratie brahmanique a donc rattaché à Dieu l'origine de ses lois, qui pour elle étaient bien aussi les rapports éternels dérivant de la nature des choses. Tout prenant en Dieu sa naissance et sa raison d'être, l'histoire de la genèse du monde est l'introduction nécessaire de ce code étrange et grandiose.

Manu est assis et médite[1] : les Maharshis l'abordent et lui demandent de lui révéler les lois qui concernent les castes et les classes impures nées de leur mélange. Manu répond : Écoutez. Le monde était plongé dans les ténèbres, imperceptible, dépourvu de tout attribut distinct, comme endormi de toutes parts. Alors Swayambhu (l'Etre existant par lui-même, Brahman, le neutre, pour les commentateurs), lui que les sens externes ne peuvent pas atteindre,

---

1. Ces citations sont empruntées, avec quelques modifications parfois, à la traduction de Loiseleur-Deslongchamps (*Panthéon littéraire*, 1857).

rendit par les cinq éléments primitifs et les autres principes des choses l'univers perceptible, se manifesta, et, resplendissant de l'éclat le plus pur, dissipa l'obscurité.

Lui, que l'Esprit seul peut atteindre, qui échappe aux organes des sens, lui sans parties visibles, éternel, âme de tous les êtres, que nul ne peut comprendre, déploya sa splendeur.

Ayant résolu, lui, l'Esprit suprême, de faire émaner de sa substance toutes les créatures, d'abord il produisit les eaux, et en elles déposa un germe.

Ce germe devint un œuf d'or, Hiranyagarbha, éclatant comme l'astre aux mille rayons, et dans lequel l'Etre suprême naquit sous la forme de Brahma (le Brahma masculin, le grand ancêtre de tous les êtres).

Les eaux furent appelées *Naras*, parce qu'elles ont produit *Nara* (l'Esprit divin), ces eaux ayant été le premier lieu de mouvement (ayana) où se manifesta l'Esprit, et l'Esprit en conséquence a été nommé *Narayana*, celui qui se meut sur les eaux[1].

Ainsi par cette cause imperceptible, éternelle, qui tout à la fois existe et n'existe pas pour les sens, a été produit le divin mâle, *Purusha*, célébré sous le le nom de *Brahma*. (Liv. I, *passim*.)

L'énumération des premiers principes qui pré-

---

1. On remarquera la concordance singulière de cette cosmogonie avec l'antique conception chaldéenne de l'Esprit (Ea ou Nouah) porté sur les eaux, conception qui reparaît dans la *Bible*. L'œuf d'or, comme le Désir qui a créé les êtres, sont des traits qui se retrouveront aussi dans la cosmogonie d'Hésiode.

Notons l'une de ces intuitions profondes que confirme aujourd'hui la science : « Les eaux, dit le livre indien, ont été le premier lieu du mouvement où se soit manifesté l'Esprit. » N'est-ce pas en effet dans le fond des mers que commença l'évolution des êtres, et que vibra la première cellule, où soit apparue la conscience ? Enfin le premier mouvement de tout être n'a-t-il pas lieu toujours dans un milieu humide ?

sident à la genèse du monde est presque mot pour mot celle de la philosophie Sankhya.

C'est au moyen de particules subtiles empruntées aux principes des choses, qu'a été formé tout ce monde périssable, émané de l'impérissable. Chacun de ces éléments acquiert la qualité de ceux qui le précèdent, de sorte que plus un élément est éloigné dans la série, plus il réunit de qualités.

L'Etre suprême assigna dès le principe à chaque créature un nom distinct, des actes, des fonctions, des devoirs divers...

Et c'est ainsi qu'il opéra cette création, voulant à l'existence appeler tous les êtres...

Pour la propagation de la race humaine, Brahma de sa bouche, de son bras, de sa cuisse et de ses pieds, produisit le brahmane, le kshatrya, le vaisya, et le sudra.

Des êtres sans nombre sont créés aussi par Manu et ses fils :

Ces êtres, en raison d'actes antérieurs, naissent parmi les Dieux, les hommes ou les animaux, et poursuivent leurs transmigrations sans fin à travers ce monde effroyable qui se détruit sans cesse.

Après avoir ainsi produit cet univers, Celui dont le pouvoir est incompréhensible, disparut de nouveau, absorbé en son âme, et chassant le temps par le temps. Quand ce Dieu s'éveille, l'univers accomplit ses actes; lorsqu'il s'endort, l'esprit plongé dans un repos profond, l'univers alors se détruit...

Et c'est par un réveil et par un repos alternatifs que l'Etre immuable fait sans fin vivre et mourir cet ensemble de créatures immobiles ou mobiles. (L. I, *passim*.)

Un jour de Brahma est de mille années cosmiques, correspondant à 4 milliards 320 millions d'années humaines.

Cette période immense est divisée en *Mânuantaras*, époques présidées tour à tour par l'un des Manus.[1] Après chacun des manuantaras un déluge engloutit l'univers : puis un nouveau Manu recrée une humanité nouvelle.

A la fin d'un jour de Brahma, le monde est dissous et il rentre en Dieu : c'est le *Pralaya*; et la nuit de Brahma commence.

Les manuantaras sont infinis; les créations et les destructions innombrables; l'Etre suprême produit les mondes et les reproduit en se jouant.

Un jour et une nuit de Brahma font un *kalpa*; 360 kalpas forment une année divine; après un siècle de la vie de Brahma, c'est-à-dire quelques

---

1. « Le jour de Brahma fini, ils entrent dans le Dieu qui est l'âme suprême. C'est ainsi que pour les êtres il y a successivement destruction et vie; car de même que le soleil se lève et se couche pour nous, il y a aussi pour la création des alternatives d'existence et de mort. A la fin de mille yugas, le Kalpa se trouvant complet, la vie à cette époque est partout éteinte, et Brahma, emportant les mondes avec les Dieux, les Asuras et les Serpents, les renferme en son sein et reste seul maître souverain de toutes choses; car cet univers dépend de ce Dieu universel et éternel, qui à chaque nouveau Kalpa renouvelle sa création... Partout alors l'obscurité, l'inertie; plus de mouvements de sympathie ou d'opposition; les éléments dont Narayana était l'âme, se trouvent dissous.

Puis la révolution de mille ans achevée, le grand esprit, le Dieu des Dieux s'éveille de lui-même pour prouver sa force. Créateur souverain, il forme d'abord en lui un nouveau type de ce monde avec les Pitris, les Dieux, les Asuras et les hommes; car, toujours ferme et invincible, il est le grand Prajapati et la source de cet univers, qu'il fait, défait et renferme en lui, qu'il porte et contient, qu'il règle, réforme et sanctifie.

Les Dieux mêmes ne voient pas sa forme première, ils honorent celle qu'il manifeste dans ses incarnations diverses. Ils n'aperçoivent que ce qu'il leur montre. Mais ce qu'il ne révèle pas, qui peut se flatter de le découvrir? (Harivansa, 218e C.; traduction de Langlois.)

centaines de mille de milliards d'années humaines, survient le *Maha-Pralaya*, la dissolution générale de toutes les essences; et Brahma lui-même se perd dans Brahman (le neutre), dans l'Absolu, d'où il émane.

Puis l'Être en soi fait renaître un Brahma nouveau, et la série recommence des créations et des destructions successives.

Ces rêves prodigieux, ces accumulations de jours et d'années divines, représentant des millions et des milliards d'années humaines, ces nombres énormes avec lesquels aime à se jouer l'imagination des Hindous, ces perspectives illimitées de créations et de destructions sans nombre, où les Dieux eux-mêmes, comme les soleils de l'astronomie moderne, subissent le sort universel, s'élèvent, grandissent, flamboient, puis s'éteignent, modalités de l'éternelle substance, toutes ces spéculations qui ne s'appuient sur aucune donnée scientifique, mais dont le calcul n'est qu'une série de multiplications selon le système décimal, en usage chez les Hindous, communiquent du moins la vision et l'horreur de cet abîme formidable, où roulent emportés tous les êtres, et entr'ouvrent à la pensée l'immensité sans bornes de l'espace et du temps!

Chaque manuantara se divise en quatre *yugas* ou âges du monde. Cette conception des quatre âges de l'univers et celle de sa dégénérescence progressive, à mesure qu'il s'éloigne de son origine, celle encore des créations et des destructions successives, celle aussi d'un enfer, ou plutôt d'un purgatoire (car pour l'Hindou il n'y eut jamais de châtiment éternel), toutes ces conceptions sont nouvelles, et n'appartiennent pas aux Védas, mais nous les croyons d'origine aryenne.

Tel est le péristyle gigantesque du Manava-Dharma-Sastra.

Comme tant d'autres œuvres du génie brahmanique, les lois de Manu présenteront toujours le mélange du sublime et du puéril, et cette introduction, si nous l'avions donnée tout entière, en eût déjà fourni la preuve. Aux lois les plus sages, aux spéculations les plus hautes se joindront souvent d'enfantines prescriptions d'hygiène ou des préceptes méticuleux de bienséance et de civilité. C'est le caractère en effet des lois théocratiques, d'aspirer à tout régler dans l'homme, tout étant sérieux pour elles en cette vie terrestre, d'où dépend la vie éternelle.

Le Dharma-Sastra comprend six divisions principales :

1° Le *Véda* ou la science religieuse ;

2° Le *Vedanta* ou *Atma Védya*, la philosophie qui dérive de Véda ;

3° L'*Achara*, qui règle les différents actes de dévotion, les purifications nécessaires, les cérémonies domestiques, les devoirs des castes, les relations de la famille hindoue, les pratiques de la vie quotidienne, consacrées par le Véda ou par la tradition ;

4° Le *Vyavahara*, qui expose les attributions royales, l'art de gouverner, la loi civile et la loi criminelle ;

5° Le *Prayas-Sitta*, qui traite des expiations ;

Et 6° le *Karma-phala*, qui détermine la conséquence des actes (Karman) dans les existences successives.

Le grand souci de la loi est d'abord le maintien des castes : nulle théocratie et nulle aristocratie dans l'histoire ne furent plus solidement établies.

Pour la conservation de cette création entière l'Etre souverainement glorieux assigna des occupations différentes à ceux qu'il avait produits de sa bouche, de son bras, de sa cuisse et de son pied.

Il donna en partage aux brahmanes l'étude et l'enseignement des *Védas*, l'accomplissement du sacrifice, la direction des sacrifices offerts par les deux autres classes, le droit de donner et celui de recevoir ;

Il imposa pour devoirs au kchatrya de protéger le peuple, d'exercer la charité, de sacrifier, de lire les Livres saints, et de ne pas s'adonner aux plaisirs des sens ;

Soigner les bestiaux, donner l'aumône, sacrifier, étudier les saints Livres, faire le commerce, prêter à intérêts, labourer la terre, sont les fonctions du vaisya ;

Mais le souverain Maître n'assigna au sudra qu'un seul office, celui de servir les classes précédentes.

La naissance du brahmane est l'incarnation éternelle de la justice ; car le brahmane, né pour l'exécution de la justice, est destiné à s'identifier à Brahma.

Tout ce que ce monde renferme est la propriété du brahmane ; car par sa naissance éminente il a droit à tout ce qui existe.

Que le nom d'un brahmane, par le premier des deux mots dont il se compose, exprime la faveur propice ; celui d'un kshatrya, la puissance ; celui d'un sudra, l'abjection.

La vie de tout brahmane est divisée en quatre âges, ou quatre *arasmas*[1].

Dans le premier âge de la vie, il est étudiant en théologie, *brahmacarin*, et sous un père spirituel, qu'il écoute et sert avec humilité, il reçoit l'initiation du Véda ; dans le deuxième arasma il est maître de maison, *grihastha*, et il est marié ; dans le troisième, il est *vanaprastha*, l'anachorète, qui, sortant du monde où il a rempli sa mission, se retire dans les forêts pour y prier, se livrer à des méditations et à des pénitences, strictement accomplir tous les devoirs sacrés et les sacrifices. Enfin dans le quatrième arasma, il est *sannyasin*, ou *bhikshu* (religieux mendiant), qui, affranchi de toute observance, et ne subsistant que d'aumônes, de plus en plus se dégage de la matière, pour ne penser qu'à l'absorption en Dieu. (II, 44, 171, 173.)

Une initiation religieuse (le *panayana*) confère aux trois premières classes les droits qui les distinguent (169 et 170). Elle est marquée par l'investiture du cordon sacré (cordon passé sur l'épaule gauche) et par la communication des principaux *mantras*, entre autres de la *savitri*, de la prière sainte. Cette cérémonie, comme le baptême chrétien, donne à l'initié une seconde naissance : d'où pour lui désormais le nom de *dvija* (deux fois né). Cette nouvelle naissance, que l'instituteur spirituel, *guru* ou *atcharya*, communique au *dvija*, « est la

---

[1]. Le nom de bhikshu, qui lui est donné, sera pris par les religieux bouddhistes pour qui la vie idéale sera cette existence purement ascétique.

véritable et n'est point assujettie à la vieillesse ni à la mort¹ ». (II, 148.)

Du jour de cette initiation, qu'aujourd'hui encore le jeune Hindou reçoit entre cinq et neuf ans, commence, surtout pour les brahmanes, la longue étude des Védas.

Si les droits accordés aux prêtres sont parfois excessifs, leurs devoirs aussi sont nombreux, et sévères. A leur sujet, certains préceptes du Livre rappellent singulièrement ceux de la religion bouddhique. La pureté de corps et d'esprit, le mépris des honneurs et des joies du monde, l'empire de soi-même, l'égalité d'humeur, la perpétuelle sérénité d'âme, l'énergique résistance aux tentations vulgaires, et la miséricorde, la bonté pour tous les êtres, telles sont les vertus principales que la loi leur prescrit. (L. IV, *passim*.)

Chaque jour le brahmane doit faire une oblation pour la prospérité des êtres.

Cette oblation fait partie des cinq *Maha-Yajnahs*, des cinq grands actes religieux que doit accomplir tout *dvija*, devenu *grihya stah*, maître de maison.

Les cinq *Maha-Yajnahs* sont : 1° l'acte de dévotion envers les anciens Rishis, qui consiste dans la récitation du Véda et, pour les brahmanes, dans

---

1. « L'ignorant est un enfant ; celui qui enseigne la doctrine sacrée est un père, car les Sages ont donné le nom d'enfant à l'homme illettré, et celui de père au précepteur (II, 153). »
« Un instituteur est l'image de l'Etre divin (Brahma) ; un père, l'image du Seigneur des créatures (Prajapati) ; une mère, l'image de la Terre (II, 225). »

l'enseignement du saint Livre (*Brahma-Yajnah*); 2° l'acte de dévotion envers les ancêtres, les *Pitris*, qui consiste en des prières, dans l'oblation chaque jour d'un peu d'eau répandue sur le sol et dans les cérémonies du *sraddha* (l'offrande aux ancêtres), d'où dérive toute la loi hindoue sur l'héritage ; 3° l'acte de dévotion envers les Dieux, qui consiste en des oblations à Agni, à Prajapati, au Ciel et à la Terre, à Indra et à Soma ; 4° l'acte de dévotion envers toutes les créatures, envers les animaux, envers les bons ou les mauvais génies, qui sont supposés peupler l'air et à qui l'on jette des grains de riz devant la porte ou sur la terrasse des maisons ; 5° l'acte de dévotion envers les hommes, qui est l'hospitalité.

Parmi les sacrifices quotidiens, ceux du matin et du soir sont accomplis toujours avec le feu, perpétuellement entretenu, de la cérémonie nuptiale.

On voit que cette religion embrasse tous les êtres en ses pensées de bénédiction et d'amour, et que c'est aux Dieux, aux hommes, aux animaux même, à tous les vivants et à tous les morts, que devait s'adresser chaque jour le pieux hommage de l'Hindou. Les devoirs religieux seront naturellement pour les brahmanes plus nombreux, plus rigoureux aussi.

Infinies sont les prescriptions du Manava-Dharma-Sastra pour maintenir très haute cette aristocratie brahmanique, et pour garder le brahmane en état de pureté parfaite ; mais ici la loi, comme toute loi primitive ou religieuse, se fait trop rigoriste, entre parfois en de trop minutieux détails.

Les préceptes de purification reviennent sans cesse, ceux-là très importants du moins en un pays où l'extension des épidémies est surtout une question d'hygiène.

Ainsi le brahmane ne doit jamais souiller l'eau, n'y jeter jamais de substance impure [1]. La loi indique jusqu'aux procédés de purification pour les étoffes de soie ou de laine, et les tapis du Nepal (120, V).

La perpétuelle préoccupation de la loi est donc la protection du brahmane, et elle tend à le préserver même de ce qui pourrait salir ou seulement troubler sa pensée. Il lui est interdit de résider dans une ville que gouverne un sudra [2], ou remplie d'hérétiques, de se tenir à l'ombre d'un arbre en compagnie de gens dégradés, contradiction singulière de la part d'une loi qui prescrit en même temps une telle charité pour les êtres : mais toute œuvre humaine est souvent et trop aisément illogique.

La loi redevient très haute, quand elle exige du Dvija, parvenu à la vieillesse, de longs jours passés dans la pénitence, la prière et la contemplation, qui le préparent à la vision de Dieu et à son absorption en lui. Elle implique une conception sublime de la destinée humaine,

---

1. L'eau (v. 105), l'air, le feu, le soleil, la terre sont des agents de purification, ainsi que la bouse de vache et encore les austérités, la science, les cérémonies religieuses.

2. Mahapadma Nanda, qui précéda sur le trône de Pataliputra son fils Chandra-Gupta, fondateur au IVe siècle av. J.-C. de la dynastie Maurya, était un sudra.

cette retraite de l'Hindou vieillissant, qui parmi le silence et la majesté des forêts va se recueillir et méditer sur le grand mystère de la mort, avant de se perdre en son mystérieux abîme.

Un livre entier, le deuxième, est consacré aux devoirs de l'anachorète et de l'ascète (du *sannyasin*, de celui qui s'est retiré du monde ou du *yati*, qui a supprimé ses passions).

Lorsque le chef de famille voit sa peau se rider, ses cheveux blanchir, et qu'il a sous ses yeux le fils de son fils, qu'il se retire dans une forêt.

Renonçant aux aliments ordinaires, comme à tout ce qu'il possède, qu'il parte seul, confiant sa femme à ses fils, ou qu'il l'emmène avec lui.

Qu'il porte une peau de gazelle ou un vêtement d'écorce ; qu'il se baigne soir et matin ; qu'il porte ses cheveux toujours longs, et laisse pousser sa barbe, les poils de son corps et ses ongles.

Qu'alors il s'applique sans cesse à la lecture des Védas, endure tout avec patience, qu'il soit bienveillant, parfaitement recueilli, qu'il donne toujours, ne reçoive jamais, qu'il soit plein de pitié pour les êtres...

Qu'il se couche sur la terre nue ou se tienne tout un jour sur le bout des pieds ; qu'il s'expose au brûlant soleil ou aux pluies torrentielles ; par des austérités de plus en plus rigoureuses, qu'il dessèche sa substance mortelle. Que pour unir son âme à l'Être suprême, ayant pour lit la terre, pour habitation le pied des arbres, il lise et médite les Upanishads.

Ou bien, qu'il se dirige vers la région du nord-est, et marche d'un pas assuré jusqu'à la dissolution de son corps, aspirant à l'union divine, et ne vivant que d'eau et d'air.

Lorsque l'anachorète a ainsi passé dans les forêts la troisième période de son existence, que pendant la quatrième il embrasse la vie ascétique, renonçant à toute affection.

Un pot de terre, la racine des grands arbres pour habitation, un mauvais vêtement, une solitude absolue, la même manière d'être avec tous, tels sont les signes qui distinguent un brahmane près d'atteindre la délivrance finale.

Qu'il ne désire point la mort, qu'il ne désire point la vie; qu'il attende le moment fixé pour lui, comme un serviteur qui attend ses gages.

L'eau à boire, qu'il la purifie en la filtrant avec un linge, dans la crainte de faire périr les petits animaux qui pourraient s'y trouver; qu'il purifie ses paroles par la vérité, qu'il conserve son esprit toujours pur, qu'il ne s'emporte jamais contre un homme irrité; si on l'injurie, qu'il réponde doucement... Assis et méditant avec délices sur l'Ame suprême, n'ayant nul besoin, inaccessible à tout désir, sans autre société que son âme, qu'il vive ici-bas dans l'attente de la béatitude éternelle [1].

Qu'il considère avec attention les transmigrations des hommes, causées par leurs actions coupables; leur chute dans l'enfer, et les tourments qu'ils endurent dans la demeure de Yama;

Leur séparation d'avec ceux qu'ils aiment, et leur union parfois avec ceux qu'ils n'aiment pas; la vieillesse qui leur fait sentir ses atteintes, les maladies qui les affligent;

L'esprit vital sortant de ce corps pour renaître dans le ventre d'une créature humaine, et les transmigrations de cette âme dans des millions de matrices;

Les malheurs que subissent les êtres par suite de leur iniquité, et la félicité inaltérable que leur procure la vertu.

Qu'il réfléchisse, avec application sur l'essence subtile et indivisible de l'Ame suprême (Paramat-

---

1. On reconnaît très nettement en tous ces passages l'influence du bouddhisme et de la doctrine du Yoga.

mn), et sur son existence dans les corps des êtres les plus élevés et les plus vils.

Afin de ne causer la mort d'aucun animal, que le sannyasin, la nuit comme le jour, marche en regardant la terre.

Cette demeure dont les os forment la charpente, à laquelle les muscles servent d'attaches, enduite de sang et de chair, recouverte de peau, infecte, qui renferme des excréments et de l'urine.

Soumise à la vieillesse et aux chagrins, affligée par la maladie, en proie aux souffrances de toute espèce, unie à la qualité de passion, destinée à périr, que cette demeure humaine soit abandonnée avec plaisir par celui qui l'occupe. (VI, *passim*.)

C'est en se conformant à ces prescriptions religieuses que les héros du Mahabharata, à la fin du grand poème, se dirigeront, pour faire pénitence et mourir, vers les contrées du nord, vers la sainte région du Méru.

Législation étonnante, et parfois si haute, qui rêve, comme le bouddhisme ou le christianisme le tenteront plus tard, mais vainement aussi, de faire du troupeau des hommes une société de saints! Entre de telles législations et les nôtres ne retrouve-t-on pas cette même distance, que l'on constate entre ces temples primitifs de l'antique Égypte, ou certaines ruines hindoues, architectures gigantesques construites par des Michel-Ange inconnus, et nos chétives constructions modernes?

On comprend que de pareilles aspirations vers la mort aient dû quelquefois inviter au suicide les ascètes de l'Inde. Le suicide religieux, que la loi condamne, ne fut pas rare en effet, et les Grecs d'Alexandre eurent l'occasion de l'observer, et de l'admirer même.

On a remarqué pour tous les êtres cette pitié que la loi commande, pitié sans doute poussée jusqu'à l'absurde, mais qui n'en fut pas moins l'honneur de cette race hindoue.

Cette doctrine de l'*Ahinsâ*, protectrice de tout ce qui vit, est si bien restée dans la race, que de nos jours encore des hôpitaux pour les bêtes infirmes ou malades subsistent près de Bombay et à Surate, hôpitaux où l'on voit soignés côte à côte des singes blessés, de vieux vautours, des oiseaux aveugles, des chacals infirmes [1].

Que le brahmanisme se soit laissé corrompre par l'orgueil de sa puissance et par ses richesses accumulées, quand le *dâna* surtout, le don qui était offert aux brahmes (l'un d'eux était le poids du donateur en argent ou en or), fut devenu, aux époques de décadence, le plus méritoire des actes religieux, que cette chute ait été profonde, c'est l'histoire de toutes les institutions humaines ; mais nous ne voulons et ne devons voir ici que l'idéal conçu par le législateur.

Au-dessous des brahmanes sont les kshatryas, les rajahs à leur tête ; et la loi de Manou rappelle aussitôt que l'autorité royale se doit incliner toujours devant la suprématie brahmanique ; le premier ministre d'un rajah sera toujours un brahmane.

La royauté, comme dans tout l'Orient, s'ap-

---

[1]. Les hommes, du reste, avaient leurs hôpitaux aussi, comme le confirment certains décrets d'Asoka, le grand roi bouddhique.

puie sur la doctrine du droit divin, doctrine qui de l'Asie passa dans la Rome des Césars, et que les royautés modernes empruntèrent au droit romain et à la Bible.

Un roi par sa puissance et par ses actes doit se montrer l'émule des Dieux, d'Indra, de Surya, de Yama, de Varuna, de Chandra (le régent de la lune), d'Agni et de Prithiva.

Ce monde, privé de rois, était de tous côtés bouleversé par la crainte; pour la conservation des êtres, le Seigneur créa un roi en prenant des particules éternelles à la substance d'Indra, d'Anita, de Yama, de Surya, d'Agni, de Varuna, de Chandra et de Kuvera.

De même que le Soleil, il brûle les yeux et les âmes, et personne sur la terre ne peut le regarder en face. (VII, 4 et s.)

Le rajah apparaît comme un seigneur féodal, vivant dans son palais, près de ses conseillers et de son chapelain. Ce palais, comme la plupart des palais d'Orient, est une forteresse, « pourvue de vivres et d'eaux, de pionniers, de machines de guerre, de brahmanes ». (VII, 75, 76, 78.)

Elle est entourée de hauts remparts, et de fossés, le plus souvent défendue encore par des bois, ou le voisinage d'un désert, ou par sa position sur de hautes montagnes.

C'est en réprimant les méchants et en favorisant les gens de bien que les rois sont purifiés, comme les brahmanes le sont par le sacrifice quotidien.

Lorsqu'un roi, réprimant la volupté et la colère, examine les causes avec équité, les peuples s'empressent vers lui, comme les rivières vers l'océan. (VIII, 175.)

Là encore l'idéal proposé est très pur. Dans les préceptes qui suivent règne un esprit chevaleresque, familier à la race aryenne, et faisant songer à celui de nos preux du moyen âge, tels qu'ils nous apparaissent en certaines de nos chansons de geste. Remarquons qu'aux deux époques c'est à une théocratie qu'est due cette fleur d'héroïsme : et la même remarque se peut faire pour l'héroïsme sémitique, tel que nous le montre le poème d'Antar, ou que l'ont révélé les Abd-el-Kader.

Un guerrier ne doit jamais, contre ses ennemis, employer des armes perfides, des flèches barbelées, des flèches empoisonnées, des traits enflammés.

Qu'il ne frappe ni un ennemi qui est à pied, si lui-même est sur un char, ni celui qui joint les mains pour demander merci, ni celui dont les cheveux sont défaits, ni celui qui est assis, ou l'homme qui lui dit : « Je suis ton prisonnier. »

Nous ne suivrons pas la loi en ses nombreux conseils sur l'art de combattre, ou sur l'art aussi d'éviter la guerre par le choix habile d'un ambassadeur,

Affable, intrépide, éloquent, de belle prestance, sachant négocier, apaiser l'ennemi, au besoin semer la division et lui enlever ses alliances. (VII, 63 et 64.)

Le même livre, le VII°, décrit l'intérieur d'une cour indienne, et l'on y remarquera ces perpétuelles défiances, où vit en Orient la personne royale.

Après la caste des kshatryas, celle des *vaisyas*,

dont la loi détermine dans le livre IX les droits et les devoirs.

La quatrième caste des *sudras* n'a véritablement que des devoirs ; mais cette classe d'ilotes ou d'*outlaws* n'est cependant pas la dernière : au-dessous d'elle sont les classes impures, toutes chargées d'œuvres viles.

Le sudra ne peut jamais s'unir aux femmes des trois castes supérieures ; mais les hommes de ces trois castes peuvent, d'après le Manava-Sastra, s'unir à des filles de sudra ; et plus tard même ces alliances seront interdites.

Bien que le temps et les attaques du bouddhisme, ou d'autres sectes religieuses, aient modifié le régime des castes, il était si bien dans le génie de l'Inde, qu'en réalité elles y sont aujourd'hui plus nombreuses que jamais. Il n'existe plus, à proprement parler, que celle des brahmanes, subdivisée en d'innombrables sous-castes ; mais chaque corps de métier est aujourd'hui une corporation fermée, non moins rigoureusement que l'était la caste. La caste ou la corporation, voilà vraiment la patrie de l'Hindou : et leurs limites sont les seules frontières qu'il ait jamais su défendre contre les envahisseurs étrangers.

Au-dessous des sudras, étaient encore des hors-caste ou des classes impures.

Le mélange illicite des classes, les mariages contraires à la loi, l'omission des cérémonies prescrites, sont l'origine des classes impures. (X, 24.)

Le Manava-Sastra en compte 44, dont un certain nombre se retrouvent aujourd'hui dans l'Inde et à peu près sous les mêmes noms.

Parmi ces tribus dégradées l'on a cru retrouver l'origine de cette bizarre famille errante, dont les yeux noirs semblent garder encore la flamme du soleil indien, les Tsiganes, Gitanos, ou Gypsies, depuis le VIIIe siècle en Europe. Les Tsiganes seraient-ils les frères ou les descendants de ces *tshandalas* que dans la loi de Manu on voit condamner à vivre loin des villages, sur la lisière des bois ?

La demeure des tshandalas doit être hors du village ; et ils ne doivent posséder pour tout bien que des chiens et des ânes ;

Qu'ils aient pour vêtements les habits des morts ; pour plats, des pots brisés ; pour parure, du fer ; qu'ils aillent sans cesse d'une place à une autre...

Qu'ils exécutent, d'après l'ordre du roi, les criminels condamnés à mort par un arrêt légal, et qu'ils prennent pour eux les habits, les lits et les parures de ceux qu'ils mettent à mort. (X, 51 et s.)

Les classes impures sont chargées ainsi de ces œuvres viles, qui sont le côté humiliant et sombre de toute civilisation. De ces êtres dégradés les uns sont brûleurs de cadavres, d'autres bourreaux, cochers, maquignons, gardiens de harems, d'autres encore tanneurs, pêcheurs, voyageurs de commerce, médecins. (X, 47.)

Un certain nombre de ces corporations méprisées subsistent toujours ; et même en reconnaissant cette nécessité primitive de l'institution des castes, comme de ces organes qui chez l'homme servent à l'évolution du premier âge, pour s'atrophier plus tard, quand ce rôle est fini, n'est-on pas pris de pitié à la pensée de millions d'êtres, condamnés ainsi depuis des siècles par leur infériorité native, autant que par l'infériorité sociale où les avait jetés la conquête, à une aussi longue et aussi profonde abjection ?

La loi religieuse cependant ne les condamnait pas sans appel. Pour l'Hindou, en effet, la vie présente n'était jamais qu'un passage, une étape dans la vie éternelle, et une âme, si tombée qu'elle fût, pouvait toujours se relever de sa chute.

« Par la puissance de leurs austérités, dit la loi, ou par le mérite de leurs pères, tous d'âge en âge peuvent parvenir à une naissance plus haute. »

Sur la femme, le mariage et la famille, la loi présente des dispositions intéressantes.

Aucune légende chez les Aryas ne posait, comme chez les Sémites, sur la destinée de la femme. Elle ne fut jamais cependant traitée comme l'égale de l'homme : mère de famille, la loi la considérait comme la sœur aînée de ses enfants, et la femme était ainsi tour à tour soumise à la tutelle de son père, de son époux, de son fils. Voyez avec quelle délicate tendresse le législateur parle d'elle :

Que le nom d'une femme soit facile à prononcer, doux, clair, agréable, propice ; qu'il se termine par des voyelles longues, et ressemble à des paroles de bénédiction. (II, 33.)

Les femmes qui s'unissent à leurs époux dans le désir d'avoir des enfants, qui sont heureuses, dignes de respect, et font l'honneur de leurs maisons, sont véritablement les Déesses de la fortune.

Mettre au jour des enfants, les élever, s'occuper des soins domestiques : tels sont les devoirs des femmes.

Celle qui ne trahit pas son mari, et dont les pensées, les paroles et le corps sont purs, parvient après sa mort au même séjour que son époux, et est appelée vertueuse par les gens de bien ;

Mais, par une conduite coupable envers son époux, une femme est, dès ce monde, en butte à l'ignominie ; après sa mort, elle renaîtra dans le ventre d'un chacal, et sera affligée de maladies, comme la consomption pulmonaire et l'éléphantiasis. (IX, 26 et s.)

Partout où les femmes sont honorées, les Divinités sont satisfaites.

Dans toute famille où le mari se plaît avec sa femme, et la femme avec son mari, le bonheur est assuré à jamais.

En contractant des mariages répréhensibles, en omettant les cérémonies prescrites, en négligeant l'étude de la Sainte Écriture, en manquant de respect aux brahmanes, les familles tombent dans l'avilissement.

La cérémonie du mariage remplace, pour les femmes, le sacrement de l'initiation, prescrit par le Véda ; leur zèle à servir leur époux leur tient lieu du séjour auprès du père spirituel, et le soin de leur maison, de l'entretien du feu sacré. (III, 56 et s.)

Quoique la conduite de son époux soit blâmable, bien qu'il se livre à d'autres amours, une femme vertueuse doit constamment le révérer comme un Dieu.

Il n'y a ni sacrifice, ni pratique pieuse, ni jeûne, qui concernent les femmes en particulier ; qu'une épouse chérisse et respecte son mari, elle sera honorée dans le ciel.

Qu'après avoir perdu son époux, elle amaigrisse volontairement son corps, en vivant de fleurs, de racines et de fruits ; et qu'elle ne prononce même pas le nom d'un autre homme. (V, 154 et s.)

Le suicide de la veuve sur le bûcher de son époux, coutume qui, on le sait, existait déjà au temps de l'invasion d'Alexandre et qui se continua jusqu'en 1829, n'est autorisé par aucun passage du Manava-Dharma-Sastra, et probablement cet horrible usage est sorti de la fausse interprétation d'un texte ou de l'erreur d'un copiste.

On voit de quel respect pour la femme témoignent les différents textes de la loi.

Ce charmant précepte de ne jamais frapper, même avec une fleur, une femme coupable de cent fautes, n'est pas dans les lois de Manu, qui semblent au contraire autoriser en certains cas une légère punition corporelle. Par une contradiction, qui serait du reste assez explicable chez le même législateur, mais qui nous semble indiquer plutôt que des fragments d'origines diverses sont réunis et rapprochés ici, nous trouvons en d'autres passages des appréciations sur la femme très sévères, et fort brutales même :

Il est dans la nature du sexe féminin de chercher ici-bas à corrompre les hommes, et c'est pour cette raison que les sages ne s'abandonnent jamais aux séductions des femmes.

En effet, une femme peut en ce monde écarter du droit chemin, non seulement l'insensé, mais le sage lui-même, et le soumettre au joug de la passion ; les sens réunis sont bien puissants, ils entraînent l'homme le plus sage. (II, 213.)

Manu a donné en partage aux femmes l'amour de leur lit, de leur siège et de la parure, la concupiscence, la colère, les mauvais penchants, le désir de faire le mal, la perversité. (IX, 17.)

Cette révolte et cette malédiction paraissent témoigner de toute l'influence prise déjà par la femme en cette société hindoue, qui de plus en plus se laissera charmer, alanguir, vicier par elle.

Le mariage est un *sankara*, l'un des douze devoirs religieux ou des douze rites de purification ordonnés au dvija.

La polygamie, sans être défendue, ne fut jamais chez les Hindous qu'une exception particulière aux rois. (III, 2,15; IX, 45, 101.)

Celui-là seul est un homme parfait, qui se compose de trois personnes réunies, savoir : sa femme, lui-même et son fils ; et les brahmanes ont énoncé cette maxime : « L'époux avec l'épouse » ne fait qu'un. (IX, 45.)

Qu'une fidélité mutuelle se maintienne jusqu'à la mort, tel est, en somme, le principal devoir de la femme et du mari. (IX, 101.)

Au sujet du mariage des trois premières classes, nous trouvons dans la loi des prescriptions curieuses et fort sages, montrant comme elle était soucieuse de conserver la pureté du sang, la force et la santé de la race.

Le dvija, en cherchant une femme, doit éviter les familles, quelles que soient leur richesse et leur puissance, où l'on néglige les sacrements, l'étude de l'Écriture sainte ; celles qui ne produisent pas d'enfants mâles, ou qui sont affligées de maladies héréditaires, comme la phtisie, l'épilepsie, la lèpre, l'éléphantiasis...

Que le dvija prenne une femme bien faite, dont le nom soit agréable, qui ait la démarche gracieuse d'un cygne ou d'un jeune éléphant..., dont les cheveux soient fins, les dents petites et les membres d'une douceur charmante....

Des mariages irréprochables naît une postérité irréprochable ; des mariages répréhensibles, une postérité misérable : on doit donc éviter ces mariages. (III, *passim*.)

La science un jour fondera peut-être une sorte de théocratie légitime, et l'observance sera volontaire sans doute des commandements édictés par elle. Mais ce fut l'honneur de ces législateurs antiques d'avoir ainsi forcé la liberté des hommes, en attendant leur assentiment, partout et toujours incertain et tardif. Par une tyrannie salutaire ils les soumirent au respect de ces lois de la vie, si nécessaires et inflexibles, que la nature punit de mort les familles et les races qui n'ont pas su leur obéir

De quels progrès pouvons-nous donc parler, quand on voit des précautions si graves pour la santé, la force et l'avenir de la race tellement négligées aujourd'hui, et respectées cependant, lorsqu'il s'agit de nos haras ?

La famille hindoue est fortement établie comme dans toute société aristocratique. Sa législation repose sur le droit d'aînesse : et les doctrines religieuses la consolident encore.

Au moment de la naissance de l'aîné, l'homme, devenu père, acquitte sa dette à l'égard des ancêtres[1], et le fils aîné doit ainsi tout avoir. (IX, 106.)

La naissance d'un fils intéresse donc aussi le

---

1. Les ancêtres de celui qui n'a pas de fils, pour accomplir le srâddha en leur honneur, sont exclus du séjour céleste.

sort de la famille invisible, de cette famille céleste, perpétuellement rattachée par le lien religieux à ceux qui la continuent ici-bas.

La législation criminelle dérive nécessairement elle-même de la loi religieuse. Comme en toute société primitive, et en toute société forte, les lois criminelles sont d'une sévérité draconienne. (IX, 276, 277 ; VIII, 279, 352, 353.)

Ecoutez ces paroles si hautes sur le châtiment :

> Pour aider le roi dans ses fonctions, le Seigneur produisit, dès le principe, le Génie du châtiment, protecteur de tous les êtres, exécuteur de la justice, son propre fils, et dont l'essence est divine.
> C'est la crainte du Châtiment qui permet à toutes les créatures de jouir de ce qui leur est propre, et qui les empêche de s'écarter de leurs devoirs.
> Le Châtiment est un roi plein d'énergie ; c'est un administrateur habile, c'est un sage dispensateur de la loi ; il est reconnu comme le garant de l'accomplissement du devoir des quatre ordres.
> Le Châtiment gouverne le genre humain, le Châtiment le protège ; le Châtiment veille pendant que tout dort ; le Châtiment est la justice, disent les Sages.
> Infligé avec circonspection et à propos, il procure aux peuples le bonheur ; mais, appliqué inconsidérément, il les détruit de fond en comble.
> Si le roi ne châtiait pas sans relâche ceux qui méritent d'être châtiés, les plus forts feraient leur proie des plus faibles. (VII, 14 et s.)

Mais, si intéressante que puisse être la suite d'une telle étude pour la connaissance de la vie hindoue, en cette lointaine époque, l'espace nous manque pour la prolonger davantage.

Montrons encore cependant comment les pensées les plus hautes anoblissent à tous moments la loi.

Il s'agit ici de la véracité des témoins :

Un témoin est purifié en déclarant la vérité ; la vérité fait prospérer la justice : aussi doit-elle être déclarée par les témoins de toutes classes.

L'âme (Atmâ) est son propre témoin ; ne méprisez jamais votre âme, ce témoin des hommes !

Les méchants se disent : « Personne ne nous voit, » mais les Dieux les regardent, de même que l'Esprit (Purusha) qui siège en eux.

Les Divinités gardiennes du ciel, de la terre, des eaux, du cœur humain, de la lune, du soleil, du feu des enfers, des vents, de la nuit, des deux crépuscules et de la justice, connaissent les actions de tous les êtres animés. (VIII, 83 et s.)

Celui qui donne aux gens de bien, sur lui-même, des renseignements contraires à la vérité, est un criminel ; il s'approprie par un vol un caractère qui n'est pas le sien.

C'est la parole qui fixe toutes choses, c'est la parole qui les soutient, c'est de la parole qu'elles procèdent [1] ; le fourbe qui la dérobe est un criminel. (IV, 255.)

Cependant, toutes les fois que la déclaration de la vérité pourrait causer la mort d'un sûdra, d'un vaisya, d'un kshatriya ou d'un brahmane, lorsqu'il s'agit d'une faute commise dans un moment d'égarement, et non d'un crime prémédité, comme vol, effraction, il faut dire un mensonge, et dans ce cas, le mensonge est préférable à la vérité. (L. VIII, 104.)

La loi des Hindous présente des analogies fréquentes avec les lois civiles des Grecs ou des Romains. Dans les lois criminelles [2] nous trou-

---

1. Allusion à la parole sainte, au Vâk des hymnes védiques.
2. Voy. ch. VIII, 113-114-115.

vons la coutume des épreuves, qui dans nos législations du moyen âge reparaîtront sous la forme des ordalies ou des jugements de Dieu. La foi dans les jugements de Dieu est l'une des dernières illusions, dont l'humanité, croyant la divinité partout et toujours agissante et présente, se soit le plus difficilement détachée.

Mais les devoirs de l'Hindou s'étendaient plus loin encore que la famille humaine. La parenté pour lui certaine de l'animal et de l'homme, et cette pensée surtout que l'âme, divine ou humaine, pouvait habiter tous les corps, lui créaient des obligations de respect et de pitié envers tous les êtres [1]. On comprend dès lors toute l'horreur que lui devait inspirer cette nécessité, où est l'homme, de ne pouvoir vivre qu'en donnant la mort.

En principe, dit la loi de Manu, le meurtre des animaux est cruel et répugne ; mais Brahma dans l'ordre universel a établi pour certains êtres le devoir d'être offerts en sacrifice, l'oblation de ces victimes concourant à perpétuer la vie : et dans ce sens n'est-il pas permis toujours de dire, comme les anciens brahmanes, que la vie du monde repose tout entière sur le sacrifice ?

Ainsi c'est une loi éternelle, dérivant de l'ordre divin, qui seule nous attribue ce droit terrible,

---

1. Schopenhauer protestant contre les vivisections *inutiles*, et par cela même absolument criminelles, a dit : « Il faut être complètement aveugle pour ne pas voir qu'au fond l'animal est la même chose que l'homme et qu'il n'en diffère que par accident. » (*Pensées*, trad. de M. Bourdeau.)

mais étroitement limité aux besoins les plus nécessaires de la vie, le droit de mort sur certains êtres ! (Voy. V, 21, 29, 39, 40, 41, 42.)

Celui qui, pour son plaisir, tue d'innocents animaux, ne voit pas son bonheur s'accroître, soit pendant sa vie, soit après sa mort.

Mais l'homme qui ne cause pas, de son propre mouvement, aux êtres animés, les peines de l'esclavage et de la mort, et qui désire le bien de toutes les créatures, jouit d'une félicité sans fin. (V, 45.)

Malgré l'effort de cœurs généreux, et quelques lois récentes, nous sommes bien loin toujours de cette miséricorde pour les êtres, de cette justice surtout pour ceux des animaux qui sont nos patients serviteurs, et là aussi que d'enseignements à prendre en cette primitive législation aryenne !

En règle générale, le dvija s'abstenait de toute viande, mais l'usage en était autorisé dans quelques circonstances (IV, 36 ; V, 41 ; V, 38, 39, 56). Les brahmanes continuent aujourd'hui encore à respecter ces préceptes du saint livre et la plupart des Hindous sont restés des végétariens [1]. Les jainas seuls suivent la loi religieuse dans toute sa rigueur : et l'*ahinsa* est poussé chez eux jusqu'aux plus absurdes conséquences.

Nous sommes parvenus aux deux derniers livres du Manava-Sastra, le XIe et le XIIe. L'horizon de la loi s'agrandit. Nulle religion n'a cer-

---

1. On sait qu'aujourd'hui la théorie du végétarisme, c'est-à-dire de l'alimentation à peu près exclusive par les végétaux, est reprise et défendue par de sérieux esprits.

tainement fait à l'homme une destinée plus tragique ni plus haute, et ne l'a plus loin suivi par-delà la mort :

Tout acte de la pensée, de la parole ou du corps, selon qu'il est bon ou mauvais, porte un bon ou un mauvais fruit ; des actions des hommes résultent leurs différentes conditions supérieures, moyennes ou inférieures. (XII, 3.)

Pour des crimes commis dans cette vie ou pour les fautes d'une existence précédente, les hommes au cœur pervers sont affligés de maladies ou de difformités. (XI, 48.)

De cette manière, suivant la différence des actions, naissent des hommes méprisés, idiots, muets, aveugles, sourds et difformes. (XI, 52.)

Mais la réussite de toutes les affaires du monde dépend des lois du Destin, réglées par les actions des mortels dans leurs existences précédentes, et de la conduite de l'homme dans sa vie présente ; les décrets de la Destinée sont un mystère ; c'est donc aux moyens dépendants de l'homme qu'il faut avoir recours. (VII, 205.)

L'iniquité commise dans ce monde, de même que la terre, ne produit pas sur-le-champ ses fruits ; mais, s'étendant peu à peu, elle mine et renverse celui qui l'a commise. (IV, 172.)

Si ce n'est pas à lui, c'est à ses enfants ; si ce n'est pas à ses enfants, c'est à ses petits-fils qu'est réservée la peine ; mais, certes, l'iniquité commise n'est jamais sans fruit pour son auteur.

Au moyen de l'injustice, il réussit pour un temps ; alors il obtient toutes sortes de prospérités, il triomphe de ses ennemis, mais il périt ensuite avec toute sa race. (IV, 173-174.)

Les Hindous ont donc compris, et non moins profondément que le législateur des Hébreux, la loi mieux reconnue chaque jour de l'hérédité qui unit si terriblement parfois l'ascendant à la descendance.

Il est vrai et sera vrai toujours que les fautes d'une génération seront expiées par elle moins souvent que par les générations qui la suivent, et qu'à toute heure, homme ou nation, nous préparons notre fortune à venir, ou la destinée de ceux qui nous remplaceront dans la vie [1].

La loi religieuse offre du moins son pardon au coupable, qui se voudra relever par la pénitence ; et nous trouvons dans les lois de Manu, comme chez les bouddhistes, la confession publique, sans que nous puissions dire si les bouddhistes l'ont reçue des brahmanes ou les brahmanes des bouddhistes.

Par un aveu fait devant tout le monde, par le repentir, par la dévotion, par la récitation des prières sacrées, un pécheur peut être déchargé de sa faute, ainsi qu'en donnant des aumônes. (XI, 227.)

Le douzième livre déroule la chute et l'ascension de l'âme humaine, quand à travers les existences successives elle expie ses fautes, ou se relève au contraire par ses efforts et ses vertus.

Les âmes douées de la qualité de bonté acquièrent la nature divine [2], celles que domine la passion ont en partage la condition humaine. Les âmes plongées dans l'obscurité sont ravalées à l'état d'animaux : telles sont les trois principales sortes de transmigrations. (XII, 40.)

1. La belle formule du droit romain est tout le contraire en effet du droit naturel : *Crimen vel pœna paterna nullam maculam filio infligere potest.*
2. On reconnaît ici les trois gunas de la philosophie Sankhya et de certaines Upanishads.

Il serait fastidieux et trop long d'énumérer tous les états que peut traverser l'âme du coupable.

Le meurtrier d'un brahmane entrera dans le corps d'un chien, d'un sanglier, d'un tshandala, suivant la gravité du crime. Ceux qui commettent des actes de cruauté deviendront des animaux avides de chair sanglante.

L'enfer était créé. Quelques traits de notre enfer chrétien semblent empruntés à celui des Hindous, comme celui des Hindous ressemble quelque peu lui-même à l'*Amenti* des Egyptiens.

Les coupables iront dans le Tâmisra, et d'autres demeures effroyables, dans l'Asipatravana (forêt qui a pour feuilles des lames d'épée), et dans divers lieux de captivité et de torture.

Des tourments de toutes sortes leur sont réservés; ils seront dévorés par des corbeaux et par des hiboux; ils avaleront des gâteaux brûlants, marcheront sur des sables enflammés, éprouveront l'insupportable douleur d'être mis au feu comme les vases d'un potier.

Mais après avoir recueilli le fruit des fautes nées de l'abandon aux plaisirs des sens, l'âme dont la souillure a été effacée remontera vers l'Ame suprême.

Parmi tous les actes vertueux accomplis dans le monde, dirent les Saints, un acte est-il reconnu avoir plus de puissance que tous les autres pour mener à la félicité suprême ? (XII, 84 et s.)

De tous les devoirs, répondit Bhrigu, le principal est d'acquérir, au moyen de l'étude des Védas et des Upanishads, la connaissance de l'Ame suprême, l'Atman, c'est la première de toutes les sciences, et par elle, en effet, on acquiert l'immortalité.

Le livre des lois finit par le retour à Dieu de cette âme humaine, qui tirait de lui son origine.

Le premier livre nous avait montré la série des émanations divines, et toutes les créatures sortant de Dieu; le dernier livre nous les fait voir rentrant et s'absorbant en lui :

Le brahmane, qui par une série d'actes religieux, purs, désintéressés, et par l'étude de la science divine a obtenu la délivrance des liens du corps,

Voyant également l'âme suprême dans tous les êtres, et tous les êtres dans l'âme suprême, offrant son âme en sacrifice, il s'identifie avec l'Être qui brille de son propre éclat.

Que le brahmane, réunissant toute son attention, voie dans l'Ame divine toutes les choses visibles et invisibles.

Il doit se représenter le grand Être (Para-Purusha) comme le souverain maître de l'univers, comme étant plus subtil qu'un atome, aussi brillant que l'or et comme ne pouvant être conçu par l'esprit que dans le sommeil de la contemplation la plus abstraite.

Les uns l'adorent dans le feu élémentaire, d'autres dans Manu, Seigneur des créatures; d'autres dans Indra, d'autres dans l'Air pur, d'autres dans l'éternel Brahma.

C'est ce Dieu qui, enveloppant tous les êtres d'un corps formé des cinq éléments, les fait passer successivement de la naissance à l'accroissement, de l'accroissement à la dissolution, par un mouvement semblable à celui d'une roue.

L'homme qui dans son âme reconnaît l'Ame suprême présente dans toutes les créatures, se montre le même à l'égard de tous, et obtient le sort le plus heureux, celui d'être à la fin absorbé dans Brahma. (XII, *passim*.)

Ainsi les lois de Manu, aujourd'hui encore consultées et vénérées des Hindous, comme l'est le Coran des Arabes, furent en même temps

qu'un Code civil, criminel et politique, un Code religieux, et un livre saint. Nous avons vu à quel idéal souvent sublime le livre appelait les hommes. L'idéal du brahmane, et celui du kshatrya, conçus par le Manava-Sastra, vont s'incarner dans les grandes figures des épopées, dans les héros du Mahabharata et du Ramayana*.

Le Code de Yajnavalkya

1. Après le Manava-Dharma-Sastra, le code le plus en faveur auprès des Hindous fut celui de Yajnavalkya, dont le commentaire, le *Mitakshara* de *Vijanesvara* fait autorité toujours dans les écoles du Sud, tandis qu'au Nord et dans l'Inde centrale dominent les lois de *Manu* et de *Yajnavalkya*. Le code de Yajnavalkya est en vers aussi. Il est moins étendu et paraît moins ancien que le Manava Sastra. La plupart de ses prescriptions rappellent du reste celles de Manu ; il est donc inutile de l'analyser. Nous y noterons seulement ces vers d'anciens *itihasas* que récitaient aux funérailles, après le sacrifice, les plus vieux des parents du mort, assis sur le gazon : « N'est-ce pas folie d'attendre quelque stabilité chez l'homme qui passe comme la bulle d'eau et est fragile comme le brin de paille ? Pourquoi gémirions-nous quand une forme composée des cinq éléments matériels est décomposée par la force de ses actes, et se résout en ses éléments divers ? La terre, l'océan, les Dieux mêmes doivent périr un jour, et comment le monde des mortels, léger comme l'écume, n'obéirait-il pas à la loi de l'universelle destruction ? » (III, 8, 11. Monier Williams, *Ind. Wisd.*)

Il existe 18 codes encore postérieurs à ceux de Manu et de Yajnavalkya. Les codes de Manu et de Yajnavalkya sont par les législateurs modernes considérés comme ceux des 3 premiers âges du monde ; et ces 18 codes, dont la rédaction fut rendue nécessaire par les transformations successives de la société hindoue, sont présentés comme ceux du dernier âge, l'âge présent, le Kali-Yuga.

V

LE BUDDHA ET LE BOUDDHISME [1]

Le bouddhisme est, aujourd'hui encore, la religion de 500 millions d'âmes, c'est-à-dire d'un tiers au moins de l'humanité, et sa métaphysique est si peu morte qu'elle a dernièrement inspiré l'un des penseurs les plus profonds de notre époque, Schopenhauer.

Comme le christianisme, qui se rattache tout à la fois à la religion, à la spéculation judaïques, et aussi à la philosophie grecque, le bouddhisme n'est pas un phénomène isolé, et il faut chercher ses racines profondes dans les Brahmanas, dans les Upanishads, surtout dans la philosophie Sankhya. Mais ce qui appartient en propre au Buddha, c'est sa parole et son exemple, c'est le charme, la mansuétude infinis dont il a péné-

---

1. Voy. Eug. Burnouf, *Introduction à l'Hist. du Bouddhisme indien* (Paris, 1844); — Le *Lalita-Vistara*, traduction de E. Foucaux (Maisonneuve, in-4°). — Voir aussi l'un des plus beaux essais de M. Taine, dans les *Essais de critique et d'histoire*; le *Dhammapada*, trad. par Hû (Leroux); enfin le délicieux poème d'E. Arnold, *The light of Asia*.

tré sa religion naissante, c'est la mélancolie qu'elle lui doit, c'est l'intarissable amour, la pitié sans bornes de cette âme divine devant les souffrances des êtres, c'est enfin cette science de la vie, science amère et désolante, qui chez lui cependant aboutit toujours à la résignation et au pardon. La charité bouddhique est certainement plus large que la charité chrétienne : car elle embrasse tout ce qui vit. Le Christ n'avait en vue que la douleur humaine ; le Buddha, reconnaissant, et quelque mille ans avant nous, la loi du combat pour la vie, a vu l'universelle douleur, et a su étendre à toutes les créatures sa commisération et son amour.

Nous rappellerons les traits principaux de sa vie, mais en établissant d'abord que nous considérons comme le plus souvent impossible de séparer nettement ce qui appartient à l'histoire de ce qui revient à la légende. Ajoutons que la légende ou l'histoire du Buddha, et aussi celles du bouddhisme, présentent des traditions différentes selon les livres sanscrits du Népal, ou pâlis de l'Église du sud.

Siddharta, le *Buddha* (l'Illuminé), appelé encore *Sakya-Muni*, ou *Sakya-Simha*, le sage ou le lion des Sakhyas, naquit, au v⁰ siècle avant l'ère chrétienne, à *Kapilavastu*, ville du royaume de *Magadha*, située près des montagnes du Nepaul, et dont le nom rappelle singulièrement celui du créateur de la philosophie Sankhya, le vrai père spirituel du Sakya-Muni, Kapila. Il naissait fils de roi : son père, Suddhodana, se rattachait par sa famille, la famille des Sakyas, à la dynastie lunaire[1]. *Maya-Devi*, sa mère, mourut quelques jours après sa naissance (et pour nous, dans ce nom de Maya apparaît déjà la légende). Il fut élevé par sa tante maternelle, *Prajapati Gautami*. Plus tard, et peut-être à l'imitation du Christ, on fit au Buddha transfiguré une naissance surnaturelle, et des bouddhistes admirent la virginité de sa mère.

Son père le maria à seize ans. Il épousa *Gopa* ou *Yasodhara*, l'une de ses parentes. « Peu lui importait, avait-il dit, que la femme cherchée par lui fût fille d'un brahmane, d'un kshatrya, d'un vaisya, même d'un sudra, pourvu qu'elle eût toutes les qualités qu'il voulait trouver chez la femme ; car il ne considérait jamais la famille ni la race, il n'estimait que les vertus. » (*Lalita-Vistara*, ch. XII.[2])

Mais, de bonne heure, le Buddha aima la rêverie et la solitude. La légende le représente, dans les premières années de sa jeunesse, habitant un merveilleux palais, où son père, inquiet de certains présages, avait tout réuni pour distraire et pour endormir sa pensée. Des milliers de jeunes servantes, délicieuses fleurs de harem,

---

1. Il y a eu dans l'Inde deux grandes dynasties royales, la dynastie solaire et la dynastie lunaire.
2. Le *Lalita-Vistara*, l'histoire légendaire du Sakhya-Muni, et qui rappelle quelque peu nos évangiles apocryphes, fut l'œuvre peut-être du troisième concile bouddhiste. Elle aurait donc été rédigée 400 ans environ après la mort du Buddha. Le Lalita-Vistara ne raconte que la première partie de sa vie. La version thibétaine a été traduite par M. le prof. Foucaux. C'est dans cette précieuse traduction que ces citations sont prises.

se tenaient auprès de Gopa; l'épouse de beauté sans tache. L'aspect de la vieillesse, de la souffrance, des laideurs et des infirmités humaines, de la mort aussi, était avec soin écarté de ses yeux. Mais des voix divines lui parlèrent; ce spectacle qui lui avait été caché jusqu'alors des sombres réalités de la vie lui fut subitement révélé, et décida de sa mission.

Dans le Lalita-Vistara nous trouvons un curieux récit de cette première rencontre du Buddha avec la vieillesse, la souffrance et la mort.

« Le Bodhisattva s'était dirigé par la porte orientale de la ville vers son jardin de plaisance... Sur la route un homme vieux, cassé, décrépit, aux veines et aux nerfs saillants sur le corps, aux dents branlantes, couvert de rides, chauve, penché, courbé comme la solive d'un toit, appuyé sur un bâton,... et dont tous les membres et les articulations tremblaient, lui fut montré par les Dieux. Le Bodhisattva en l'apercevant dit à son cocher : Qu'est-ce que cet homme ? Le cocher dit : Seigneur, cet homme est accablé par la vieillesse, ses sens sont affaiblis, la souffrance a détruit ses forces ; dédaigné par ses proches, sans soutien, inhabile aux affaires, il est abandonné dans la forêt comme un tas de bois. Le Bodhisattva dit : Est-ce là la loi de sa famille, ou bien la loi de toutes les créatures du monde ? Parle ! Après avoir appris ce que signifient ces choses, je réfléchirai sur leur origine. Le cocher dit : Seigneur, ce n'est ni la loi de sa famille, ni la loi du royaume. En toute créature la jeunesse est vaincue par la vieillesse. Votre père, votre mère, la foule de vos parents et de vos alliés finiront par la vieillesse ; il n'y a d'autre issue pour les créatures. Le Bodhisattva dit : Ainsi donc, cocher, la créature faible et ignorante, fière de la jeunesse qui l'enivre, ne voit pas la vieillesse. Détourne promptement mon char. Moi qui dois être aussi la demeure future de la vieillesse, qu'ai-je à faire avec le plaisir et la joie ?

Une autre fois c'est un malade qu'il rencontre, « respirant avec peine, consumé par la fièvre, le corps amaigri et souillé d'excréments ». Le Buddha s'étonne, et on lui révèle ce qu'est la maladie, qui détruit la santé.

Une autre fois encore le Bodhisattva se rendait, accompagné d'une grande suite, par la porte de l'orient de la ville à son jardin de plaisance. Sur la route il vit un mort, qui placé dans une bière et recouvert d'une toile, était entouré de ses parents en larmes. Le Bodhisattva demanda à son cocher quel était cet homme placé dans une bière. Le cocher dit : Seigneur, cet homme qui est mort, ne verra plus son père, sa mère, sa maison, ses enfants. Il a abandonné ses richesses, sa demeure, ses parents et la foule de ses amis ; il est allé dans un autre monde, et ne verra plus ses parents. Le Bodhisattva dit : Ah ! malheur à la jeunesse qui est détruite par la vieillesse ! ah ! malheur à la santé que détruisent tant de maladies ! malheur à la vie où le sage ne demeure pas longtemps ! Oh ! s'il n'y avait ni vieillesse, ni maladie, ni mort ! ou encore si les cinq agrégations (de la forme, de la perception, de l'intelligence, de l'idée, et de la connaissance), qui entretiennent de telles misères, si la vieillesse, la maladie, la mort étaient pour toujours enchaînées ! Retournons en arrière ; je songerai à accomplir la délivrance. Et ayant détourné son char, il rentra dans la ville.

Une autre fois enfin, se rendant par la porte du nord à son jardin de plaisance, il aperçut un bhikshu (un religieux mendiant), calme, discipliné, portant avec dignité le vêtement et le manteau de religieux, ainsi que le vase aux aumônes. Le Bodhisattva interrogea encore son cocher et celui-ci lui répondit :

Cet homme est un bhikshu ; cet homme a abandonné les joies du désir, il mène une vie austère, il s'efforce de se vaincre lui-même, il s'est fait religieux, et sans passion, sans envie il s'en va cherchant des aumônes. Le Bodhisattva dit : Cela est bien, et excite mon envie. Les sages ont loué toujours l'entrée en religion ; elle sera mon secours et le secours des autres, devenant un fruit de vie, de bien-être et d'immortalité. (Lalita-Vistara, ch. XIV, trad. de E. Foucaux.)

Peu de temps après, une nuit, Siddartha fuyait de son palais, délaissant sa femme et son tout jeune fils, et il s'échappait de Kapilavastu. Il avait alors vingt-neuf ans. Il revêtit le costume des sannyasins (des ascètes), et il se rendit à Vaiçali dans le Maghada, pour y suivre les leçons d'un brahmane illustre. Cet enseignement ne le put satisfaire. Il se rendit alors à Rajagriha, et se fit le disciple d'un autre brahmane, Rudraka. Mais comme Jésus, mécontent de tous ces docteurs de la Loi, il quittait bientôt Rudraka, en lui disant :

« Ami, cette voie où tu marches, ne conduit pas à l'indifférence pour les objets du monde, ni à l'affranchissement de la passion ; elle ne met pas fin aux vicissitudes de l'être ; elle ne mène pas au calme, à l'intelligence parfaite, au Nirvana où j'aspire. » (Ch. XVII, Lal. Vist.)

Et continuant sa vie d'ascète, il se retira sur les bords de la Nairandjana, à Uruvilva, avec cinq de ses condisciples, que retenaient son charme et l'enchantement de sa parole. Là, pour vaincre ses sens, il se soumit pendant six années aux plus terribles pénitences.

Il en vint à un tel état d'émaciation et de faiblesse « que la prunelle de ses yeux creux semblait une étoile réfléchie par le fond d'un puits et que les gens du voisinage se moquaient de lui et disaient : Voyez donc le beau *sramana* (l'Ascète); il a maintenant la couleur du poisson *mâdjâra*, et on le prendrait pour un esprit des cimetières. » (XVII.)

Il n'avait plus la force de penser ni d'agir. Mais il comprit à temps qu'une telle vie d'abstinence était vaine et funeste, et il consentit dès ce jour à prendre la nourriture nécessaire. Il était nu; il entra dans un cimetière, déterra le corps d'une jeune fille, prit son linceul, le lava dans un étang, et le cousant lui-même en fit une robe de *muni*.

Ses cinq compagnons l'abandonnèrent, considérant comme une faiblesse son changement d'existence, et, Siddartha demeura seul à Uruvilva.

C'est là qu'assis sous le grand figuier, le *Boâhidruma* (l'arbre de l'Intelligence), qui pendant des siècles est resté pour les fidèles un objet de vénération et de pèlerinages, il demeura de longs jours absorbé dans son rêve, et lentement édifia sa haute doctrine libératrice. Dans les grossières images, qui en pays bouddhistes le reproduisent à l'infini, il est représenté gardant l'attitude d'un contemplatif, accroupi à la manière orientale, une jambe repliée sous l'autre, la tête droite, la physionomie sereine et douce, le visage exprimant la bonté et comme éclairé par la rêverie intérieure. Il s'était dit : « Fort et indestructible comme le diamant, quand même ma peau, ma chair, mes os, mes pieds se dessècheraient, je ne me lèverai pas d'ici, sans avoir atteint l'intelligence suprême (Lal. Vist.), et un jour il eut conscience qu'il avait trouvé (ch. XXIII) « la voie du sacrifice des sens, la voie de la bénédiction et de la vertu, la voie qui conduit à la délivrance. »

Il eut sans doute quelque crise suprême, une éblouissante vision, où toutes ses naissances antérieures et les causes de ses renaissances lui furent soudain révélées[1]; et alors il se sentit *Buddha* (Illuminé), c'est-à-dire selon la doctrine Sankhya, le sage accompli, absolument pur, possesseur de la vérité, maître de ses sens et de son âme.

Il avait trente-six ans, et de ce jour pendant quarante-quatre ans, il prêcha sa foi, sa bonne nouvelle, surtout dans la province de Bénarès et dans le Behâr[2].

---

1. V. Lal. Vist., ch. xv. « Des centaines de misères ont été endurées par moi, dit le Buddha, à cause du désir, dans le cours de mes existences antérieures : emprisonnements, entraves, coups, menaces, et je n'ai pas eu de défaillance... Pendant des Kalpas incommensurables, tous les désirs, divins et humains, nés de la forme, du son, de l'odorat, du goût et du toucher ont été goûtés par moi, et je n'ai pas été satisfait... ».

Les Buddhas seuls ont le souvenir de leurs existences antérieures. Les transmigrations du Buddha pendant des milliers d'existences, dans des corps d'animaux, de damnés, d'hommes et de Dieux, sont le sujet d'innombrables légendes, les *Jatakas*, « les naissances, » récits particuliers à la religion nouvelle. MM. Faussbëll, Childers et Rhys Davids ont commencé en 1877 leur publication et leur traduction.

2. Bénarès, aujourd'hui encore la Mecque des Hindous, la ville sainte, hérissant de ses milliers de petits temples coniques la rive droite du Gange, étendant le long du

Il alla d'abord à Bénarès, *Varanasi*, ville déjà très importante, où il prêcha pour la première fois. Il y retrouva les cinq condisciples qui l'avaient abandonné, et qui soudain attendris par lui, touchés par sa parole, s'humiliant, et reconnaissant en lui l'être parvenu à l'absolue sagesse, devinrent ses cinq premiers apôtres.

Les prédications étaient chose nouvelle dans la société brahmanique. Les brahmanes ne parlaient pas à la foule; ils avaient leurs écoles, et dans ces écoles, leurs disciples; mais à cet enseignement plus ou moins ésotérique, tous n'étaient pas appelés, et les femmes, et les sudras d'abord en étaient écartés toujours. Le Buddha laissait venir à lui tous les êtres : pour lui ni sudras, ni classes dégradées; à tous il offrait également le secours et la consolation de sa parole.

Aussi se servait-il en prêchant de la langue vulgaire, du pâli, ou du pracrit, comme les réformateurs du xvie siècle qui, laissant le latin à l'Église, usaient de la langue populaire.

Et non seulement les hommes, mais les femmes aussi le venaient écouter. Il semblerait, d'après la légende, qu'il fût beau, et de cette beauté mélancolique, qui a tant d'action sur les foules. On se l'imagine, tel que le Christ des gueux en certains tableaux d'anciens maîtres, entouré de misérables, d'infirmes, de malades, mêlés à quelques seigneurs, à de riches mar-

grand fleuve ses *ghâts*, où sont brûlés les morts, et où font leurs ablutions religieuses des pèlerins venus de toutes les parties de l'Hindoustan, la ville fourmillante de brahmes, de fakirs, de taureaux et de singes sacrés.

chands, à de jeunes femmes, extatiques et tendres. C'était encore une nouveauté dans l'histoire cette pitié pour les souffrants, pour tous ceux que la vie a blessés ou vaincus, et ces paroles de régénération et d'amour allant à toutes les créatures dégradées. Une immense charité, un grand souffle tiède passa pour la première fois sur le monde.

Comment tous les tristes et les affligés n'eussent-ils pas avec ravissement écouté cette bonne parole, cette prédication d'une étonnante audace dans un pays de castes, et dont cinq siècles plus tard celle du Christ a su peut-être égaler, mais n'a pas dépassé l'élévation ni la douceur.

Je suis venu pour désaltérer ceux qui ont soif. Ma loi est une loi de grâce pour tous les êtres..... Ce n'est pas la naissance qui fait le vrai brahmane, c'est la justice et la vertu.....
Comme vous parlez, agissez; faites de continuels efforts. Soyez sans orgueil, sans arrogance, soyez doux. Avec la foudre de la science délivrez-vous du filet des fautes que le repentir accompagne. Anéantissez les passions, cette armée de la mort, comme un éléphant renverse une hutte de roseaux. On ne se rassasie pas avec tous les objets du désir, comme on ne peut se désaltérer avec toute l'eau de mer. Ce qui rassasie l'âme, c'est la sagesse, qui domine le monde. Les pénitences, les œuvres ne sont rien : ce ne sont pas les pénitences qui purifient les âmes, c'est la vertu. La vertu est tout : l'aumône, l'empire sur soi-même, la répression des sens, l'amour des êtres, valent mieux pour l'atteindre que tous les discours.....

Réprimez donc vos sens; calmes, l'esprit apaisé, maîtrisez vos corps.

Soyez sans haine, sans orgueil, sans hypocrisie. Soyez tolérants avec les intolérants, doux avec les violents, détachés de tout parmi ceux qui sont attachés à tout. Faites toujours ce que vous voudriez que fît autrui... Ne faites du mal à aucun être. N'empêchez personne d'arriver au bien..... Diminuez les misères que la passion fait naître. Vivez sans haïr ceux même qui vous haïssent. Aimez la vérité. A qui vous demande, donnez du peu que vous avez, et vous vous rapprocherez des Dieux..... La mansuétude est douce, et la bienveillance pour toutes les créatures vivantes : douce la victoire sur les péchés ; il est doux de maîtriser son égoïsme, son orgueil. Mais elle va contre le courant du monde, la voie profonde et difficile qui est la mienne : et ils ne la suivront pas, ceux que la passion aveugle[1].

A tous il ouvrait ainsi la voie du salut ; aucun être ne pouvait être par sa naissance condamné

---

1. Voy. *Lalita Vistara*, ch. IV, IX, XII, XIII, XXVI, *Introduction à l'histoire du Bouddhisme indien*, de Burnouf, et le *Dhammapada*, passim.
Voyez encore dans le *Dhammapada*, les passages qui rappellent, par leur douceur, leur charité, leur élévation, le livre adorable de l'*Imitation de Jésus-Christ* :
Se vaincre soi-même est la plus glorieuse des victoires. Mieux vaut se vaincre soi-même que vaincre le reste du monde.
Ah ! vivons heureux, sans haïr ceux qui nous haïssent ! au milieu des hommes qui nous haïssent, habitons sans les haïr !
Ah ! vivons heureux, sans avoir de désirs au milieu des hommes de désirs. Au milieu des hommes de désirs, vivons sans en avoir !
Ce ne sont ni les cheveux tressés, ni les richesses, ni la naissance qui font le brahmane. Celui en qui se rencontrent la vérité et la justice, celui-là est heureux, celui-là est brahmane.
Celui qui dans la pureté, dans la sérénité, la paix de son âme est semblable à la lune immaculée, qui a renoncé à la joie, celui-là, je le dis un brahmane.
Dhammapada (*la voie tracée par la loi*), traduction de Fernand Hû (Leroux). — Ouvrage pâli, qui fait partie du Sutra cinghalais ou de la *Première corbeille*, revisée par *Buddhaghôsha*, au v⁽ᵉ⁾ siècle de notre ère.

à l'abjection, à l'ignorance, au manque de nourriture spirituelle.

Ainsi pour lui, comme pour les auteurs de certaines Upanishads, et plus tard pour les premiers chrétiens, ce n'était ni la dévotion extérieure, ni la science théologique, qui importaient à l'âme, c'était son effort vers la pureté ou la vertu, c'était sa résignation, sa charité, le don perpétuel de soi-même[1].

Dès lors, tous pouvaient atteindre au salut ; et le péché seul mettant une distinction entre les hommes, le tshandala, ce dernier des êtres dans la hiérarchie brahmanique, pouvait par la grandeur, la sainteté de son âme, devenir l'égal du brahmane ! Or, dans la société hindoue, quelle immense révolution qu'une telle parole de délivrance ! Certainement le Buddha, comme Jésus, ne songea pas à une révolution sociale, et il crut n'apporter au monde qu'une révolution religieuse. « Respectez la loi établie », disait-il à ses disciples, comme le Christ dira aux siens : « Rendez à César ce qui est à César ». Mais ils proclamaient tous deux que la naissance ne devait plus condamner un être à l'ignorance ni au malheur : parole sublime, et sans nul doute plus révolutionnaire qu'aucune autre, mais vérité à rappeler toujours !

Dès les premiers temps de cette prédication, ce fut une surprise et un ravissement, dont le

---

[1]. En réalité, le bouddhisme tendit à généraliser la vie ascétique des sannyasins, cette vie de retraite dans les forêts, à laquelle le brahmanisme ne conviait les dvijas qu'au terme de leur existence, et qui était pour eux une préparation à la mort.

souvenir est resté dans les écrits bouddhiques. « Cette parole qui apaisait les passions, l'envie, la misère, cette parole agréable et douce était, dit le Lalita-Vistara, pareille à la lune qui amène le calme. »

Un tel élan de charité fit naître un prosélytisme ardent : et de bonne heure le bouddhisme eut ses missionnaires. L'ermite du brahmanisme ne songeait guère qu'à son propre salut. Le saint bouddhiste songeait à celui de ses frères, autant sinon plus qu'au sien propre. Chez les bouddhistes, comme chez les premiers chrétiens, ce fut donc par moment une soif ardente de sacrifice et de martyre. Jamais un des soldats du Christ n'aura connu plus passionnément que certains d'entre eux la joie et l'orgueil d'aimer et d'imiter le maître, ni plus délicieusement laissé torturer sa chair, pour sauver des âmes, proclamer sa foi, s'élever à l'absolue liberté morale, à l'entière et parfaite possession de soi-même.

« Bien, bien, Purna, est-il dit à un jeune missionnaire, qui dédaigne l'horreur des prochains supplices, oui, tu peux avec cette haute patience, tu peux habiter ce pays. Va, délivré, délivre; arrivé à la rive, fais y arriver les frères; consolé, console; parvenu au Nirvâna complet, fais y arriver les autres. »

« Qu'importe, s'écrie un jeune martyr à qui le bourreau vient d'arracher les yeux, qu'importe ? j'ai retiré d'eux ce qu'ils pouvaient encore me donner de meilleur, puisque j'ai vu que tous les objets sont périssables. L'œil de la chair vient de m'être ôté, mais j'ai acquis les yeux parfaits, irréprochables de la sagesse. » (*Introduction à l'Hist. du Boudd. ind.* de Burnouf, *passim*.)

Le Buddha, plus heureux que Jésus, fit presque aussitôt des conversions nombreuses, et quelques-unes même éclatantes. Il convertit plusieurs rajahs; à Kapilavastu, il convertit son père, sa famille, son épouse Gopa; et tout le royaume adopta sa croyance.

Une étonnante révolution au sein de la société hindoue et du monde antique fut cette admission des femmes à la vie religieuse, et cette reconnaissance de l'égalité de la femme et de l'homme.

Le Buddha, qui connaissait si bien les faiblesses et les misères de l'âme humaine, hésita tout d'abord, redouta ce monde féminin, qui allait apporter dans son Église tant de ferveur, sans doute, mais aussi tant de puérilités et de périls. De cette religion d'amour était-il possible cependant d'écarter à jamais toutes ces âmes aimantes, si blessées parfois, et dont quelques-unes devaient brûler un jour d'une si pure flamme religieuse ? Le maître fut vaincu, mais surtout, semble-t-il, par les instances d'un de ses disciples, *Ananda*, qui par son dévouement rappelle près du Buddha la figure touchante, mais peut-être légendaire aussi, de saint Jean près de Jésus. Chose inconnue jusqu'alors, un monastère de femmes fut créé, et la direction en fut confiée à la tante de Sakya-Muni, Maha Prajapati, qui avait pris soin de son enfance.

Ainsi, pour la première fois dans l'antiquité, la femme se trouvait affranchie. Le bouddhisme eut comme le christianisme ses saintes femmes, ses Madeleine et ses sainte Thérèse, et certaines histoires de leur conversion ont la grâce de quelques-unes de nos légendes chrétiennes [1].

1. Un jour Ananda, après une longue course dans la campagne, rencontra près d'un puits une jeune fille Shandala qui tirait de l'eau, et il la pria de le laisser boire. A la vue d'un religieux, la jeune fille, pour lui éviter une souillure, le prévint qu'elle appartenait à la tribu maudite. Je ne te demande, ô ma sœur, ni la caste, ni la famille, mais de l'eau si tu m'en peux donner. Prakriti, la jeune fille, attendrie par ses paroles et par le charme du religieux, se sentit toute saisie d'amour, et rentrée chez elle, supplia sa mère d'attirer le jeune étranger pour le lui donner comme époux.

Sa mère par des paroles magiques réussit en effet à faire venir Ananda, qui trouva dans la maison Prakriti l'attendant, et richement parée. Ananda invoqua le Buddha, qui par des formules contraires délivra son disciple du piège où il était tombé. Ananda se retira. Mais Prakriti se rendant au-devant du Buddha, qui sortait de la ville où il avait été mendier, lui déclara sa passion pour son disciple en le suppliant de la vouloir bien secourir. Le Buddha lui demanda si elle se sentait capable de suivre partout et toujours son bien-aimé; si elle consentirait à revêtir son costume (celui des religieux) et si elle aurait le consentement de ses parents (nécessaire pour entrer dans les ordres mendiants). La jeune fille ayant répondu: oui, à toutes les questions du Buddha, celui-ci alors ouvrit ses yeux à la vraie lumière, et la convertit à la foi.—Voy. E. BURNOUF, *Introduction à l'histoire du Buddhisme indien*, p. 35.

Il y a cette légende bien connue aussi de la courtisane convertie au bouddhisme : — Upagupta, le fils d'un marchand, doué de beauté, de talents, de douceur, qui passait sa vie à observer la loi, avait repoussé l'amour d'une courtisane de Mathura. Cette courtisane fut pour un crime condamnée à avoir les mains, les pieds, les oreilles et le nez coupés; et la sentence exécutée, elle fut laissée dans un cimetière...

Cependant Upagupta entendit parler du supplice qui avait été infligé à Vasavadatta, et abrité sous un parasol, que portait un jeune serviteur, il se rendit auprès d'elle avec une démarche recueillie. La servante de Vasavadatta, qui était restée auprès de sa maîtresse par gratitude pour ses anciennes bontés, et qui empêchait les corbeaux d'approcher de son corps, à la vue d'Upagupta réunit ses membres dispersés, et les cacha à la hâte sous un morceau de toile. Upagupta s'approcha et se plaça devant Vasavadatta. La courtisane, le voyant ainsi, lui dit : « quand mon corps était doux, comme la fleur du

En même temps que les couvents de femmes, des *viharas* (des monastères) s'élevaient pour les religieux bouddhistes. C'était pendant la saison des pluies, que le Buddha, forcé d'interrompre ses voyages et ses prédications, organisait ces communautés religieuses, qui étaient dans le monde une si étrange nouveauté. Le brahmanisme, en effet, avait ses ermites, et du VIIe au VIe siècle avant Jésus-Christ, des grottes furent par eux ou pour eux creusées en très grand nombre dans les rochers de l'Inde, prototypes certainement des viharas ou monastères bouddhiques, creusés aussi dans les rochers. Mais ces ermites du brahmanisme étaient vraiment des solitaires. Le Buddha eut l'idée de réunir toutes ces âmes et ces forces éparses, et de ces solitaires il voulut faire une société d'amis, une Église, une ardente armée, qui gardât, entretînt et répandît sa foi. Il ne semble pas qu'il ait fait, comme le Christ, le rêve de convertir tous les hommes à une vie de fraternité idéale et de communisme extatique. Il ne vou-

lotus, qu'il était orné de parures et de vêtements précieux, qu'il avait tout ce qui attire les regards, j'ai été assez malheureuse pour ne pas te voir alors.

» Aujourd'hui pourquoi viens-tu contempler un corps dont les yeux ne peuvent supporter la vue, qu'ont abandonné les jeux, le plaisir, la joie et la beauté, tout souillé de sang et de boue, et qui n'inspire plus que l'épouvante? »

Upagupta lui répondit : « Je ne suis pas venu auprès de toi, ma sœur, attiré par l'amour du plaisir; mais je suis venu pour voir la véritable nature des objets misérables qui causent les jouissances de l'homme.» Upagupta ensuite ajouta quelques maximes sur la vanité des plaisirs et la corruption du corps, et ses discours portèrent le calme dans l'âme de Vasavadatta, qui mourut après avoir fait un acte de foi en Buddha et qui s'en fut parmi les Dieux. (*Id.*)

lait sans doute que former une association de religieux, qui, prêchant la sainteté, en donneraient l'exemple; et cette sainteté des religieux bouddhistes rappelle l'idéal rêvé par l'auteur de *l'Imitation de Jésus-Christ*, idéal d'humilité, de pureté, de tendresse, d'immense charité.

Le Buddha sut ainsi fonder une Église, qui de bonne heure devint puissante et fortement armée, eut sa discipline et sa hiérarchie, depuis les *bhikshus* ou mendiants, les *sramanas* (ascètes qui ont dompté la chair) ou les *sravakas* (auditeurs de la parole du maître) jusqu'aux *arhats* (les vénérables), élevés à ce titre par leur âge, leurs vertus ou leur science.

Les religieux devaient observer la règle d'une absolue chasteté, et du reste toute la doctrine pessimiste du Bouddha recommandait le célibat aux fidèles. Chose étrange et si nouvelle aussi, que ce pessimisme, cette malédiction portée contre la chair, partout alors triomphante, et cet appel au suicide fait à l'humanité, lasse en partie déjà du spectacle entrevu à peine de la misère et du néant des choses !

Ces frères prêcheurs, qui allaient au monde porter le salut moral, c'était au monde qu'il appartenait de les nourrir, et les aumônes, les donations pieuses affluèrent. Grâce à elles, du vivant même du Buddha, de riches viharas furent élevés, dont deux surtout furent célèbres, ceux de Rajagriha et de Çravasti, et près de ce dernier vihara s'ouvrit le premier couvent de femmes.

Il ne faudrait pas, en voyant tous ces points de

ressemblance entre le bouddhisme et le christianisme, conclure comme on l'a fait trop vite, à des emprunts d'une religion à l'autre [1] : il est tout simple que d'idées et de principes analogues soient peu à peu sorties des pratiques, des coutumes, des institutions semblables.

On devine ce que dut être l'opposition faite par les Brahmanes au Buddha et à la religion nouvelle, quand ils virent surtout la faveur dont l'accueillaient des kshatryas et des râjahs puissants. Il eut cette joie du moins, refusée au Christ, de mourir tranquillement parmi ses disciples, dans la chaleur de toutes ces âmes qu'avait formées et transfigurées son amour, rassuré sur l'avenir de son œuvre, presque certain de la victoire.

1. L'on sait que la confession publique, qui apparaît aussi dans les lois de Manu, fut adoptée par le bouddhisme.
On retrouve aussi dans les deux religions une hiérarchie religieuse aboutissant à un pontife suprême, le régime monastique, le célibat des prêtres, la tonsure, le rosaire, les cloches, etc.
Il eut aussi sa tentation, dont nous emprunterons au Lalita-Vistara, mais en l'abrégeant, le curieux tableau. *Mara*, le Désir, qui dans les histoires bouddhiques joue le rôle du Satan chrétien, un jour vient tenter le Buddha, pour lui faire abandonner sa mission, comme Satan sur la montagne viendra tenter Jésus.
Pâpiyan ou Mara, l'éternel ennemi du Buddha, rassemble la troupe de ses démons; il leur apprend que le Buddha va donner l'intelligence au monde, et, comme sa victoire sera leur défaite, il les appelle à le combattre. Il lève une armée de monstres, dont la description rappelle singulièrement les visions terrifiantes ou grotesques des vieilles tentations de saint Antoine :
Certains de ces monstres ont le corps livide, noirâtre, bleu, rouge ou jaune, avec des formes effrayantes. Ceux-ci ont des têtes de renard, de chacal, de porc, d'âne, de bœuf, d'éléphant, de cheval, de chameau, d'âne sauvage, de buffle, de lièvre, de yak, de rhinocéros, de gazelle,

Il avait plus de quatre-vingts ans et était à Rajagriha, quand il sentit les approches de la

de cigale ou mille autres, inspirant l'épouvante ou le dégoût... Quelques-uns n'ont qu'une tête, ou depuis deux têtes jusqu'à cent mille têtes, quelques-uns sont sans tête ; quelques-uns ont depuis un bras jusqu'à cent mille bras, quelques-uns n'ont pas de bras... Ils sont armés d'épées, d'arcs, de flèches, de lances, d'armes à trois pointes, d'épieux, de disques, de javelots, et les brandissent en menaçant le Bodhisattva. Quelques-uns portent des chaudrons sur la tête, sont montés sur des éléphants, des chevaux, des chameaux, des bœufs, des ânes et des buffles ;.... et cette armée de démons couvre un immense espace. Mais après avoir vu tous ces êtres, difformes, effrayants, hideux, le Buddha n'eut pas l'esprit ébranlé. Il regarda comme une illusion, comme un rêve, comme une nuée tous ces éléments (*dharmas*), et les jugeant ainsi, il demeura ferme dans sa méditation profonde. « Ce qui est resté en moi la proie de l'ignorance, se disait-il, a été effrayé à la vue de ces êtres ; mais le fils de Sakya juge que sa personnalité elle-même est sans substance, et quoiqu'il voie le trompeur et son armée, il n'en est pas troublé. »

Les chefs de l'armée des démons se concertent en face de cette âme que nulle terreur ne peut atteindre..... Le démon, poussé par l'orgueil, cherche à ébranler par les séductions, cette âme que la crainte n'avait pu dominer. Il dit à ses filles : « Jeunes filles, allez ; assurez-vous si le Bodhisattva est capable de désir, ou s'il en est exempt ; s'il est fou ou s'il est sage ; s'il est faible ou s'il est ferme. »

Après avoir entendu ces paroles, les Apsaras se rendirent à Bodhimanda, à l'endroit où était le Bodhisattva, et s'étant placées devant lui, elles déployèrent pour lui les trente-deux espèces de magies des femmes. Et le Lalita-Vistara les énumère : Celles-ci se voilent la moitié du visage ; d'autres découvrent leur sein ferme et arrondi ; quelques-unes en souriant laissent voir la guirlande de leurs dents ; d'autres bâillent, étirant leurs bras, pour mieux faire apparaître les fossettes de leurs coudes ; celles-ci montrent des lèvres, rouges comme le fruit du Bimba ; d'autres regardent le Bodhisattva avec des yeux mi-clos et, après l'avoir regardé, se mettent à sourire ; quelques-unes, dénouant leurs vêtements, font briller la ceinture d'or qui entoure leur taille ; celles-ci font voir un bouquet placé entre leurs seins ; celles-ci, leurs cuisses à demi découvertes ; quelques-unes font sonner les anneaux de leurs pieds ; d'autres tiennent des perroquets, des patraguptas et des geais posés sur leur tête mort. Il voulut revoir Çravasti ; et résolut de s'y faire transporter.

et leurs bras; d'autres jettent sur le Bodhisattva des regards obliques; celles-ci agitent leurs tailles et leurs ceintures d'or; celles-ci dansent; d'autres chantent; celles-là rient, puis se ravisent comme prises de honte; quelques-unes remuent leurs jambes, comme des Kadalis (plantes) balancées par le vent; quelques-unes jettent des cris de joie; celles-ci, vêtues de mousseline, serrent leur ceinture d'or toute garnie de clochettes, et en riant se promènent; d'autres, après avoir jeté leurs vêtements à terre, les reprennent comme saisies de honte; quelques-unes font voir leurs parures cachées et brillantes; celles-ci, leurs bras parfumés d'essence; celles-là leurs joues embaumées et leurs pendants d'oreilles; celles-là se voilent la tête et le visage. Ensuite ces filles du démon, afin d'exciter davantage les désirs du Bodhisattva, lui adressèrent ces gâthâs, en chantant et dansant :

« La plus belle des saisons, le printemps est venu; réjouissons-nous parmi les fleurs. Toi dont le corps est charmant, tout embelli de signes, nous sommes en ton pouvoir. Nous sommes nées pour le plaisir des Dieux et pour celui des hommes.

» L'Intelligence est difficile à atteindre; écarte d'elle la pensée. Lève-toi; jouis de la belle jeunesse. Ces femmes des Dieux, bien parées, bien ornées, qui sont venues pour toi, regarde-les. Qui donc, en voyant leur beauté, son corps fût-il insensible comme le bois vermoulu, ne ressentirait le désir? Leur chevelure est imprégnée de parfums; elles ont des diadèmes, des pendants d'oreilles, des visages épanouis comme les fleurs. Elles ont le front poli, le visage bien fardé; leurs yeux sont grands et beaux comme le lotus ouvert; leurs figures sont rondes comme la pleine lune, leurs lèvres rouges comme le fruit du Bimba. Elles ont les dents blanches, comme les coquilles, le jasmin ou la neige. Vois, elles sont agréables, passionnées. Regarde leur sein ferme, élevé, arrondi, regarde ces trois plis charmants à leur taille, et leurs hanches qui sont larges et gracieusement formées. Regarde-les, Seigneur, ces jeunes filles pleines de grâce; leurs cuisses sont pareilles à la trompe de l'éléphant, leur bras est partagé par le bracelet qu'il remplit, leur taille est ornée d'une belle ceinture d'or. Elles sont tes esclaves, Seigneur, regarde-les. Elles ont la démarche du cygne, et s'avancent doucement; elles parlent avec grâce la langue de l'amour; elles ont de belles parures; elles sont très savantes dans les voluptés divines, elles sont très habiles à mener le chant et les

Il partit, accompagné d'un grand nombre de ses disciples. Les larmes coulaient de ses yeux,

danses. Elles sont nées avec de beaux corps dans l'unique but du plaisir... »

Mais le Bodhisattva, sans remuer les yeux, sans sourire, avec un visage agréable, les sens non troublés, le corps tranquille, majestueux, calme, sans passion, sans agitation, inébranlable, ferme dans ses desseins, d'une voix douce et agréable comme les grands accents de Brahma, mélodieuse comme le chant du Kalabingka, flatteuse et allant au cœur, adressa ces gâthâs aux filles du démon :

« Les désirs rassemblent bien des misères et sont les racines des misères. Pour les ignorants, ils anéantissent la méditation, les forces surnaturelles et les austérités. Le propre du désir que l'on a pour la femme, disent les sages, est de ne pouvoir être satisfait. Moi, je satisferai les ignorants avec la sagesse. Si l'on nourrit le désir, il grandit et augmente, comme la soif d'un homme qui boit de l'eau salée. O femmes, votre corps est pareil à des bulles d'eau, pareil à l'écume, et comme les couleurs de l'illusion; mon esprit l'a su reconnaître. L'œil est pareil à une bulle d'eau recouverte de peau. Du sang, de la vapeur affermie et condensée, et comme un fruit de maladie, tel est le ventre, réceptacle d'excréments très impurs, machine de douleurs, produit des œuvres antérieures et de la corruption. Je ne demeure pas en compagnie de la passion et de l'envie. Je ne demeure pas en compagnie de la tristesse ni du plaisir. Mon esprit parfaitement affranchi est pareil au vent dans le ciel; et quand tout se remplirait ici d'êtres qui vous ressemblent, quand même durant un kalpa je demeurerais en leur compagnie, parce que je suis sans fin, je serais sans passion et sans trouble, parce que l'âme des victorieux (jinas) est pareille au ciel. »

Les filles du démon, prises de colère et d'orgueil, continuent leurs séductions : « Que fait-il de son accoutrement de muni devant toutes ces femmes qui font chanter leurs milliers d'instruments ? Qu'il le laisse et se livre à elles. » Mais le sage leur répond : « Le désir est comme la goutte de rosée sur la pointe de l'herbe, rapide comme le nuage d'automne; il est comme la femelle irritée d'un serpent nâga. » Elles montrent le printemps, qui chasse la tristesse des êtres; les bois l'appellent; tout aime; les Kokilas chantent, les abeilles enivrées bourdonnent; les fleurs s'épanouissent de toutes parts. Quels corps plus beaux, quels visages plus purs que les leurs ?

« Je vois le corps, dit l'inflexible Buddha, rempli de matières impures et d'une famille de vers, assailli bientôt quand pour la dernière fois il jeta ses regards sur cette ville de Rajagriha, où il avait passé une partie de sa vie, et remporté sur les âmes ses premiers et ses plus doux triomphes. Il franchit le Gange, il visita Vaiçali, où il avait pris le costume d'ascète, puis subitement il mourut dans le Koçala, à Pawapuri, avant d'être parvenu à Çravasti, sa ville et son vihara bien-aimés. Il entra dans le Nirvâna entre les années 482 et 472 avant J.-C., en prenant les dates que révèlent les inscriptions d'Açoka nou-

---

par la destruction et les infirmités.. Moi, j'apporte le bien suprême. »

Alors essayant les soixante-quatre magies du désir, faisant résonner les ornements de leurs pieds et de leurs ceintures d'or, et laissant tomber leurs vêtements, frappées par les flèches de l'amour, enivrées, souriantes, elles lui parlent encore... Mais quand elles eurent reconnu que par toutes ces manœuvres féminines elles n'avaient pu le séduire, toutes remplies de honte, elles saluèrent les deux pieds du muni, et redevenues joyeuses, louèrent celui qui secourait les âmes : «Pareil au pur calice du lotus, semblable à la lune d'automne, pareil au feu du sacrifice où brûle l'offrande du beurre clarifié ; pareil à une montagne d'or, toi qui as parcouru cent mondes, puisses-tu accomplir ton dessein et le vœu prononcé ! Après t'être délivré toi-même, daigne délivrer les créatures, en proie à toutes les misères. » Et huit déesses exaltent le Muni sorti vainqueur des tentations : « O le premier des êtres, tu brilles comme la lune pendant la quinzaine claire. Toi dont l'intelligence est parfaitement pure, tu resplendis comme le soleil levant. O le premier des êtres, tu es épanoui comme le lotus sur l'eau. Ta voix retentit, ô le premier des êtres, comme celle du lion errant dans les forêts. O le premier des êtres, comme la mer remplie de trésors, tu es difficile à sonder. Guide du monde, tu es comme le ciel, illimité, et l'étendue de ta pensée est grande. Etre parfaitement pur, comme le sol de la terre qui fournit la subsistance des êtres, ta pensée est très ferme. O le premier des êtres, comme le lac Manasas, ton esprit toujours calme n'est jamais agité. »

L'armée du démon se disperse : « et tous les monstres

vellement découvertes. Il eut de splendides funérailles, comme le plus puissant des rois. Son corps fut brûlé : et ses reliques furent ardemment disputées.

Ses reliques, plus tard celles des saints, furent pour les bouddhistes l'origine de leur culte, et l'origine aussi de ces édifices religieux, les *tupas*, destinés à les recevoir. Aussi chez les bouddhistes le nom du culte était *pudja*, honneur rendu, tandis que chez les brahmanes, ce nom était *yajna*, le sacrifice.

Devant une figure si haute, ne se sent-on pas, comme devant celle de Jésus, saisi d'émotion et de respect, et bien près de comprendre que des générations sans nombre se soient passionnément attachés à elles, comme à un idéal sans tache, et peut-être à l'une des manifestations les plus mystérieuses et les plus pures de cette Ame obscure, invisible, inconnaissable, à qui l'humanité réclame en vain depuis des siècles la même pitié infinie et la même infinie justice?

Sans nier, comme l'a fait Wilson, l'existence même du Buddha, dans une étude récente et remarquable, M. Senard a considéré son histoire comme presque tout entière formée d'antiques légendes brahmaniques, et dont un grand nombre se rattacheraient encore aux mythes du soleil et de l'atmosphère. Il serait, selon M. Senard, impossible aujourd'hui de reconstituer sa

et les femmes s'enfuient éperdus comme des oiseaux qui voient leur forêt embrasée. » (*Lalita-Vistara*. Trad. de Ph. Foucaux.)

figure. Cette opinion n'est pas la nôtre : bien au contraire, dans son ensemble, la légende du Bouddha nous paraît très humaine [1], et n'abuse-t-on pas quelque peu de ces explications par les mythes solaires?

Une figure bien réelle et vivante, et une grande unité d'enseignement, nous semblent donc se dégager de ce que nous pourrions appeler les évangiles bouddhiques. Seul, un saint, un illuminé pouvait produire une telle impression sur les âmes, et amener une révolution si profonde dans une société très ancienne, et puissamment organisée, comme l'était alors la société brahmanique.

Les bouddhistes firent un Dieu du Buddha qui cependant n'avait jamais, devant ses disciples, joué le rôle d'une personne divine. Le premier peut-être, au contraire, il créa une religion sans Dieu. S'il crut à une cause première, et il est permis d'en douter, dans son enseignement il laissa de côté toujours le mystère impénétrable de l'Etre en soi, n'étudiant et ne voulant résoudre que les problèmes de l'existence. Il semble par instant que pour le Buddha l'ordre de l'univers n'ait jamais été qu'un ordre physique, où l'homme aurait seul introduit l'idée de la justice et de la vertu. Il semble même que pour lui l'esprit fût une modalité de la substance, comme l'enseignait le Sankhya primitif.

Quelle fut sa philosophie? Nous ne pou-

[1]. Même en cet évangile apocryphe, le Lalita-Vistara; voyez les chap. XVII et XVIII.

vons la reconstituer sans doute qu'en des traits indécis, et par conséquent, il en est d'elle, comme de l'histoire et de la figure du Buddha. Le mieux encore, pour les grands traits de sa doctrine, serait peut-être de nous en tenir surtout à celle reconnue et prêchée aujourd'hui par l'Église du Sud, Église qui à la faveur de son isolement, semble avoir conservé, plus fidèlement que celle du Nord, la foi du bouddhisme primitif, et celle ainsi de son divin maître [1].

Le Buddha ou le bouddhisme écarte donc tout d'abord la notion de la cause première. Le Buddha considérait sans doute ce problème des origines comme insoluble, comme périlleux aussi, puisqu'il divise tant d'âmes que sa foi voulait rapprocher. Il créa donc une religion athée, mais en ce sens peut-être qu'il refusa de donner une définition à l'inconnaissable, et d'enfermer l'infini dans une formule, un nom ou une image.

Comme l'école moderne des positivistes, le bouddhisme primitif n'étudia que les causes secondes, et le Buddha prit et analysa l'existence telle qu'elle lui apparut dans ce point de l'infini et de la durée, sur cette terre où nous sommes. Aussi toute âme religieuse (si l'on définit le sentiment religieux le trouble que ressent une âme devant le mystère des choses, et qu'accompagne en elle, avec une large sympathie

---

1. C'est la doctrine de l'Eglise du Sud que développe le catéchisme d'Olcott, écrit sous les yeux du grand-prêtre de Ceylan, Sumangala. Je ne craindrai pas de faire quelques emprunts aux idées de ce petit livre, dont la forme est très claire.

pour les êtres, la conscience que cette vie comporte de graves devoirs envers eux), toute âme religieuse peut-elle entrer en cette Église, où dernièrement, dit-on, Littré et Darwin étaient placés au rang des saints. On conçoit tout ce que la tolérance peut gagner en effet, je ne dis pas à l'indifférence, mais au silence du Buddha sur ce problème obscur du Principe premier, problème qui de tout temps a si profondément désuni les âmes.

Le bouddhisme du Sud, dans sa conception de la vie, est très proche de la science moderne, et sa doctrine est en réalité celle même de l'évolution. Cette Église reconnaît (et peut-être fût-ce la pensée du Buddha?) une substance éternelle et toujours en mouvement, un monde qui se fait, se défait, se recrée sans cesse, et elle voit toutes choses, les formes animées ou inanimées, soumises à une loi de perpétuel changement. Rien n'apparaît sans cause; à son tour l'effet devient cause [1], et de la sorte tout se lie dans l'évolution de l'univers, sans que jamais il y ait place pour un miracle, si l'on appelle miracle un phénomène qui se manifesterait en dehors des lois de la nature.

Contemplant alors cette vie des choses, telle que l'a faite l'enchaînement sans fin des causes et des effets, voici ce que le Buddha sut voir : il vit que par elle-même l'existence est douloureuse, parce que vivre, c'est désirer sans cesse,

---

1. Le bouddhisme là encore continue la philosophie Sankhya.

et que le désir, insatiable toujours, n'est satisfait jamais ; d'où l'éternelle mélancolie des âmes. Il vit que les êtres, par la seule nécessité de vivre, par la fatalité basse de nourrir leur ventre, étaient condamnés à se livrer entre eux de féroces, d'interminables combats. Il vit que les faibles étaient fatalement ainsi les victimes des forts. Il reconnut donc près de 3 000 ans avant Darwin cette grande loi de la lutte pour la vie qui, formulée comme elle l'est de nos jours, donne au pessimisme une base désormais scientifique. Et il eut pitié des faibles, il eut pitié de tous les êtres, pitié des victimes, des bourreaux même, et il jeta sur le monde, sur ce champ de carnage, sur ce mystérieux spectacle de l'universelle et de l'éternelle souffrance le regard le plus pénétrant, le plus épouvanté, le plus douloureux peut-être dont on l'ait contemplé jamais. Oh ! comme il l'a sentie, cette misère du monde, et comme il l'a su voir, le néant de la vie !

Qu'est-ce que la beauté, la santé, la force, dont triomphe si tôt la vieillesse ? Quand la vieillesse et la maladie ont effacé l'éclat du corps, l'ignorant est abandonné, comme l'est par les gazelles une rivière desséchée. La vieillesse tue le courage, elle tue l'énergie, la vigueur, comme un marais qui engloutit tout l'homme, et la vieillesse mène à la mort.

De même qu'avec son bâton le bouvier pousse les bœufs à l'étable, de même la vieillesse et la mort poussent devant elles la vie des hommes.

La vie d'une créature est pareille à l'éclair ; elle passe comme le torrent qui coule... Les qualités du désir sont vaines, comme une image réfléchie, comme l'image de la lune dans l'eau, comme une apparence, comme un songe, comme une représentation scénique... Instables sont les trois mondes, et pareils aux nuages d'automne. Et les créatures, insensées toujours, y sont comme des abeilles affolées, qui ont pénétré dans un vase...

Tout ce qui est composé sort de causes et d'effets. Une cause est produite par une autre et naît en s'y appuyant... C'est ainsi que, sans être durable, la substance en elle-même n'a pas d'interruption... Mais tout ce qui est composé se dissout, tout ce qui est composé est instable ; pareils au vent ou au flocon d'écume, les composés fragiles sont sans réalité... Toutes les agrégations sont passagères, toutes sont soumises à la douleur, toutes les formes sont sans réalité substantielle. Et ainsi tout est vide, pareil au vide enfermé dans le creux de la main et qui trompe un enfant. (*Lalita-Vistara*, ch. IV, XIII, XIV. *passim* [1].)

Et l'une des plus attirantes, la plus décevante peut-être, parmi les illusions humaines, cette illusion troublante de la forme ou de la beauté, comme il montre le peu qu'elle est, en rappelant le peu qu'elle dure :

Les corps les plus charmants ne sont que des bulles d'eau, des fantômes sans réalité.

Dans le Lalita-Vistara, le harem du Buddha lui apparaît soudain transformé en charnier; « Je vis au milieu d'un cimetière, » s'écrie-t-il; et les amants pour lui sont des ignorants que passionnent des vases d'impuretés, et qui dans

---

1. Quand on regarde le ciel et la terre, il faut se dire : ils ne sont pas permanents. Quand on regarde les montagnes et les rivières, il faut se dire : elles ne sont pas permanentes. Quand on regarde la forme et la figure des êtres extérieurs, leur accroissement, leur développement, il faut se dire : rien de tout cela n'est permanent. (*Sutra en 42 art.*, trad. de M. Léon Feer ; — Leroux, édit., 1878.)

leur erreur sont submergés comme des éléphants dans les eaux, ou liés comme des singes dans un piège[1].

Ainsi le Bouddha, perçant le mystère de l'être, d'apparence en apparence, sous toutes ces illusions voyait le vide, là où les védantistes voyaient Dieu.

Ce monde illusoire, et douloureux pourtant, comment se recrée-t-il sans fin? Toute cette accumulation de misères, elle vient de la naissance ; dit le Buddha ; mais la cause de la naissance est la conception, et la cause de la conception, le désir. « L'origine de toutes ces douleurs, c'est donc la soif de vivre, la soif d'être » (*Lalita-Vistara*, ch. XXVI.) Le désir est ainsi l'éternel ennemi, puisque perpétuellement il refait la vie, retient les âmes dans le cercle des naissances et des transmigrations, veut des jouissances et les veut sans limites. Et ce désir est l'origine encore des luttes entre les êtres, des haines, des crimes, des violences, des bassesses, des lâchetés humaines. Mais lui-même a sa cause. Et le Buddha, continuant sa perçante analyse, la voit dans la sensation, puis de la sensation allant au concept des choses, il reconnaît que l'idée n'est qu'illusion et ce concept une ignorance, puisque par lui nous prenons pour réel ce qui est vain au fond et sans réalité. Et l'analyse du désir

---

[1]. Les légendes bouddhiques reviennent perpétuellement sur ce néant de la beauté, qui n'est pour les yeux qu'une surface trompeuse, un mirage, une vaine et si fugitive apparence. (Voir *Introd. à l'histoire du Bouddhisme indien.*)

lui a ainsi révélé après le néant de son objet, ou de la forme, le néant de la connaissance : « La forme est vide, la connaissance est vide. »

Les causes de tous les maux attachés à la vie, le Buddha les avait donc trouvées dans l'ignorance et le désir. Dès lors ces deux ennemis du monde, il n'avait plus qu'à les combattre ; et tel est le sens des quatre vérités sublimes :

Première vérité, à toute existence est attachée la douleur ;

Seconde vérité, les causes de la misère des êtres sont l'ignorance et le désir, ce désir toujours renaissant, insatiable toujours, que rien ne satisfait jamais ;

Troisième vérité, il faut détruire ces causes de la misère des êtres ;

Quatrième vérité, il est des moyens de les détruire, et ainsi de mettre fin aux douleurs de la vie présente, comme à celles des vies futures, l'âme étant perpétuellement condamnée à renaître sous des milliers de formes.

Comment diminuer les douleurs présentes, dont les causes nous sont désormais connues ? par la science, accessible seulement à quelques initiés, par cet idéalisme transcendant, qui met fin à l'illusion du monde, rappelant à l'esprit qu'ayant créé le monde il peut aussi l'anéantir ; et encore par des vertus accessibles à tous, par la résignation, par la soumission volontaire à l'ordre universel, aux lois de la nature ; par le renoncement aussi, cette mort du désir, du désir qui engendre les jalousies, les haines, les luttes féroces entre les êtres (et de fait la seule solution possible de la guerre sociale sera la solution bouddhique ou chrétienne, il n'en est pas d'autres, c'est-à-dire la mesure[1], la modération dans les besoins, l'équilibre au profit de tous, apporté dans les besoins de tous) ; enfin par la pitié et la charité sans bornes. Oui, elles seront diminuées, ces douleurs du monde par la pitié, principe de toute justice et de toute charité, puisqu'elle révèle à l'homme l'essentielle identité des êtres, et tend à supprimer la limitation de sa personne, son instinct égoïste, toujours avide et féroce ; et la pitié, la charité, la justice combattront sans fin ce droit monstrueux de la force, qui régit le monde.

La religion du Buddha, ainsi que toute religion très haute, apparaît donc comme une loi nouvelle et supérieure aux lois de la Nature, reconnues iniques et mauvaises. Aux cruautés en effet, aux meurtres, aux impuretés, aux bestialités, dont la nature semble avoir fait toujours les conditions de la vie, la religion du Buddha oppose la pitié, l'amour, la vertu, comme des modes glorieux de délivrance.

Mais la douleur de cette vie présente n'est

1. Peut-être en effet quelque jour, pour résoudre les problèmes sociaux, le problème effrayant de la misère, le problème surtout de ces appétits sans limites soudain excités et surexcités chez tous, en arrivera-t-on à refaire appel à des forces psychiques trop longtemps dédaignées ; oui, certaines vertus, dont le nom seul fait sourire la plupart de ces libres penseurs, d'ordinaire si peu libres, et si peu penseurs, la charité, la pitié, l'humilité qui est la limitation des désirs, débordés aujourd'hui, et aussi la résignation, c'est-à-dire la soumission volontaire, raisonnée aux lois sociales ou naturelles, ces vertus pourront bien être invoquées encore, comme l'unique salut de la civilisation menacée.

pas tout. Il y a celle encore des générations futures, ou pour le bouddhisme qui avait conservé la croyance hindoue aux métempsycoses, il y a celle des renaissances.

Logique en tout son pessimisme, le Buddha ne cesse de prêcher le célibat aux fidèles : de la sorte des milliers de générations seront du moins soustraites au mal de vivre et de mourir[1].

Mais les vertus qui peuvent sauver et libérer l'homme en cette vie peuvent libérer aussi les générations à venir. Il y a dans le bouddhisme une doctrine singulière, obscure, qu'il nous faut éclaircir, et qui peut-être a quelques points de rapport avec les conceptions de la science moderne sur l'hérédité.

L'homme, composé d'agrégats, de *skandas*, d'après le bouddhisme et le Sankhya, périrait tout entier à sa mort, si le *tanha*, le désir de vivre, et le *karman*, c'est-à-dire l'influence de ses actes, n'entraînaient la formation d'un nouvel être, en qui le mort revit, pour recevoir, sous cette autre apparence, le prix ou le châtiment de ses vertus ou de ses fautes. Schopenhauer a repris en partie et commenté cette doctrine, la traduisant ainsi : la volonté individuelle (c'est le *tanha* bouddhique), tant qu'elle ne s'est pas détachée de la vie, renaît sans cesse par l'intensité de son désir, et dans ses renaissances successives elle est affectée par les mé-

---

1. « Mais ce monde, par une contradiction singulière, dit le Buddha, tout affligé qu'il soit et effrayé de l'existence, dans son désir infini d'être, ne s'applique et n'aspire qu'à prolonger sa vie ». (*Lalita-Vistara*, XXIV.)

rites ou par les démérites de ses existences passées. Oui, en un certain sens, mais qui s'éloigne quelque peu de l'idée bouddhique, oui, nous renaissons en des êtres, directement, indirectement aussi (indirectement, par l'influence de nos passions, de nos pensées, de nos rêves, de nos écrits, de nos actes, purs ou impurs, saints ou coupables, et qui peuvent se transmettre, s'incarner en des âmes [1]) et par ces héritiers directs ou indirects, nos fautes sont certainement expiées ou récompensés nos mérites. Oui, toute forme qui naît subit incessamment et nécessairement dans son évolution l'influence des générations antérieures, et tout est déterminé par la grande loi des causes et des effets. Nulle faute qui un jour n'ait son expiation; nulle vertu qui ne porte ses fruits ; nos fautes, nos vertus ont ainsi un retentissement profond, gardent ainsi comme une vibration lointaine à travers l'avenir[2]. A tout instant nous préparons la vie ou la mort, nous créons la santé ou la maladie, les énergies ou les faiblesses, les triomphes ou les défaites des générations futures. A tout instant nous faisons ou nous défaisons la vie de nos

---

1. Se rappeler l'influence de certains génies, qui ont formé ainsi tant d'âmes ou de pensées à l'image de la leur, d'un Shakespeare, d'un Napoléon, d'un Balzac etc.

2. « Le génie (MONIER WILLIAMS, *Indian Wisd.*), l'aptitude à un travail spécial, certain mérite, certaine excellence innés ne sont pas des dons naturels, mais la résultante d'habitudes anciennes, de puissances développées à travers peut-être des milliers d'existences antérieures. Et aussi toute souffrance, toute infirmité, toute dépravation sont les conséquences d'actes accomplis par des âmes dans des existences antérieures. Cette force qui s'exerce ainsi sur l'âme est appelée *adrishta*, parce qu'elle est ressentie, mais invisible. »

enfants, la vie de tous ces êtres eu qui nous renaissons, et toujours les conséquences de nos actes dépassent donc les limites de cette vie présente. En un mot, tout le présent et tout le passé créent l'avenir. La science démontre que, si l'homme a pu s'élever d'une existence inférieure à une condition supérieure, c'est par des accumulations de vertus, d'énergies, par un perpétuel effort; et cette vérité scientifique, n'est-elle pas quelque peu renfermée dans cette doctrine du bouddhisme sur les influences du karman? Or cette notion de la solidarité unissant ainsi toutes les générations humaines est une vérité féconde et qui de plus en plus entrera dans la foi future et l'éducation de l'humanité[1].

Le karman influence ainsi les renaissances, mais ce qui sans cesse recrée la vie, c'est le *tanha*, le désir de vivre, le *Will* de Schopenhauer, cette énergie dans l'être, antérieure à l'apparition de la conscience, et qui toujours aspire à l'individuation. Cet intense désir de la vie, cette énergie, qui, d'après Schopenhauer, est douée d'un prodigieux pouvoir de création, ce désir est pour les bouddhistes, comme pour le philosophe alle-

---

[1]. L'état présent du monde, je parle de son état moral, résulte ainsi de causes qui nous sont étrangères, comme les lois physiques, et de causes au contraire toutes morales ou humaines, qui sont les mérites et les démérites des générations antérieures. Nous pouvons donc sans cesse améliorer l'état du monde par nos efforts et nos vertus. Mais cette loi de justice a cette apparence d'injustice, qu'elle atteint le coupable moins souvent que sa descendance, c'est-à-dire l'espèce, l'âme ou l'énergie de l'espèce rappelant ainsi l'*atman* des philosophies hindoues, une et diverse à travers le temps et l'espace, et que se transmettent les générations l'une à l'autre.

mand, le principe de l'être, et c'est lui que d'abord et toujours atteint et condamne le Buddha.

Quand l'homme ayant détruit en lui la racine de l'être, ce désir, origine de la vie et des souffrances du monde, est parvenu à cet état d'absolue possession de son âme, où il se peut reprendre à la Nature, et lui dire : Désormais je suis libre, tu ne peux rien sur moi ; tu ne peux ni m'imposer la douleur, je suis résigné, ni la passion, je suis pur, ni l'égoïsme, je suis aimant, cet homme est dès ce monde, aux yeux des bouddhistes, entré dans le nirvana, c'est-à-dire dans cet état de paix sublime, où s'évanouissent la personnalité, l'individuation humaine, la limite qui sépare le moi du non-moi, le fini de l'infini, le temps de l'éternité,

---

1. Dans le nirvana, disent les livres bouddhiques, il ne reste plus aucune trace de l'agrégation de ces éléments, des *Skandas*, qui constituaient l'existence ; « et cette extinction suprême est comparée à l'épuisement de la lumière d'une lampe qui meurt et s'éteint. » (*Introd. à l'Hist. du Bouddhisme ind.*, p. 521.) Mais il y eut des sens différents attachés au mot *nirvana*. Le nirvana fut tantôt l'anéantissement de la passion, par lequel on atteignait à l'état d'*arhat*, de vénérable, et tantôt l'extinction absolue de l'être par la mort, ou le retour à l'inconscient. « Est-il une voie supérieure à celle qui mène à la quiétude, au séjour où il n'y a ni idée, ni absence d'idée ? » (Ch. XVII, Lal. Vist.)

Pour l'école du Sud le nirvana est bien la disparition absolue dans le néant de la personne humaine. Pour l'école du Nord, moins matérialiste, moins nihiliste, mais peut-être aussi moins fidèle à la pensée du Buddha, les idées sur l'âme et sur son immortalité, c'est-à-dire sur la persistance au-delà de la mort de la conscience individuelle, se rapprocheraient quelque peu des doctrines spiritualistes de notre foi chrétienne ; et le nirvana serait pour un certain nombre de bouddhistes ce repos éternel dans un infini de béatitude, que promettent nos religions d'Occident.

et où nulle suffrance ne le peut plus atteindre.

Ainsi, parmi les confusions, les obscurités, les erreurs de cette philosophie, quelques pensées hautes se détachent, très vraies et durables peut-être. Oui, l'âme humaine se peut affranchir en partie des fatalités et des misères de cette vie par la vertu[1], le renoncement, l'amour; par la méditation aussi, par la science[2], et Schopenhauer, le dernier père de l'Église bouddhique, a justement ajouté par la poésie ou par l'art, qui crée tout un univers idéal, où l'âme se console du réel, et qui transfigure par le rêve le néant du monde et le nôtre.

Mais combien d'êtres, à qui pour leur délivrance le seul renoncement suffira! Que peut-elle craindre ou désirer encore cette âme supérieure au monde, et qui si hautement le dépasse de son indifférence ou de son dédain? Et l'on voit que tout ce nihilisme aboutit à un idéalisme transcendant, comme à la plus noble et à la plus pure des morales.

Affranchir l'âme, ce n'était pas assez : il fallait la consoler encore; et aux cruautés de la vie la loi bouddhique répondait par son infinie tendresse, et par l'impossible rêve d'une paix perpétuelle rétablie entre tous les êtres, qu'elle aurait voulu rapprocher dans la douceur et la joie d'une charité mutuelle.

Ici le Buddha a dépassé le Christ, et les plus

---

1. *In virtute libertas*, diront aussi les stoïciens.
2. La science, qui nous libère de la perpétuelle illusion des phénomènes, et chaque jour aussi de la pesanteur sur nous de tant de lois physiques: la science, qui nous soumet le monde, comme le rêva l'antique magie.

bizarres des légendes, parfois les plus touchantes[1] (Lalita-Vist., Ch. XIII), glorifieront sans cesse cette chose vraiment divine, son intarissable bonté, sa commisération sans bornes pour la faiblesse, la souffrance des êtres, et des plus vils, et des bêtes elles-mêmes.

Nulle religion en vérité avant le christianisme n'aura si bien connu l'amour, ses délices, ses rêveries, ses extases, ses folies saintes, sous sa forme la plus désintéressée et la plus haute, sous la forme de la charité. Tous sans doute ne pouvaient aspirer à la science : pour ceux qui ne la pouvaient atteindre, aimer et être aimés était la consolation et la vie.

D'une religion sans Dieu le Buddha a donc fait sortir la morale la plus élevée, qui ait jamais avant la morale chrétienne régné sur les hommes.

Certainement ce ne fut pas sa philosophie qui les sut entraîner. Ils furent entraînés cependant, et malgré les subtilités, les ténèbres, les contradictions de ses doctrines. Mais à la foule des âmes, qui ne veut qu'aimer, qu'espérer et croire, qu'importent les idées et que fait leur logique ? Les grands instincts ou les grands sen-

---

[1]. Sakya-Muni, étant un rishi aux cheveux nattés, se livrait tous les jours sous un arbre à la quatrième extase et immobile suspendait complètement sa respiration. Un oiseau, l'ayant vu ainsi, le prit pour un tronc d'arbre, et fit son nid dans ses cheveux. Quand le Buddha sortit de sa méditation, il reconnut que sur sa tête il y avait des œufs d'oiseau. Il se dit : « si je remue et me lève, la mère ne reviendra plus. Si la mère ne revient plus, les œufs des oiseaux périront. » Et se plongeant de nouveau dans l'extase, il n'en sortit que lorsque les petits oiseaux furent envolés. » *Avadanas* (trad. de Stan. Julien. Hachette).

timents seuls la remuent et l'emportent. Elle a des passions soudaines, des soifs étranges par instants d'idéal, d'amour, d'héroïsme : un homme s'élève, qui prononce la parole attendue, et toute une race lui répond ardente, vibrante, passionnée, parfois héroïque et sublime. A cette race hindoue, si délicate et tendre, le Buddha prêcha le renoncement, la douceur, la charité, et il eut des miracles de renoncement, de douceur, et de charité ; comme le Christ, il exigea des vertus surhumaines, un héroïsme continu, qui certainement semble inaccessible à des sociétés de moralité aussi incertaine et vulgaire que le sont aujourd'hui les nôtres; et comme le Christ, il fit par milliers surgir les héros et les saints. Il avait compris que plus on demande aux hommes, plus on obtient d'eux. Et en effet, plus un idéal est élevé, plus il faut d'efforts, pour le pouvoir atteindre : et ces efforts ne sont jamais perdus. Folle ou divine fut cette sérénité, cette impassibilité devant la douleur et la mort, que montrèrent souvent ses disciples [1].

[1]. Un serpent venimeux tue le fils d'un laboureur. Le père poursuit son travail sans regarder le mort et sans pleurer. Un brahmane s'en étonne : Pourquoi ne pleurez-vous pas ? Le laboureur répond : lorsque l'homme vient au monde, il fait un premier pas vers la mort... et que servent les douleurs et les larmes à ceux qui ne sont plus ? — Le brahmane trouve la même insensibilité chez la mère, qui lui dit : Ce fils n'avait reçu qu'une existence passagère. Aujourd'hui, il est parti sans moi... C'est comme le voyageur qui passe par une hôtellerie.... que mon fils soit venu et s'en soit allé, je n'avais sur lui nul pouvoir; il a suivi sa destinée et je ne le pouvais sauver. Et la jeune femme du mort, tranquille elle-même et sans larmes, répondit au brahmane : Mon époux et moi, nous étions comme deux oiseaux qui volent et se vont poser au sommet d'un grand arbre; ils s'arrêtent et ils dorment

Dans une société aristocratique aussi rigoureusement fermée, et aussi dure que l'était aux castes inférieures la société brahmanique, l'un des premiers besoins était l'égalité ; et il prêcha l'égalité, ouvrant à tous son royaume idéal de justice et de paix.

Aussi nulle religion peut-être, si ce n'est le mahométisme, n'eut de si rapides et de si grands triomphes.

Que devint-elle après lui? Tout le contraire sans doute de ce qu'il l'avait rêvée, puisqu'elle eut de si bonne heure sa dogmatique, sa mythologie, son culte, sa hiérarchie divine, et sa hiérarchie humaine. Mais c'est par ces contradictions mêmes avec la doctrine du Maître, que sa religion put grandir et vivre. Il est curieux, comme on l'a finement observé, que ce soit justement le Buddha prêchant une religion sans Dieu, qui, pour la première fois, ait donné à l'Inde et au monde la religion d'un Dieu fait homme, venu sur la terre pour le salut des hommes. En effet, les cultes de Vishnu, de Krishna, n'arriveront, selon nous, à ce développement, qui bientôt sera pris par eux, que par imitation du bouddhisme.

L'on est étonné, quand on étudie dans leur ensemble la mythologie et la littérature bouddhiques, de tout ce qu'elles présentent de puéril

ensemble. Puis aux premières lueurs du jour, ils se lèvent et s'envolent, chacun de leur côté, pour chercher leur vie. Ils se réunissent, si la destinée le veut ; ne le veut-elle pas, tous deux se séparent. Mon époux et moi, nous avions le sort de ces deux oiseaux. Quand la mort est venue, il a suivi sa destinée, et moi je ne le pouvais sauver. (*Les Avadanas*, trad. par St. Julien, Hachette.)

et d'absurde[1]. Il faut tenir compte ici de l'influence des milieux. Le bouddhisme s'étendit d'abord parmi les classes inférieures, vieillies depuis des siècles dans une longue enfance. Sorti de l'Inde, il devint la religion des races jaunes, si peu soucieuses d'idéal et de ces spéculations métaphysiques, très goûtées au contraire de la race aryenne. Peut-être même le bouddhisme, comme d'autres cultes populaires, fut-il la réaction, la révolte des races anaryennes contre l'aryanisme brahmanique : voyez son lieu d'origine, dans le Népal, parmi les populations touraniennes. Toutes les puérilités de sa mythologie ou de sa littérature peuvent donc s'expliquer facilement, si l'on songe à sa naissance d'abord, à son développement ensuite au milieu de races enfantines, ou caduques et tellement usées, qu'elles semblent présenter parfois avec le vide dans la pensée le vague dans la parole et le bégaiement de la démence. La mythologie du brahmanisme est presque raisonnable comparée à celle-ci, débordante de divinités, et qui dans ses moindres récits accumule toutes les quantités possibles de l'espace et du temps.

La doctrine du Buddha, altérée déjà par ses disciples, le sera de plus en plus sans doute par les foules populaires, qui naturellement en tous pays et en tous temps ne peuvent adopter

---

1. Voir par exemple ces 32 signes de grand homme que possède le Buddha, et les 80 signes secondaires, comme les ongles bombés, les ongles de la couleur du cuivre, la démarche héroïque du lion; etc.

une conception religieuse qu'en l'abaissant à leur niveau.

Cette mythologie, conformément à la métaphysique de la religion nouvelle, divisa le monde en trois régions, celle du Désir, celle des Formes ou Idées visibles, celle du Non-être ou de l'absence de formes.

Dans la sphère du Non-être, on reconnut bientôt, et ceci fut absolument contraire à la pensée du Buddha, l'existence d'un Brahma bouddhique, l'*Adibuddha*, le Buddha éternel, infini, dont le nom est aussi la Nature, *Svabhava*, et qui rappellerait quelque peu la Prakriti de la philosophie Sankhya. L'Adibuddha habite donc au sommet de l'existence, dans la sphère du vide (*Bhuvakoti*).

Les énergies de sa pensée font naître tout d'abord les cinq *Buddhas de la contemplation*, les Êtres primordiaux, qui produisent à leur tour les cinq *Buddhas de la contemplation en puissance*, formateurs des mondes périssables. Les Buddhas humains ont la direction de ces différents univers, et Sakya-Muni est l'un d'eux.

Innombrables sont les créations évoquées par les Bodhisattvas de la contemplation en puissance. Dans chacune de ces créations s'étendent les trois régions, les trois sphères, dont la supérieure toujours est la sphère du Vide, du Non-être, du Nirvana, d'où tout sort, où tout doit rentrer.

En bas, dans la sphère du Désir, de la passion et de la douleur, le mont Méru et la Terre; et dans l'intervalle de la terre à la sphère du Vide différents cieux étagés se déroulent, correspondant à tous les degrés du *Dhyana*, ou de cette analyse du Buddha, qui partait des choses et de leur connaissance, pour arriver au Nirvana ou au Vide.

On sait que les bouddhistes, ce qu'ils durent peut-être à leur origine en partie anaryenne, semblent avoir été les premiers dans l'Inde à édifier de grands monuments religieux. Jaggernat, Elephanta, Ellora sont d'anciens sanctuaires de la religion réformée, où apparaît encore et parfois gigantesque, la tranquille figure du Buddha parmi les Dieux du futur hindouisme[1], agités, monstrueux, voluptueux ou farouches.

Des missionnaires bouddhiques envahirent l'Inde entière, au nord et à l'ouest allant jusqu'à Kashmir et à Gandhara, au sud jusqu'à Ceylan, où le bouddhisme, plus isolé, se conservera plus pur, et d'où la religion nouvelle partira pour conquérir l'Indo-Chine. Nous ne raconterons pas toute son histoire, celle de ses hérésies, de ses schismes, de ses conciles, ni l'histoire obscure de sa lutte avec le brahmanisme.

L'influence fut naturellement très grande des deux religions l'une sur l'autre. Nous avons entrevu celle de la mythologie et de la philosophie brahmaniques sur le bouddhisme. Celle du bouddhisme sur le brahmanisme se peut reconnaître aisément en de nombreux passages du Manava-Sastra, du Mahabharata, de la Bhaga-

---

[1]. L'hindouisme, en effet, comme toute religion victorieuse, occupa, mais en les transformant, les temples de la religion vaincue.

vad-Gita. Lorsque Krishna dans la Bhagavad-Gita dit à son disciple : « Ceux qui cherchent près de moi leur refuge, eussent-ils été conçus dans le péché, les femmes, les vaisyas, les sudras même, ceux-là marchent dans la voie supérieure », une telle parole permet de mesurer le progrès accompli par le vieil esprit brahmanique depuis la venue du Buddha.

A la religion du Buddha, du kshatrya devenu Dieu, le brahmanisme opposera bientôt les religions de Vishnu, de Krishna, de Rama, des kshatryas divins. Le brahmanisme ne créa pas, sans doute, mais il favorisa dans leur développement ces nouveaux cultes populaires, et un jour s'appuya sur eux pour combattre et pour vaincre la religion nouvelle.

Les premières victoires du bouddhisme, si rapides et si éclatantes, s'expliquent facilement par le génie d'abord et le charme de son fondateur, puis par une réaction devenue nécessaire contre les étroitesses, les duretés de l'esprit brahmanique ; elles s'expliquent encore par l'attrait d'une religion qui savait, comme le sut plus tard la religion de Jésus, rapprocher si bien Dieu de sa créature, et appeler les âmes à l'imitation de leur divin maître ; enfin par l'organisation même de l'Église bouddhique, avec ses missionnaires, sa hiérarchie ecclésiastique, ses conciles, organisation vraiment parfaite pour la propagande et le combat. La haine ou le mépris des barbares, des *mletshas*, et la distinction des races n'existaient guère pour les bouddhistes : et les invasions étrangères ne firent qu'étendre et rendre indéfinies leurs conquêtes, en ouvrant à leurs frères prêcheurs, au nord et à l'est de l'Inde, l'immense empire jaune. Thibétains et Mongols, si sauvages alors, furent étonnamment adoucis et transfigurés par ce souffle tiède, qui franchit la barrière de l'Himalaya.

Au viie siècle après J.-C. la décadence du bouddhisme, qui avait envahi l'Inde entière, est attestée par le voyageur chinois Hioën-Thsang. Puis repoussé de plus en plus, vaincu par l'hindouisme, attaqué violemment par Kumarila-Bhatta, docteur de l'école Mimansa, et par Sankara-Acarya, au xie siècle, si on le trouve encore dans le Bengale et au xiie à Kashmir, après le xiie il n'a plus dans l'Inde d'autres asiles que le Népal, Ceylan, et les frontières de la Birmanie, où il règne encore de nos jours. Des persécutions ont-elles contribué à cette grande défaite ? la chose est possible. Mais les persécutions tuent rarement par elles seules une foi bien vivante et robuste; et il est probable que le bouddhisme a succombé dans l'Inde moins à une mort violente qu'à une mort naturelle. On comprend, en effet, que le brahmanisme avec les ressources de sa dialectique, surtout de sa poésie et de sa mythologie, ait fini par reconquérir la pensée et l'imagination des Hindous. Les forces du brahmanisme, il le faut reconnaître, restaient redoutables. Les brahmanes composaient tout un corps de prêtres, riches, puissants, honorés, redoutés toujours, et, depuis des siècles, formés aux spéculations de la métaphysique, à toutes les luttes de la pensée. Ils rassemblèrent leurs forces, leurs doctrines éparses ; au Buddha ils opposèrent tout d'abord les nouveaux Dieux populaires ; à la métaphysique bouddhique, si sombre et désolante, la glorieuse philosophie védantique ; et par son panthéisme idéaliste, par son accord avec la foi dominante, par son raisonnement plus accessible à tous, sa largeur de vue, sa poésie profonde, cette philosophie dut retenir, puis reprendre bien des esprits ou des âmes, que blessaient ou ne pouvaient satisfaire les croyances trop souvent négatives de la religion nouvelle. L'humanité n'acceptera jamais aisément des doctrines sans espérance : et certains disciples, en effet, poussèrent le bouddhisme jusqu'à ses conséquences dernières, jusqu'au pur et absolu nihilisme.

Enfin, une aristocratie intellectuelle un peu haute manqua de bonne heure au bouddhisme. L'humilité de ses origines, sa promiscuité avec les classes les plus viles, comme avec les races étrangères et barbares, en un mot son essence toute démocratique et ses tendances égalitaires, l'alanguissement aussi des esprits par le quiétisme et l'atmosphère des cloîtres peuvent expliquer l'infériorité que gardèrent certainement vis-à-vis du brahmanisme sa littérature et sa philosophie.

Il est certain que cette littérature, à part dans les Sutras bouddhiques les traces de l'enseignement du maître, et à part encore ce genre, où elle excella, de la fable, du conte, de la parabole, très goûté toujours des humbles, des gens du peuple, de ces esprits d'enfants, à qui de préférence s'adressait le bouddhisme, cette littérature, malgré son abondance, est dans l'Inde singulièrement médiocre et pauvre d'idées.

Voyez par exemple le *Lotus de la bonne loi*, traduit par E. Burnouf; il représente assez bien la littérature bouddhique de la décadence (et cette décadence fut précoce), littérature profuse, insipide, vraie littérature monastique, pleine de pieux radotages, de monstrueuses images, et dont les accumulations de nombres, les redites enfantines sont des caractéristiques.

Le *Tripitaka* (les *trois corbeilles*) fut l'ensemble des livres canoniques du bouddhisme indien. Ces *trois corbeilles* sont le *Vinaya*, le livre de la discipline religieuse, à l'usage des Bhikshus, le *Sutra*, le livre de la loi ou de la doctrine, et l'*Abidharma*, le livre de la métaphysique.

Les différents conciles accrurent à un tel point la littérature sacrée, qu'il fallut faire un choix parmi les livres canoniques; et les neuf livres choisis furent les neuf *Dharmas*.

Il existe dans l'Inde deux rédactions de ces livres canoniques, l'une en sanscrit, découverte par M. Hodgson dans les monastères du Népal, l'autre en pâli, la vraie langue du bouddhisme, et que possèdent les prêtres de Ceylan, où elle fut apportée par Mahinda, fils d'Açoka, au III° siècle de notre ère, mais qui fut, au V° siècle, revisée par Buddhaghosha. Dans la rédaction pâlie, les *Avadanas* (les légendes) remplacent le *Vinaya*, et le *Pradjna-Paramita* (la *Sagesse trancendante*), l'*Abidharma*.

Dans le Népal enfin nous trouvons aussi des *Tantras*, où la religion réformée apparaît profondément altérée par toutes les superstitions populaires. Ces Tantras offrent des formules magiques, les *Dharanis*, fort honorées toujours, et restes du fétichisme des races tibétaines.

Le bouddhisme méritait cette longue étude. La pureté, la hauteur morale de cette religion, et son extension prodigieuse, sont parmi les événements les plus étonnants de l'histoire. Ce qui peut-être est plus singulier encore, c'est que cette religion, en quelques-uns du moins de ses traits primitifs, tend à devenir la foi inconsciente ou consciente de quelques âmes modernes. Plus d'une en effet, atteinte du même pessimisme, s'étant désintéressée du mystère de la cause première, après de longs et de si vains efforts pour le pénétrer, n'osant plus s'attacher aux problèmes de la métaphysique, athées en un mot, ou du moins sans notion d'un Dieu personnel, rêvent cependant une religion, un *lien* entre tous les êtres, *religion*, *lien* d'immense amour, et noble réponse de ces âmes aux douleurs et au mépris que leur inflige la nature.

Mais cette religion pessimiste et sans Dieu, toute de résignation, de pitié, de justice, et qui parmi nos races très viriles pourrait demeurer absolument virile, comme le fut le panthéisme stoïcien, dont elle se rapproche, cette religion acceptant la vie telle qu'elle apparaît, vaine au fond, si souvent terrible, cette religion n'attendant du devoir accompli d'autre récompense que la joie et la sérénité qu'il procure, et pouvant donner à chacun des siens pour devise cette parole modifiée à peine de la Bhagavad-Gita : « Rapporte à l'Idéal, rapporte au Bien toutes tes œuvres, et sans espérance, comme sans souci de toi-même, combats et n'aie point de tristesse, » cette religion, qui, partie de l'idée du néant, cependant nous ferait purs, nous ferait patients et bons, nous communiquerait la douceur et l'ivresse d'une charité infinie pendant notre court passage entre deux ténèbres, n'est-ce pas en réalité le bouddhisme du Buddha, quelque peu transformé par la pensée moderne ?

Ainsi par le Buddha est entrée dans le monde cette doctrine du pessimisme, qui inquiète aujourd'hui tant d'âmes, et que Schopenhauer a reprise avec tant d'éloquence et une telle puissance de logique.

Le nihilisme a donc reçu du bouddhisme sa première formule philosophique, et certainement du moins sa première et jusqu'ici son unique formule religieuse. Or, le bouddhisme indien aura démontré que du pessimisme et du nihilisme même peuvent sortir une morale et une charité très hautes, et qu'ainsi la morale peut avoir une base indépendante de la notion d'un premier principe. Nous ajouterons que le pessimisme, plus que la conception optimiste du monde, semble nécessairement aboutir à une commisération profonde pour la douleur des êtres, et nous croyons que le pessimisme contemporain aboutira en effet à de magnifiques mouvements de charité, malgré tous les égarements et les crimes possibles, où, d'autre part lui et le nihilisme entraîneront sans doute bien des êtres, trompés par cette ignorance, dont parlait le Buddha, et qu'il venait combattre.

De toutes les religions du passé, la religion du Buddha est celle qui semble en réalité le moins en antagonisme avec la science actuelle. Sur l'éternité de la substance et de la force, sur le mouvement universel qui emporte, crée, fait et défait toutes choses, sur la grande loi de correspondance entre la cause et l'effet, qui est la loi même de l'évolution, sur la parenté de tous les êtres, sur la solidarité qui unit tous les vivants entre eux et toutes les générations entre elles, le bouddhisme professe des doctrines à peu près identiques à celles de la science. Il est d'accord avec le pessimisme de Darwin, c'est-à-dire avec le pessimisme que nous appellerons **scientifique**; et ce pessimisme, nous le disons encore, loin d'être une doctrine de découragement pour les hommes de bonne volonté, à qui toute foi haute fait appel, ne peut qu'exciter en eux une pitié profonde pour la misère des êtres et un grand effort pour la diminuer.

Le bouddhisme rêve le ciel sur la terre, c'est-à-dire la réalisation en cette vie d'un royaume idéal d'amour et de justice.

Dans la foi bouddhique, nulle croyance au surnaturel, c'est-à-dire à des phénomènes se manifestant tout à coup en dehors des lois de la nature, dont si peu, du reste, nous sont connues encore.

Ce qui fait l'originalité de cette religion, c'est qu'elle sauve ou tend à sauver l'âme humaine avec ses propres forces, sans l'appui du surnaturel.

Le bouddhisme n'exige pas et n'impose pas la foi ; il demande à ses fidèles de n'admettre aucune vérité sans l'acceptation complète de l'intelligence.

Cette religion est enfin toute en esprit et en vérité : elle ne tient compte ni de la personne extérieure, ni du fait apparent ; les actes par eux-mêmes ne sont rien pour elle ; ce qu'elle considère, c'est la volonté cachée, l'intention au fond des actes. La pensée pure, la parole pure, l'acte pur, tel est en peu de mots la morale du Buddha, et la vraie prière est, aux yeux des bouddhistes, la vertu, la justice perpétuellement accomplie, la pitié, l'amour pour toutes les créatures.

Est-ce à dire que le bouddhisme, qui est déjà la foi consciente ou inconsciente de bien des âmes, deviendra la religion idéale, la foi future de l'humanité, comme le pensent quelques esprits ? Nous ne le croyons pas. Si cependant il doit naître une religion ou des religions futures, il se peut que l'une d'elles rappelle par bien des traits cette large Église du bouddhisme, (nous parlons du bouddhisme primitif), si tolérante, si aimante, et qui, s'ouvrant à tous les êtres, étendait à toutes les douleurs cette pitié que le christianisme a seulement réservée à la douleur humaine.

L'âme humaine s'est élevée dans le Buddha à un état de conscience, que depuis elle n'a pas dépassé, que sans doute elle ne dépassera jamais. Elle sut prendre en lui conscience de son néant, et de cette misère des choses, que seule une immense charité peut consoler et amoindrir peut-être.

Oui, l'étonnant, en cette religion bouddhique, vieille aujourd'hui de plus de deux mille ans, est cette conception de son fondateur, conception où semble aboutir aujourd'hui la conscience humaine, que la compassion pour la misère des êtres, que la sympathie, la pitié d'où découlent et découleront à jamais toute charité comme toute justice, est la seule révélation immuable, ou du moins la seule apparence de révélation, qui éclaire la nuit de l'âme et nous guide sûrement en cette vie.

Le Buddha, deux mille ans avant nous, avant Kant, avant cette désespérance moderne où nous a jetés la ruine de tous les systèmes théologiques ou métaphysiques[1], avait entrevu déjà la vanité de tous les systèmes ; il avait entrevu le mensonge de tout, hors de ces réalités tragiques, qui subsisteront éternellement pour les êtres, la mort, la souffrance et le mal, et hors aussi de cette pitié, de cette chose étrange et sublime, que font naître pour les victimes le mal, la souffrance et la mort. Il a donc créé, il y a deux mille ans, une religion éternelle et universelle, la foi que nulle révélation scientifique

1. Les Hindous eurent aussi leurs crises d'angoisse intellectuelle et morale, après la perte en bien des âmes de la foi religieuse ou philosophique, et M. Barth croirait volontiers que le bouddhisme, avec son fond de négation et de positivisme, aurait suivi l'une de ces crises, comme sa conséquence nécessaire.

ne peut diminuer ni contredire, la foi qui peut
s'accommoder aussi bien d'un univers sans Dieu,
que d'un monde régi par un Dieu d'amour et de
justice, la foi qui ne reposant pas sur la nécessité d'un Dieu personnel et juste pour faire de
la justice et de la charité la loi nécessaire de
ce monde misérable, peut ainsi rallier à elle
tous les hommes de cœur et de bonne volonté.
En effet, ce qui certainement survivra à toute
formule religieuse ou philosophique, c'est la
misère des êtres, et la pitié qu'elle inspire : or
le Buddha sur ces deux réalités éternelles sut
appuyer sa religion, et sa religion de la sorte
demeurera peut-être éternelle [1].

Dans l'histoire des religions indiennes il n'est
pas de problème plus obscur que celui du jaïnisme.

Le jaïnisme ressemble si bien au bouddhisme
que l'on peut demander si le bouddhisme est
sorti du jaïnisme ou celui-ci du bouddhisme.
Le Dieu des jaïnas est *Jina* le Victorieux ; et
c'est l'un des noms du Buddha. De nombreux
Jinas l'ont précédé, comme de nombreux Buddhas avant Sakya-Muni sont venus révéler la
loi éternelle. Les Jinas ont leurs déesses, comme
les bouddhistes du Népal ont leurs *Taras*, que
du reste ils ont empruntées au sivaïsme. Même
culte aussi ou à peu près.

---

[1]. Voyez dans ce sens le magnifique mouvement de la
littérature russe contemporaine, et surtout la pensée si
étrangement bouddhique par instant de cet apôtre russe,
le grand comte Tolstoï.

Comme les bouddhistes, ils ont rompu avec la foi aux Védas, et ne reconnaissent pas la suprématie des brahmanes. Ils se partagent comme les bouddhistes en Jainas du Sud et Jainas du Nord, différents par les usages, la doctrine, la littérature canoniques. L'ascétisme, que condamna Sakya Muni, fut exagéré par eux : et peut-être fut-ce l'une des causes qui les séparèrent des bouddhistes. Aujourd'hui encore nul Hindou n'a plus que les jainas le respect de l'*ahinsa*, la pitié pour tout ce qui vit.

Leur doctrine était athée à l'origine, c'est-à-dire qu'ils n'admettaient pas de Dieu créateur ou organisateur du monde. Le monde était donc éternel. Mais peu à peu chez eux, comme chez les bouddhistes, se forma la notion d'un Jina suprême, père des êtres, *Jinapati*. Leur métaphysique également ressemble à celle du bouddhisme et de la philosophie Sankhya.

Leur langue sacrée est l'ardha-magadhi, dialecte prâkrit plus jeune que le pâli, la langue des bouddhistes ; et la rédaction de leurs livres saints, les *Angas*, paraît de quelques siècles postérieure à l'ère chrétienne.

C'est à leur antipathie sans doute contre les bouddhistes, qu'ils ont dû de n'être pas comme eux persécutés et chassés. Ils sont restés dans l'Inde et sont très nombreux au Bengale.

On sait que les bouddhistes paraissent avoir été les initiateurs de l'architecture religieuse. Les jainas, comme s'ils continuaient cette tradition, ont élevé, et presque toujours à côté des temples bouddhiques, de nombreux sanctuaires qui sont parmi les plus beaux de l'Inde. L'architecture jaina forme un des cinq grands styles; et il suffit pour en montrer l'importance de rappeler les merveilleux monuments jainistes de Chittore, le Khirat Khoumb, et l'Araï-din-Ka-Jho-pra, la colline sainte de Sounaghur, dans le Bundelcund, avec ses 80 temples. On les a surnommés les constructeurs magiques; et l'architecture indo-musulmane est sortie de cette grande école.

Leurs idoles sont nues, comme l'étaient leurs philosophes, ces γυμνῆται qu'entrevirent certainement les compagnons d'Alexandre; et l'on peut voir encore dans la vallée de l'Ourwhaï, près de Gwalior, les statues colossales de leurs *Tirthankaras*, dans l'attitude familière aux Buddhas, les jambes croisées, les cheveux frisés, et comme absorbés aussi dans une méditation tranquille.

VI

LE MAHABHARATA [1]

Le Mahabharata [2], la plus vaste des épopées indiennes, qui contient dans l'édition de Calcutta 107 389 *slokas* [3] ou 214 778 vers, en y comprenant les 32 748 vers du Harivansa, n'était certainement à l'origine qu'un *itihasa* de quelques milliers de *slokas*, une antique chanson de geste, célébrant le choc de deux peuples [4]. Puis de siècle en siècle, démesurément agrandi par

---

1. Voir les trad. de H. Fauche (Paris, 1863), de Théod. Pavie, *Fragments* (Paris, 1858, in-12), d'Ed. Foucaux, *Onze épisodes* (Paris, 1862), d'Émile Waltier, le *Mausala-Parva* (Paris, 1864), de Pauthier, *Épisode de Savitri*. Voir encore Monier Williams, *Indian Epic poetry* (Londres, 1863).
2. Le sens du mot *Mahabharata* est peut-être : grande histoire de la race de Bharata, ce fils de Dushmanta et de Sakuntala, et l'ancêtre de Pandu, père des héros du poème.
3. Le sloka est un distique, partagé en 4 hémistiches, et dont chaque vers est de 32 syllabes. L'Iliade avec ses 15 000 vers est donc près de ce poème ce qu'est l'Olympe comparé à l'Himalaya.
4. Cette guerre éclata vers le XIII° siècle entre deux peuples aryer les Pandavas, dernier flot de l'invasion aryenne, arrière-garde demeurée dans le Nord, et les Kauravas, depuis de longues années dans le bassin du Gange, et que sans doute avaient corrompus et affaiblis déjà la mollesse du climat et leurs croisements avec les populations autochtones.

une addition d'innombrables légendes, remanié, transformé par les brahmanes, il est devenu ce monument poétique, vraiment prodigieux, tel que nous le possédons aujourd'hui, de proportions énormes, de lignes confuses, offrant mille parties, mille fragments disparates et mal réunis de provenances ou d'âges très divers, temple gigantesque, dédié désormais à Vishnu-Krishna, et que prolonge encore le *Harivansa*, consacré entièrement à la gloire du Dieu. Les brahmanes en effet, quand ils eurent conquis cette toute-puissance, dont témoigne le *Manava-Sastra*, durent songer à transformer les vieux poèmes guerriers, les *itihasas*, qui célébraient les combats anciens et l'héroïsme des kshatryas, en poèmes, où dominât l'esprit religieux, et où les kshatryas apparussent soumis à la suprématie brahmanique. On reconnait facilement dans le Mahabharata ce travail de recomposition, que nous placerions volontiers vers le vi⁰ siècle ou le v⁰ avant J.-C., époque où le triomphe des prêtres était définitivement assuré [1].

Puis le développement de la religion de Krishna, qui, de kshatrya devenu Dieu, finit par être une incarnation de Vishnu, amena encore dans le Mahabharata des transformations nouvelles, et dont les dernières, telles que la Bhagavad-Gita et le Harivansa, paraissent dater des premiers siècles de notre ère. Le développe-

---

[1]. Mégasthènes, deux siècles plus tard, à la cour de Chandragupta, entendit certainement chanter le *Mahabhara* et le *Ramayana*.

ment de la religion de Krihsna, Dieu que les vieux livres bouddhiques ne nomment jamais parmi les grandes divinités hindoues, fut en effet, selon nous, postérieur à l'avènement du bouddhisme ; et ce nouveau Dieu, que les brahmanes opposèrent si volontiers au Buddha, ne fut qu'assez tard, aux environs de l'ère chrétienne, identifié à Vishnu.

Nous avons vu l'âge des Védas, celui des Brahmanas et des Upanishads, et aussi l'avènement du bouddhisme ; aux religions de Vishnu, de Krishna, de Rama, de Siva correspond dans la littérature hindoue tout un âge nouveau, l'âge des grandes épopées et des dix-huit Puranas.

Le cycle littéraire de Vishnu comprend sans aucun doute les œuvres les plus grandioses du génie indien, le Mahabharata, le Ramayana, et les plus importants Puranas. Les monuments littéraires consacrés à Siva seront moins nombreux, et de beaucoup inférieurs, bien que d'excellents poètes aient été sivaïtes, Calidasa et Bhartrihari par exemple. Les raisons de cette infériorité sont les mêmes, peut-être, qui firent l'infériorité de la littérature bouddhique : le culte de Siva fut longtemps, en effet, un culte populaire et surtout anaryen, et dont les brahmanes assez longtemps se tinrent plus ou moins à l'écart.

Vishnu apparaît à peine dans les Védas ; il n'est alors qu'un des noms du soleil, parcourant les cieux en trois pas [1]. Son rôle dans les Brah-

---

1. Qui ont représenté d'abord le matin, le midi, le soir,

manas reste encore très effacé. Dans le livre de Manu, qui a peut-être un moment représenté la pure orthodoxie brahmanique, il ne figure pas parmi les grands Dieux. Dans le Mahabharata et le Ramayana, du moins tels qu'ils nous apparaissent aujourd'hui, sortes de temples élevés à sa gloire, il est devenu au contraire le Premier des Dieux, celui devant qui s'effacent toutes les vieilles divinités védiques, et cette prééminence, il ne la dispute qu'à Siva. Il faut convenir que ces divinités nouvelles savaient mieux répondre que l'Atman, le Brahman ou le Brahma même des Upanishads et du Manava-Sastra aux besoins des âmes populaires. Ces âmes (et le triomphe du bouddhisme l'est venu prouver) demandaient un Dieu ou des Dieux moins abstraits, qu'elles sentissent en perpétuelle communion avec elles, qui s'incarnât par amour, par pitié pour elles, et se tînt près de leurs tendresses. Tel fut Vishnu; tel fut Krishna; et chez leurs fidèles la foi, la Bhakti, avec ses douceurs, ses rêveries, ses extases, remplaça la science, la seule voie du salut dans les Brahmanas et les Upanishads. Cette science en effet n'était pas accessible à tous; mais tous pouvaient aimer; et l'on comprend que le brahmanisme ait si victorieusement dès lors opposé à la religion du Buddha celle de Vishnu, qui lui aussi s'était incarné pour le salut du monde, et miséricordieux envers tous les êtres, avait pris pitié des plus vils.

puis les trois saisons indiennes, enfin peut-être le passé, le présent et l'avenir.

L'idéalisme brahmanique tendait à distinguer de plus en plus la création du créateur. Le culte de Vishnu, fort peu idéaliste, fut un retour au naturalisme primitif, et Vishnu fut le Dieu infini, mais qui perpétuellement s'incarne en la Nature. La théorie de l'émanation suppose que les choses créées s'obscurcissent de plus en plus en s'écartant de leur source première : à l'idée de la chute devait nécessairement correspondre celle d'une rédemption, et Vishnu fut ce Dieu rédempteur. On sait ses nombreux *avatars* (*avatara*, descente) : d'abord en *Poisson*, qui sauve du déluge le Manu, aïeul de cette race humaine ; puis en *Tortue* (Voy. l'*Astika-Parva*), dont le dos sert de pivot au mont Mandara [1]. Autour de la montagne les Dieux et les Démons ont enroulé l'énorme serpent Vasuki. Tirant en sens contraire, par un mouvement formidable transmis au Mandara, ils barattent l'océan céleste ; il en jaillit l'ambroisie et avec elle, Lakshmi, l'Aphrodite hindoue. Dans le troisième avatar, Vishnu est le *Sanglier* divin, qui de ses gigantesques défenses soulève la terre du fond de l'Océan, où un démon l'avait précipitée.

Le quatrième avatar est celui de l'*Homme-lion* (moitié homme, moitié lion) ; Vishnu, sous cette incarnation, détruit le démon Hiranya-Kasipu, qui avait vaincu et soumis les trois mondes.

L'avatar du *nain* est le cinquième. Nous avons

---

1. Mais dans la version du Mahabharata, le poisson sauveur et la tortue sont des incarnations de Brahma, non de Vishnu encore.

dit que le vieux mythe du soleil nain, qui en trois pas, le matin, le midi, et le soir, prend possession de l'univers, était l'origine de cette légende, où Vishnu, sous l'apparence d'un nain, reconquiert le monde sur le démon Bali. L'avatar de *Parasu-Rama*, du *Rama à la hache*, ancien Dieu peut-être du feu et de la foudre, paraît symboliser la victoire des brahmanes sur les kshatryas (Bagh. Purana, l. IV, ch. xv). Ce Parasu-Rama, nous le voyons dans le Mahabharata se mesurer avec Rama-Chandra et Bhisma, puis reconnaître son identité avec eux, ce qui symbolise sans doute la réconciliation opérée entre les deux castes. Le septième avatar est celui de Vishnu en *Rama-Chandra*, ou Rama pareil à la lune, le héros du Ramayana. En lui Vishnu s'est fait homme, pour tuer le démon Ravana. *Krishna*, ancien Dieu, croit-on, du soleil nocturne, et dont la légende se confondit peu à peu avec celle de quelque chef de clan, est la huitième des incarnations de Vishnu. Dans Krishna, aujourd'hui le plus populaire des Dieux de l'Hindoustan, au Bengale surtout, c'est le Dieu tout entier qui s'est révélé à la terre. Il est venu au monde, à la fin du troisième âge, pour tuer le tyran Kansa, personnification encore de l'esprit du mal, comme Ravana ou Bali. C'est à sa mort que commence le quatrième âge, l'âge actuel du monde, le *Kali-Yuga*, correspondant à l'âge de fer de nos races gréco-latines. L'histoire des dernières années de Krishna et celle de sa mort furent intercalées dans les recensions dernières du Mahabharata; quant aux légendes sur sa naissance, son enfance, sa jeunesse et ses amours, elles seront le sujet du Harivansa.

Enfin dans le quatrième âge du monde, pour mieux tromper et perdre les démons, en leur enseignant le mépris des Védas et du sacrifice, il a pris la forme du *Buddha*, du réformateur détesté. A la fin du quatrième âge, Vishnu sera *Kalki*. Un sabre à la main, flamboyant comme un météore, il surgira dans le ciel, ce que fera le dernier Buddha pour le châtiment des impies et la régénération du monde. (Vishnu Purana IV, 24.)

Vishnu, après avoir emprunté aux anciennes divinités brahmaniques quelques-uns de leurs attributs et de leurs mythes, prit aussi certains caractères du Buddha, surtout sa mansuétude et sa tendresse.

Ainsi ce simple nom de Vishnu, dont quelque matin parmi les vallées du Pendjab un rishi ou un pâtre obscur salua le soleil, ce nom est devenu peu à peu une gigantesque entité divine, qui de siècle en siècle a envahi tout le ciel hindou. Cette religion, si vaine qu'en ait été l'origine, n'en est pas moins demeurée jusqu'à nos jours la foi de plusieurs millions d'âmes. Elle a rempli ses dévots de terreur ou de joie, d'épouvante ou d'extase ; elle a excité d'ardents fanatismes, fait éclore des pensées sublimes, fortifié, exalté ses fidèles ; elle les a soutenus dans les douleurs, dans les humiliations de la vie, et pour eux a transfiguré la mort, emplissant sa nuit de lumière. Devant ce spectacle, n'est-on pas tenté de croire, ainsi que le pensaient les Hindous, que Maya, l'Illusion, est la grande Déesse, et que le rêve se distingue à peine de la réalité, et la réalité du rêve? Monde étrange où la folie, l'hallucination, les divins délires ont eu plus de part souvent dans la vie, dans la consolation et le progrès de l'humanité, que la sagesse tranquille et la raison calme. Après tout, ces adorateurs de Vishnu, qu'adoraient-ils? l'infini : et n'étaient-ils pas par là dans la vérité éternelle?

En même temps grandissaient, parmi les populations pastorales et agricoles de la vallée de la Jumna ou du Gange, d'autres divinités populaires, qui bientôt furent assimilées à Vishnu, quand se forma cette doctrine des *Avataras*, particulière au vishnouïsme, et que ni le védisme, ni le brahmanisme primitif, ni le sivaïsme ne connurent.

Krishna, qui est le vrai héros et le vrai Dieu du nouveau Mahabharata, fut simplement sans doute, comme le confirmeraient les parties anciennes du grand poème, un soldat glorieux, un chef d'*outlaws* peut-être, qui un jour poussa ses bandes contre le rajah de Mathura, le vainquit, le détrôna, et devint plus tard, comme Romulus, une divinité locale. Puis sa légende peu à peu se mêla et se confondit avec celles de divinités solaires, et son rôle de Dieu pasteur, c'est-à-dire de Dieu solaire, effaça peu à peu celui du Dieu guerrier.

Voici sa légende, telle qu'elle apparaît dans le Harivansa, ouvrage, avons-nous dit, d'une époque relativement récente.

Fils de *Vasudeva* ou de *Vasu* (le Brillant)

et de *Devaki* (la Divine), il naît parmi les Yadavas, à Mathura, la Mathra moderne, près d'Agra, sur la Jumna. Dès sa naissance un danger de mort le menace. Son oncle, le roi Kansa, l'Hérode hindou, ayant rêvé qu'un de ses neveux devait l'assassiner, a ordonné leur massacre.

Krishna et son frère, *Bala-Rama* (*Rama* le fort), divinité agricole sans doute, sont cachés dans le *Vrindavana*, chez un pâtre, et Krishna passe, comme Apollon, sa jeunesse parmi les bergers. Sa force est divine, son enfance héroïque. Comme Phoïbos ou Hérakles, il détruit les monstres, et comme tous les héros hindous, protège les anachorètes, dont la vie dans les forêts et les jongles était mise sans cesse en péril par les fauves ou par les sauvages. Ses amours avec les *gopis*, les bergères du Vrindavana, rappelleront les légendes si souvent lascives des Dieux de l'atmosphère. Mais ce côté de son histoire divine ne se développera que plus tard, aux temps surtout des Puranas, à une époque de décadence et de voluptueux alanguissement des âmes [1].

Les deux frères ont grandi. Le roi Kansa est tué par eux. Krishna règne sur les Yadavas, et prend part à la grande guerre, que chante le Mahabharata. Krishna (et ici encore l'histoire perce sous la légende) transporte, après une défaite, tout son peuple dans la ville de *Dvaraka*, « la ville des portes du couchant », splendide-

---

[1]. C'est sous cette forme d'un beau berger dansant devant les bergères de Mathura, qu'il figure sur la plupart des bas-reliefs.

ment bâtie aux bords de l'océan Indien, peut-être, selon la tradition, dans cette presqu'île de Guzerate, toute remplie aujourd'hui encore de la gloire et des souvenirs du Dieu. Une catastrophe survient : la mer engloutit la ville, et le Dieu, après avoir vu périr presque tout son peuple, meurt bientôt lui-même frappé, comme Achille, au talon[1]. Rukmini, sa femme, deviendra l'incarnation de Sri, quand Krishna sera devenu l'incarnation de Vishnu.

M. Weber a, le premier peut-être, signalé quelques concordances singulières, qui existent entre l'histoire de Krishna et celle du Christ ; mais nous croyons que leur importance a été très exagérée. Il est tout simple que des données semblables, la naissance d'un homme-Dieu, et sa venue parmi les pasteurs, aient fait naître en se développant quelques ressemblances entre les deux légendes, mais dont la plupart sont pour nous fortuites[2].

Dans le culte de Krishna, les tendresses de la bhakti, de la dévotion particulière aux religions sectaires, iront jusqu'à un véritable délire de mysticités sensuelles, où se complaira toute une foule d'âmes brûlantes et mystiques, comme le furent sans doute celles qui s'attachaient si

1. Trait qui appartient encore à l'histoire des divinités solaires.
2. Il se pourrait cependant que quelques traits de la légende du Christ se fussent introduits dans l'Inde vers le II° siècle par ces missionnaires qui fondèrent la première église chrétienne ; mais il paraît impossible d'imaginer un seul emprunt direct fait par la religion du Christ à cette religion hindoue, dont le développement serait, nous le croyons du moins, plutôt postérieur qu'antérieur à notre ère.

ardemment ailleurs aux cultes d'Adonis, d'Osiris ou de Dionysos.

Les cinq héros du Mahabharata, les fils de Pandu, seront plus tard divinisés eux-mêmes, et ils sont, de nos jours encore, adorés de certains Hindous.

Quant à Rama, le héros du Ramayana, cet autre Dieu populaire, et qui devint aussi une incarnation de Vishnu, sa religion paraît de formation plus récente. Nous étudierons sa légende dans le Ramayana.

Les théologiens firent de Vishnu la seconde personne de la Trimurti. Cette conception de la Trimurti n'est pas fort ancienne : elle est postérieure certainement au Manava-Dharma-Sastra, et nous paraît contemporaine des rédactions dernières du Mahabharata. Elle ne put se former que du jour où les cultes de Vishnu et de Siva prirent une importance égale, sinon supérieure, à celui de Brahma. La Trimurti, c'est la triple manifestation, et l'idée des incarnations apparaît là encore ; mais c'est Brahman, c'est le Dieu impersonnel, abstrait, sans qualités, sans formes, le Dieu du vieux brahmanisme qui s'incarne et se manifeste en Brahma, Vishnu et Siva. Brahma est donc sa manifestation première, c'est ce démiurge, à qui Brahman un jour ouvrit l'abîme de son être, le gouffre où sommeillait tout le monde des formes, et qui reçut de lui le pouvoir de les évoquer à la vie. Mais le culte de Brahma fut éclipsé bientôt par ceux de Vishnu et de Siva, de Vishnu, qui entretient la vie, et de Siva, qui la détruit.

En réalité, chacun de ces trois Dieux resta toujours pour ses fidèles le Dieu suprême, dont le Dieu rival ne fut qu'une apparence et l'un des noms. Des légendes se formèrent en vue d'établir leur identité, mais longtemps sans doute après que des luttes religieuses eurent violemment opposé l'une à l'autre ces divinités et leurs sectes. Pour nous la conception de la Trimurti est sortie tout d'abord du besoin de concilier les trois religions en présence, celles de Brahma, de Vishnu, de Siva, et de la nécessité aussi, étant donnée la doctrine ancienne d'un Dieu suprême, impersonnel, sans qualités, sans forme, d'expliquer la création et les révolutions du monde. L'âme universelle, Brahm, ou Brahman, manifestant tour à tour les trois qualités, ou *gunas*, de la philosophie Sankhya, devint ainsi Brahma, par la qualité de *raja* (l'activité), Vishnu, par la qualité de *satva* (la bonté), et Siva, par la qualité de *sama* (l'obscurité), mêlées toutes trois à son essence. Cette idée d'une trinité divine, qui fut, comme on le peut penser, bien plus une imagination de théologien qu'une création populaire, cette idée aurait-elle eu pour première origine la notion parvenue jusqu'à l'Inde de ces divinités ternaires, adorées depuis longtemps dans les sanctuaires de l'Egypte ou de la Chaldée, ou est-elle sortie des Védas, qui déjà nous montrent quelques triades sacrées, les trois formes du feu par exemple, les trois divisions du monde, et les 33 Dieux (3×11), c'est un point très obscur de l'histoire religieuse et que nous n'avons pas à éclairer ici. Malgré cette doctrine de la Trimurti, les deux sectes des Vaïchnavas et des Çaïvas demeureront parfaitement distinctes. Leur Dieu pour chacune d'elles restera le Dieu suprême, et la conscience de l'Hindou flottera perpétuellement de la sorte d'un indécis monothéisme à un polythéisme et à un panthéisme confus.

Un plan clair, peu chargé de détails, n'est pas inutile pour se reconnaître en cette forêt immense du Mahabharata, où la végétation débordante, le fouillis, l'entrecroisement des légendes, des récits, des épisodes, des dissertations morales et religieuses, en masquent si souvent la profondeur et l'ensemble, arrêtent, à tout moment, le regard et la marche.

Après des invocations religieuses, après la fabuleuse histoire de Vyasa (le Compilateur), le légendaire auteur du Mahabharata, et l'ancêtre des héros dont il chante les destinées sublimes, le premier livre, l'Adi-Parva, donne la généalogie des deux familles rivales, les *Pandavas* et les *Kauravas*. *Pandu* « le pâle », fils de *Vyasa*, et père de *Dhritarashtra*, le roi d'Hastinapura, avait deux femmes, *Kunti* et *Madri*. Mais maudit par un brahmane, il est condamné à n'avoir pas d'enfants ; ses cinq fils, les héros du Mahabharata, naissent de l'union de Kunti et de Madri avec des Dieux : *Yudhishtira* (Ferme au combat) est le fils de Kunti et du Dieu de la mort, de Yama ; *Arjuna* (l'Éclatant) naît de Kunti et d'Indra ; *Bhimasena* (le Terrible) de Kunti et de Vayu, le Dieu du vent ; *Nakula* et *Sahadeva*, naissent de Madri et des deux Aswins.

Pandu meurt, et ses cinq fils sont conduits au palais de leur oncle, Dhritarashtra [1]; ils y sont élevés en compagnie de ses cent fils. Mais les fils de Pandu, qui, doués d'une force surhumaine, purs, sans peur, fidèles à la parole donnée, pieux envers les brahmanes, possédant la science sacrée, représentent les types de l'héroïsme selon l'idéal brahmanique [2], ont excité la jalousie de leurs cousins, les Kauravas, et ceux-ci ont résolu leur perte. Le feu est mis à une maison de laque, où se trouvaient les cinq frères; ils s'échappent [3], se font passer pour morts, et quelque temps, sous des vêtements religieux, restent cachés dans les forêts. La nouvelle leur parvient un jour, qu'à la cour du rajah *Draupada* allait s'ouvrir, pour le mariage de *Draupadi*, sa fille, surnommée Krishna, la brune, un *swayambara* (sorte de tournoi où les jeunes princesses donnaient leur main à celui qui par une action d'éclat savait la conquérir). Déguisés en *brahmacaris* (étudiants religieux), les cinq frères entrent dans la lice.

1. Dhritarashtra était aveugle. Quand Gandhari, sa femme, l'apprit en se fiançant à lui, elle mit sur ses yeux un bandeau « pour que son mari n'eût rien à envier d'elle ».
2. Bhimasena, le terrible, le fils du Dieu du vent, diffère de ses frères par son courage brutal, ses violences, ses colères, sa vantise aussi. Les deux héros sublimes sont Yudhisthira et Arjuna, fermes et purs, toujours généreux et chevaleresques.
3. « Bhimasena le géant, armé d'une force prodigieuse, saisit Kunti, sa mère, sur une épaule, deux de ses frères autour de ses reins, ses deux autres dans ses mains, et il s'enfuit ainsi, écrasant, renversant les arbres, terrible et rapide comme un ouragan. » Par ces premiers traits, on voit déjà l'épopée gigantesque et plus divine qu'humaine.

Arjuna tend l'arc gigantesque, qu'aucun des rajahs présents n'avait pu plier; il frappe le but de sa flèche, et est acclamé vainqueur. Mais les kshatryas, se révoltant contre une victoire qu'ils croient la victoire d'un brahmane, provoquent le rajah ; l'on en vient aux mains, et Draupada les repousse avec le secours des cinq fils de Pandu, et de leur allié *Krishna*, le rajah des Yadavas, et le grand Dieu futur du Mahabharata.

La princesse Draupadi va devenir la femme d'Arjuna ; mais sa beauté surhumaine a également ébloui et troublé les frères du héros, et tous pour elle, en leur fureur d'amour, vont se battre et verser leur sang, quand intervient une révélation du ciel, décidant qu'elle sera la femme des cinq frères [1].

Dhritarashtra, malgré la résistance de ses fils, abandonne alors à ses neveux, dans la vallée de la Yamuna, le territoire d'une immense forêt jusqu'alors consacrée à Siva ; ils la défrichent, et en l'honneur d'Indra y bâtissent la ville d'Indraspatha, près de l'emplacement de la Dehli moderne.

Mais Draupadi, dont la grande attitude, la beauté tragique et barbare, font songer en ce poème à certaines figures de Michel-Ange, est l'occasion encore, la cause involontaire de jalousies farouches entre les cinq frères, ses époux : et Arjuna, pour que cette dissension s'apaise,

---

1. La polyandrie est en usage encore parmi certaines tribus thibétaines de l'Himalaya.

consent à partir et à errer seul pendant douze années à travers les forêts et les jongles.

La puissance des Pandavas s'étend. L'aîné des frères, Yudhishtira, a résolu de consacrer par le sacrifice royal de l'*aswamedha* (le sacrifice du cheval) sa suzeraineté sur les pays de la Yamuna et du Gange. Mais la cérémonie du sacre est troublée par deux duels héroïques et formidables, l'un entre Bhimasena et *Djarasandha*, rajah du Magadha, adorateur de Siva, et l'autre, entre Krishna et *Sisupala*. Djarasandha et Sisupala sont tués, et ce combat et cette mort seront le sujet d'un poème célèbre de Magha, le Sisupala-Badha. Yudhishtira est proclamé le souverain, le *sannât* de cette région de la Yamuna et du Gange.

Duryodana, le fils aîné de Dhritarahstra, ne peut supporter la gloire croissante de ses cousins. Rêvant une fois de plus leur perte, il les fait engager par le vieux Dhritarashtra, dont la faiblesse paternelle cède trop souvent à la perfidie de ses fils, à se rendre à Hastinapura. Avec la confiance, la bonté naïves, particulières à certains héros d'épopées, les cinq fils de Pandu acceptent l'invitation qui leur est faite; et Yudhishtira, dans une partie de dés, perd peu à peu, pris de vertige, ses trésors, ses armées, la liberté de ses frères, la sienne et Draupadi même.

Draupadi est esclave. Duryodhana publiquement l'outrage. Le vieux Dhritarashtra, dont la complaisance pour ses fils avait d'abord tout laissé faire, soudain effrayé de certains présages, et révolté par cette injure, ordonne que la liberté soit rendue à Draupadi et aux cinq frères.

Mais à peine libre, Yudhishtira, passionné comme un joueur et impatient de venger sa défaite, se laisse tenter encore. Il revient à la cour de Dhritarashtra, et crédule toujours, se fiant à la générosité de son oncle, il rejoue, et perd, une seconde fois, sa liberté, celle de ses frères et de Draupadi. Duryodhana les condamne à passer dans les forêts douze années d'exil ; et à la treizième année seulement, il leur sera permis de rentrer dans une ville, mais sans s'y laisser reconnaître.

Les cinq frères et Draupadi se retirent dans des bois voisins de la Saraswati. Ils y demeurent douze années, sous des vêtements de religieux, traqués, menacés sans cesse par les Kauravas, mais héroïques toujours, protégeant les anachorètes, et se purifiant à cette vie d'austérités et de combats (Vana-Parva)[1].

Ils ont fini leur temps d'exil. Ils se rendent chez les Matsyas, et là, déguisés toujours, ils obtiennent à la cour du rajah *Virata*, l'un de leurs alliés d'autrefois, des charges inférieures (Virata-Parva).

[1]. Noter dans le Vana-Parva, parmi les principaux épisodes, celui du montagnard, où la lutte d'Arjuna et de Siva, sous la forme d'un chasseur de montagnes, et l'ascension au ciel d'Arjuna. A noter encore le duel de Rama et de Parasu Rama, tous les deux incarnations de Vishnu et qui à la fin du combat reconnaissent leur identité; l'un représentait la caste des guerriers, l'autre, des brahmanes; la descente de la Ganga, le combat de Vritra, l'épisode du Pigeon et du Faucon, qui reparait au XIII° livre; l'épisode du déluge; le dialogue du serpent Nahusha; enfin les deux adorables épisodes de Nala et Damayanti, et de Satyavan et Savitri.

Les Kauravas envahissent le pays ; le rajah et son peuple sont sauvés par l'intervention d'Arjuna, qui, simple écuyer du fils de Virata, à un moment où fléchissaient les troupes, a revêtu son armure d'or, pris son arc invincible, s'est offert seul au choc de l'ennemi, l'a épouvanté par son terrifiant aspect, l'a mis en fuite, puis rentrant dans son obscurité, a laissé au jeune prince l'honneur de la victoire. Mais comme ils sont à la fin de leurs années d'exil, les héros un jour se révèlent. En costumes royaux, ils ont pris place dans la grande salle du palais, sur les sièges d'or. Comme le rajah allait les châtier de leur audace, Arjuna se nomme et présente ses frères. Le rajah offre sa fille au héros qu'il admire et qu'il aime, et met à la disposition des cinq frères, pour reconquérir leur royaume, tous ses trésors et son armée.

La guerre est rendue nécessaire par les violences et l'arrogance des Kauravas qui repoussent toute conciliation. (Udyaga-Parva, V° livre [1].) Les deux armées se rencontrent au Kurukshetra (aujourd'hui la plaine de Panniput, près de Sirdhana et de Dehli). Une effroyable mêlée commence alors, un choc immense de rajahs et de peuples, qui dure 18 jours, et dont l'interminable récit remplit dans le poème cinq chants entiers, les VI°, VII°, VIII°, IX°, et X° [2].

---

1. Dans l'Udyaga-Parva est exposée une partie de la doctrine du Yoga que développera la Baghavad-Gita, au livre suivant, le VI°, le Bhishma-Parva.

2. Le X° chant, le Sauptika-Parva, le chant de nuit, l'attaque nocturne du camp des Pandavas est à signaler surtout. On voit dans le X° chant Siva, l'allié des Kau-

Ce combat formidable finit par l'extermination des Kauravas.

Les cent fils de Dhritarashtra et leurs alliés ont péri. Le vieux roi, veuf de tous ses fils, gémissant comme l'antique Priam, se traîne sur le champ de bataille, accompagné par la reine et par les mères, par les filles, par les femmes en pleurs des héros qui ont succombé, pour reconnaître les cadavres. Cette foule en deuil rencontre l'armée victorieuse. Les lamentations du vieux roi redoublent devant ses neveux, les tueurs de ses fils, et la reine lance à Krishna des imprécations qui plus tard causeront sa mort. (Stri-Parva, XI° livre.)

Mais toutes ces haines et ces douleurs s'apaisent. Dhritarashtra pardonne à ses neveux, qui l'aident à faire aux héros, couchés dans la plaine, de splendides funérailles.

Cependant ces hideuses batailles, l'horreur de tout ce sang versé ont laissé dans l'âme de Yudhisthira une amertume profonde et le dégoût d'un trône si chèrement acquis. Il veut abdiquer; mais Vyasa, son aïeul, lui apparaît, et lui rappelant les devoirs des rois, l'oblige à garder sa couronne. Il fait bientôt son entrée triomphale dans la ville d'Hastinapura et laisse à Dhritarashtra l'honneur de s'avancer en tête du cortège. Le vieux roi, à qui les fils de Pandu cherchent par leur vénération à faire oublier ses

---

ravas, déchaîner ses légions de monstres fantastiques, qu'on retrouve dans la tentation du Buddha, dans celle de Sita, et, chose curieuse, dans nos tentations de saint Antoine.

douleurs, les aide de ses conseils dans l'art de gouverner les peuples. La puissance des Pandus jette un splendide éclat. Pour lui donner une consécration solennelle, un nouvel Aswamedha (sacrifice du cheval) est résolu (Aswamedhika-Parva). Après ce nouveau sacre, le roi Dhritarashtra, sentant sa fin prochaine, s'éloigne du palais de ses neveux. Avec sa femme, avec sa belle-sœur, Kunti, la veuve de Pandu, et un vieil écuyer, il se retire parmi les bois, afin d'y passer, selon la loi sainte, les derniers moments de sa vie en méditations religieuses. Mais tous bientôt périssent dans un incendie spontané de la forêt (Asrama-Parva, « le livre de l'ermitage », XV° livre). Jadis Gandhari, près des cadavres de ses fils, avait maudit Krishna vainqueur. Toute malédiction, fût-elle injuste, avait aux yeux des Hindous une sorte de puissance magique, dont l'effet était à redouter toujours. Krishna, le rajah glorieux des Yadavas, voit dans un festin gigantesque s'entretuer ses sujets; et lui-même, quelque temps après, il périt, frappé par un chasseur, Djara (Caducité), qui d'une main inconsciente exécute l'arrêt du Destin. (Mausala-Parva, « livre des réunions populaires », XVI° chant [1]).

Arjuna recueille son harem, et les amazones qui composaient sa garde. Sur un bûcher magnifique il fait brûler le corps du grand rajah et avec lui toutes ses femmes. Puis il emmène les survivants de ce malheureux peuple, que décime encore l'attaque des Dyasus.

1. Trad. par Em. Wallier, 1864.

Yudhisthira, en apprenant la mort de Krishna et la ruine des Yadavas, revient à sa pensée d'abdication et de retraite. Impatient de pénitences, il quitte sa ville ; il est dans sa retraite suivi par ses frères et par Draupadi, qui ont pris comme lui le vêtement des ascètes. Ils marchent vers l'Orient, pleins de dévotion, et décidés à pratiquer la loi du renoncement. Ils franchissent bien des pays, des fleuves, de grands lacs. Yudhisthira s'avance en tête : Bhimasena vient derrière lui, ensuite Arajuna, puis Nakula et Sahadeva; puis « la meilleure des femmes, Draupadi, à la taille élégante, aux yeux plus beaux que le lotus » ; enfin un chien les suit. Ils se dirigent vers le saint mont Méru, et parmi les brouillards, les neiges, les glaciers de l'Himalaya, ils commencent leur ascension sublime, leur marche vers le pays de l'éternelle paix. Ils montent, recueillant leur esprit, perdus dans une pieuse extase. Mais subitement Draupadi tombe, et elle meurt en punition d'une faute ancienne. Ils continuent leur route. Chacun des frères de Yudhisthira tombe et meurt à son tour, en expiation de quelque péché d'autrefois. Yudhisthira, poursuivant sa marche, s'avance les yeux fixés vers le but céleste, et n'ayant plus que son chien près de lui. Indra se présente et lui offre l'entrée du ciel. Yudhisthira ne veut monter sur le char du Dieu qu'avec ses frères et Draupadi, demeurés sans vie sur la route. Indra lui répond qu'il les retrouvera dans le ciel, où ils sont déjà. Le héros lui demande alors s'il acceptera sur son char ce pauvre animal qui le suit et lui fut si dévoué toujours, « car il n'a pas l'âme assez dure pour le renvoyer; » et comme Indra refuse, le héros à son tour repousse l'offre du Dieu. Enfin la résistance d'Indra est vaincue par la générosité du héros, et Yudhisthira en compagnie de son chien, qui n'est autre que Yama son père (car une âme divine se peut cacher en tous les êtres), fait son entrée dans le *Swarga*.

Il y voit tous ses anciens ennemis, Duryodhana et ses fils, mais il ne voit ni ses frères ni ses compagnons d'armes; on lui dit qu'ils sont aux enfers. Il quitte aussitôt le ciel, va les rejoindre. « Descente sinistre, effroyable... en de noires ténèbres, empestées de cette odeur de péché, que partout exhalent la chair et le sang : en des lieux tout remplis de cadavres, hérissés d'ossements et de chevelures, fourmillants d'insectes et de vers. Il marche au milieu des cadavres, dans cette odeur de mort, les cheveux dressés d'horreur..... devant lui la forêt des glaives balance ses feuilles acérées. » Des monstres infernaux l'assiègent, l'épouvantent, un moment il hésite de fatigue et d'horreur; mais tout à coup des gémissements lui arrivent :

« Hélas! reste un instant, pour adoucir nos peines. Autour de toi voltige un souffle délicieux : c'est le parfum de ton âme pieuse : il nous rend le calme, ce calme longtemps attendu. Reste ici, car en ta présence nous cessons de souffrir. » Ému de ces plaintes lamentables, le héros soupire, il a reconnu ces voix chéries, et, tout à coup, consterné, accusant la justice divine, s'agitant au sein de cette atmosphère étouffante, il crie au messager : « Va, remonte vers ceux dont tu remplis les ordres; quant à moi, je renonce à retourner au ciel; ceux que j'aime sont ici; je demeure auprès d'eux; ils souffriront moins en me voyant. » Le guide regagne le palais d'Indra, et apprend au maître des Dieux la volonté du descendant de Bhârata. « Mais après que Yudhisthira eut été laissé quelque temps dans cette région des châtiments, Indra, Yama et toutes les autres divinités descendirent dans l'abîme infernal. Aussitôt la lumière, émanée de tant de vertus réunies, dissipa les ténèbres, et les tortures des méchants finirent. Plus de fleuve enflammé, de forêt épineuse, de lacs de feu, de rochers d'airain; plus de cadavres affreux : un souffle doux, embaumé se répandit sur les traces des Dieux; et l'enfer fut illuminé de l'éclat radieux du ciel[1]. »

Les Dieux acclament le héros; et les fils de Pandu font leur ascension dans le ciel, où ils redeviennent les personnages divins, qu'ils étaient avant de s'incarner sur la terre, pour venir en compagnie de Krishna soutenir ce grand combat contre le mal et pour le bien. Ainsi finit le Mahabharata, par la réconciliation, dans la lumière, de ces races et de ces Dieux ennemis. Les Dieux eux-mêmes, longtemps en guerre, Dieux de races diverses, Siva et Krishna, Hara et Hari, se rapprochent, se confon-

---

1. *Revue Orientale*, t. II, trad. d'Eichoff.

dent, reconnaissent à la fin leur identité divine [1].
« A quoi donc avaient pu servir toutes ces luttes, se demande Yudhisthira; nous nous sommes détruits les uns par les autres... Maudite soit la violence qui parmi nous amena tant de maux !... Et combien sont préférables la résignation, l'empire sur les sens, la pureté, l'abnégation, l'absence de toute envie, l'horreur du meurtre, les vérités que pratiquent les ascètes, retirés au fond des forêts [2]... »

Nous ne connaissons en aucun poème épique, si ce n'est peut-être dans le Ramayana, un finale plus grandiose, et d'une progression plus large et magnifique. L'exécution malheureusement en est trop souvent inférieure à l'idée.

Tel est l'abrégé de ce poème que des interpolations sans nombre ont si démesurément étendu et que des remaniements successifs ont entièrement transformé : ainsi le 12e et le 13e chant, peut-être le 16e, peut-être aussi le 17e, le 18e et certainement la Baghavad-Gita sont pour nous des parties ajoutées.

Dans la primitive chanson de geste, Krishna sans doute n'était donc qu'un rajah, un héros parmi ces héros; quand se fut formée sa légende divine, il fallut modifier dans ce sens le Mahabharata tout entier. Mais sur un si grand poème et qui peut-être n'était pas encore fixé par l'écriture, ces raccords furent le plus souvent malhabilement faits, et l'on devrait s'étonner de

---

1. Voir le Harivansa.
2. Plaintes de Yudhisthira après le grand massacre. (Santi-Parva ou Anusasana-Parva.)

ce peu de critique et de goût apportés en ces
recensions diverses, si l'on ne savait que la critique et le goût sont pour nos races des qualités récentes et presque toujours inconnues
de l'Orient. Et c'est ainsi que la vieille chanson de geste, antérieure certainement au Manava-Sastra et à l'avènement du bouddhisme,
devint un grand poëme religieux, une sorte de
Bible fabuleuse, déroulant à peu près toute
la légende divine et la légende humaine, telles
que se les représentaient l'une et l'autre les
sectateurs de Krishna-Vishnu vers le premier
siècle de notre ère. A tous les points de vue,
le désordre est grand dans le Mahabharata.
On comprend qu'à une telle œuvre longtemps
conservée de mémoire, les rhapsodes aient facilement apporté des variantes et des additions
sans fin. Certains épisodes, certains lieux communs s'y répéteront plusieurs fois. Et nulle harmonie dans la composition du poëme. Par un
procédé familier aux littératures orientales, dans
le Mahabharata, ainsi que dans les Mille et une
nuits, un conte, un récit en fait naître un autre,
et tous ces contes, ces récits, ces légendes, sortant l'un de l'autre, se multipliant à l'infini,
compliquent singulièrement encore l'ordonnance déjà si confuse de cet énorme monument
poétique. Si l'une de ces légendes est trop longue, l'autre est trop courte : et ce n'est donc
pas ici cette juste mesure que donnent à leurs
compositions le génie plus modéré et l'esprit
plus critique de nos civilisations gréco-latines.
Ce poëme, c'est la forêt indienne exubérante et

trop touffue, avec ses inextricables broussailles, ses lacis de plantes parasites, mais par endroits aussi ses explosions de fleurs éclatantes, ses splendeurs, sa fascination, son charme, ou ses sanglants et terrifiants mystères.

Sans doute le Mahabharata par ses longueurs, ses digressions continuelles, et le pêle-mêle de ses récits est, comme tant d'œuvres du génie hindou, d'une lecture aujourd'hui difficile. Mais quand on est près de reculer, rebuté par tant de fatigues et d'efforts, tout à coup de telles beautés apparaissent, qu'oubliant alors tous les accablements, les dégoûts, l'on est ébloui ou charmé, comme ces voyageurs qui dernièrement dans l'Indo-Chine découvraient à demi enfoncés dans les marais et sous la végétation tropicale les villes, les temples, les palais féeriques des anciens royaumes du Cambodge. A tous les défauts de ce poème sont mêlées, en effet, d'étonnantes beautés: au poète et à l'artiste le Mahabharata offre des scènes épiques d'une incomparable grandeur; il déroule pour eux de merveilleux paysages, il fait étinceler des palais magiques, des villes rayonnantes, il déploie toute une création fantastique, où les reptiles, les poissons, les oiseaux et les gazelles parlent, où la doctrine de la métempsycose prête à chaque être une vie mystérieuse, tragique et passionnée; où d'innombrables créatures, vagues, ambiguës, à moitié animales, à moitié humaines, quelquefois divines, semblent passer, comme les visions d'un rêve dans l'éternité de la Pensée divine. Pour le poète et l'artiste, c'est tout un monde nouveau de sensations et d'images : glorieux paysages, merveilleux palais, villes radieuses, batailles grandioses, où se heurtent, somptueusement parés, les formidables éléphants de guerre, charmantes apparitions de femmes, faisant à leurs chevilles tinter leurs *nouparas* d'or et sur leur passage dégageant, dit le poète, comme un parfum de fleurs. C'est dans ce poème déjà tout l'Orient splendide qui se révèle à nous.

Voici la mer, « pleine de pierreries et de monstres, éblouissante avec des rires d'écume, et çà et là dansant avec ses mains de vagues ».

Vinata et Kadru, quand la nuit eut commencé à blanchir, vers le matin, au lever du soleil, empressées, impatientes, coururent sur le rivage... Là elles virent la mer, immense réceptacle des flots, la mer avec ses eaux profondes, la mer avec son grand bruit, peuplée de poissons et de baleines, de requins, d'êtres sans nombre, effroyables, horribles, de toutes formes, semée de tortues et de crocodiles, la mer terrible et dont la clameur épouvante, infranchissable en ses tournoiements profonds, jetant la peur au sein des créatures ; la mer se balançant sur ses rivages sous le vigoureux souffle du vent, se cabrant par la fougue de son agitation, ou dansant çà et là et remuant ses mains de vagues ; la mer pleine de flots qui se gonflent, lorsque s'accroît la lune ; la mine la plus riche de pierreries, la mer qui a produit Panchajanya, la conque de Krishna. Troublée jadis jusqu'au fond d'elle-même par l'adorable Govinda, à la force sans mesure, quand sous la forme d'un sanglier il cherchait la terre sous son onde agitée ; cette mer, dont Atri, le Brahmarshi, engagé par un vœu, ne put en cent années trouver la profondeur, et qui s'appuie impérissablement sur la voûte de Pâtâla ; cette mer, la sombre couche de Vishnu à la splendeur infinie, au nombril de lotus, quand au commencement de la rénovation du monde il savoure l'extase de son absorption au sein de l'Absolu ; elle qui rassure le mont Maïnaka, effrayé par la chute de la foudre ; elle, l'asile des Asuras, vaincus par les Dieux ; cette mer, qui verse l'offrande de son onde à Agni, allumé dans la bouche de Vadava (le feu sous-marin), incommensurable, la reine des rivières, apparut aux deux sœurs ; et elles contemplaient le vaste Océan qui semblait danser par ses vagues, et vers lequel, regorgeant d'eaux profondes, se dirigeaient sans cesse une infinité de grands fleuves...[1] (Astika-Parva, 1207 et s.)

Cette description continue encore, longue, abondante, pleine de redites.

Richement colorés sont tous les paysages. Ici des forêts qui s'étendent, « belles comme des masses de drapeaux » ; là des rivières qui coulent et dont les eaux, « brillantes comme des pierreries, ont des teintes de perles ou le bleu du lapis[2] ».

Voyez ce bois délicieux, où au rajah Dushmanta apparaît Sakuntala, la vierge « adorable, de beauté parfaite, toute rayonnante de pénitences » :

Dushmanta était entré dans un bois ravissant, plein d'oiseaux chanteurs, dont les arbres fleuris toujours répandaient une délicieuse fraîcheur, et qui, secoués par le vent, couvrirent le rajah d'une pluie de fleurs. Sur les ramilles, que le poids des fleurs inclinait, bourdonnaient les abeilles avides ; et dans les lianes habitaient les Gandharvas, les Apsâras et des troupes de singes, ivres de joie. Un vent frais, doux,

---

1. Comparez la poésie de Hugo, monstrueuse par instant comme celle d'un poète hindou.
2. L. IV, 11 559 et s.

parfumé, jouait dans les branches et disséminait le pollen. Les ermites vivaient dans ce bois, semé de chapelles pour le feu perpétuel, et toutes brillantes de la vive réverbération des montagnes. Des tigres familiers bondissaient au milieu des gazelles sur les bords d'une rivière sainte, parsemée d'îles, séjour des serpents et des éléphants enfiévrés d'amour, rivière aux eaux limpides, toute couverte d'oiseaux, et qui embrassait cet ermitage, comme la mère aimante de tous ces êtres animés. (Astika-Parva, 1297 et s.)

Nuls poètes, si ce n'est les modernes, n'ont ainsi peint la nature. C'est que pour les Hindous elle n'est pas, comme pour nos classiques, un simple décor dans lequel se jouent la tragédie ou la comédie humaine. L'âme de cette nature est pour l'Hindou de même essence que la sienne. Le grand souffle qui est en elle est aussi le souffle qui nous anime. Pour lui, la sève est identique au sang; et quand Sakuntala, s'approchant de ses gazelles ou de ses fleurs, les fait boire et leur parle avec sa tendresse adorable, elle est bien vraiment aux yeux du poète la sœur de ces fleurs et de ces gazelles.

Ailleurs des villes se dressent, somptueuses déjà, « pleines d'hommes, de chevaux, d'éléphants et de chars, entourées d'une guirlande de palais, et belles comme de grands lacs qu'enferment des montagnes ».

Ainsi est Indraspatha, élevé près de l'emplacement de la Dehli future.

Comme dans les Mille et une nuits, dont tant de traits seront empruntés à l'Inde, des palais sont élevés par des génies, par les Rakshasas, rappelant ces *Devs*, qui bâtissent ceux du Shâh-Nâmeh.

Maya a construit pour Yudhishtira un château céleste, de dix mille coudées sur toutes ses faces, fait de pierreries, et qui ressemble au palais de la Lune, au château du Feu, au palais du Soleil, brillant d'une telle lumière qu'on l'aurait cru de flammes. Semblable aux nuées nouvelles, il se dresse et il masque le ciel.

Non moins splendide est le palais de Kuvera, le Dieu des richesses, château aérien, « que ses parties faites d'or coupent comme des éclairs; » mais plus radieux encore est celui de Brahma, avec sa cour splendide où rayonnent les Dieux et les Déesses, et les saints Livres, les Poèmes personnifiés, tout le monde infini créé par le rêve divin ou le rêve des hommes. (Sabha-Parva, 417, 476.)

En ce poème, comme dans le Shâh-Nâmeh, splendide est l'horreur des batailles. La richesse des armes, tout cet éblouissant appareil des guerriers d'Orient, surtout la terrifiante présence des éléphants de combat, leur donnent un éclat, une grandeur inaccoutumés, et que rappellent ces chocs de cavaliers magnifiques, comme aimaient à les peindre Léonard de Vinci ou Rubens.

Voici quelques fragments de la grande bataille du Kurukshetra :

De toutes parts éclata un tumulte immense : c'étaient des acclamations, des battements de mains, des appels au combat, des roulements de tambour, des bruits de fanfares et de conques; des cris de guerre, des bruits de chars, des hennissements de chevaux, des rugissements d'éléphants, des voix de guerriers se menaçant... Toutes les forces de Kuru et de Pandu rassemblées se levèrent aux premières lueurs du soleil.

Les traits, les cuirasses, les flèches, les lances aveuglaient la vue... On voyait resplendir comme des nuages entremêlés d'éclairs les éléphants et les chars tout étincelants d'or. Comme un groupe de villes, des chars rayonnaient sans nombre, et une splendeur magnifique environnait ton père, pareil à la lune dans son plein..... On voyait flotter dans les airs des milliers de drapeaux éclatants... Ces drapeaux faisaient luire par milliers, ainsi que des feux allumés, leurs hampes d'or, émaillées de pierreries, comme sur les palais de Mahendra (un des noms d'Indra) flamboient ses étendards...

Ces deux armées immenses ressemblaient à deux mers, qui se réunissent à la fin d'un yuga et confondent leurs tourbillons, pleins de cétacés furieux et de requins énormes... Le matin était venu; la lune, les sept grandes étoiles enflammées s'étaient retirées du ciel; le soleil se levait radieux; les chacals, les corneilles, les animaux, qui se repaissent de chair et de sang, à grands cris appelaient les morts... Toutes les plages du ciel enflammées annoncèrent par un déploiement de prodiges des événements terribles... La plage orientale du ciel avait la couleur du sang... la terre trembla, le soleil se voila, des vents impétueux s'élevèrent, soulevant une poussière cuisante qui ne laissait rien voir... Comme dans les forêts de palmiers, courait un long frémissement, et l'on entendait des claquements de drapeaux que le vent fouettait, et le tintement de leurs milliers de clochettes... (Bhisma-Parva, 735 et s.[1]).

Les deux armées « semblables à des rangées de forêts » engagent la bataille.

Alors, sous l'œil des Rishis et des Dieux, curieux de contempler ce choc épouvantable, pareil à celui des Asuras et des Immortels, se déploya un combat terrible... Des fantassins par centaines de mille

---

1. Voir encore : l. VII, 60 et s., et l. VIII, 4859.

étaient là, combattant sans relâche ; et le fils ne reconnaissait plus son père, ni le père son fils, ni le frère son frère, ni le fils de la sœur son oncle maternel, ni l'oncle son neveu, ni l'ami son ami...

Des éléphants de guerre dont les joues fendues arrosaient leur face de *mada*, enfermés dans un cercle de flèches, de massues, de cimeterres, poussaient d'effroyables clameurs, et, les membres coupés, tombaient morts. D'autres prenaient leur course, hurlant à tous les points de l'espace..... Les cavaliers se heurtaient montés sur des chevaux rapides... ou se lançaient des flèches incisives, luisantes, aux ornements d'or, qui tombaient de toutes parts, comme des serpents... Sur des chevaux d'une prodigieuse vitesse, certains héros se précipitaient vers les chars, et enlevaient la tête de ceux qui les montaient... Semblables aux nuages nouveaux, des éléphants furieux, brillants d'or, broyaient sous leurs pieds les chevaux abattus. D'autres, que leurs défenses faisaient redoutables encore, les bosses frontales déchirées, en proie à d'horribles souffrances, torturés de traits barbelés, poussaient de longs gémissements...

Des éléphants, soulevant avec leurs trompes les chevaux et leurs cavaliers, les précipitaient à terre et les écrasaient sous leurs pieds, puis s'avançaient vers les troupes de chars où flottaient les drapeaux. D'autres qu'enivrait le combat, de leurs pieds, de leurs trompes tuaient, broyaient les chevaux et les cavaliers renversés..... Des flèches acérées, luisantes, pareilles à des reptiles tombaient sur eux, les frappaient aux flancs, aux membres, entre les défenses... Parmi les éléphants, les uns, furieux, le flanc déchiré, couverts de poussière, tombaient sous les haches, les cimeterres ; d'autres, culbutant des chars, les tiraient avec leurs trompes, et s'avançaient, en faisant un bruit formidable.

Parmi les guerriers blessés, quelques-uns à cris aigus appelaient les leurs, ceux-ci leurs fils, ceux-là leurs pères, ceux-là des frères ou des alliés...

Ceux-ci, menaçants, le poil hérissé, la bouche

ouverte, se montraient les dents, fous de colère, et les sourcils contractés, se lançaient des regards furieux.

Ceux-là, percés de flèches, accablés de souffrances, mais l'âme intacte, la force morale entière, restaient silencieux.

D'autres héros, qui avaient perdu leurs chars et à pied en cherchaient un autre, saisis soudain, écrasés par des éléphants, brillaient, tout sanglants, sur la terre, comme des kinçoukas fleuris. (Bhisma-Parva-passim.)

« Cette bataille tumultueuse, où les armées en se combattant ressemblaient au Gange et à la mer, quand le Gange recule devant elle et que la mer lutte avec lui, » cette bataille durera dix-huit jours, et sa description, surchargée d'épisodes, de répétitions, de redites, occupe dans le poème cinq chants entiers.

Alors s'étale un large champ de carnage, hideux et splendide à la fois, dont le tableau, cher à l'imagination indienne, prendra place, comme certains épisodes de la bataille, parmi les lieux communs de la poésie sanscrite :

La terre était jonchée d'arcs au dos d'or et de riches parures, tombés de tous ces guerriers maintenant sans vie et couchés dans leur sang.

Des flèches d'or empennées d'argent brillaient sur le sol, semblables à des serpents lâchés. Autour des cadavres on voyait des cimeterres ornés d'or, à la poignée d'ivoire, des boucliers, des armures brillantes, des masses d'armes, des massues, des caparaçons, des chasse-mouches et des éventails... De tous côtés des hommes gisaient à terre, la tête broyée, les membres brisés, ou écrasés par les chevaux, les éléphants, les chars, dont quelques-uns en pièces étaient renversés près d'eux. De tous côtés la terre brillait de ces cadavres d'hommes, de chevaux, d'éléphants.

La terre brillait, toute semée de bras coupés, qui, ornés de bracelets arrosés de sandal, semblaient des trompes d'éléphants. La terre resplendissait de têtes abattues, encore parées de boucles d'oreilles, de pierreries et d'aigrettes.

La terre, avec ces cuirasses d'or répandues sur elle et barbouillées de sang, luisait comme ces foyers dont s'éteint la flamme.

La terre brillait de tous ces arcs épars, de ces flèches à l'empennure d'or, de ces chars brisés, de ces chevaux qui gisaient çà et là, la langue hors de la bouche et baignés dans leur sang. La terre, parée comme une femme, brillait de tous ces éléphants couchés morts et la trompe coupée, et de tant de trésors ainsi semés sur elle.

Et le poète, comme un sivaïte que le sang enivre, s'exaltant devant ces vendanges de la mort, de nouveau décrit ces richesses, peint cette floraison sanglante.

Les bêtes de proie s'approchent... et la joie transporte les chiens, les chacals, les corneilles, les grues, les vautours, les loups et les hyènes; des troupes de rakshasas sont accourues aussi; des rakshasas, en ricanant, entraînent des cadavres, arrachent leurs peaux, boivent leur sang, broient leurs colonnes vertébrales, pour en tirer la moëlle...

Un fleuve coulait, formidable, difficile à traverser dans un lit rétréci comme par des montagnes d'éléphants, un fleuve qui avait du sang pour ondes, pour flots des monceaux de cadavres, pour barques des chars, pour lotus des têtes humaines, de la chair pour vase, et des projectiles de toutes sortes pour guirlande de plantes aquatiques. (Drona-Parva, 1792 et s.)

Et sur ce champ de carnage le poète montre le lever de la lune « qui dissipe les ténèbres et ramène la sérénité dans la nuit ».

Un tableau vraiment admirable, une fresque

gigantesque est encore la *Lamentation des femmes*, des veuves, des filles de tous ces héros morts, accourues sur le champ de bataille pour reconnaître les cadavres, les disputer aux bêtes, et leur rendre les devoirs funèbres.

Nous en détachons ces fragments :

De leurs maisons pareilles à des collines blanches, sans parures, leurs beaux cheveux épars, elles sortirent comme sortent des grottes de la montagne les biches dont le chef est tué... Et leurs groupes nombreux çà et là couraient comme des cavales dans une cour... Après avoir en gémissant reconnu leurs fils, leurs frères ou leurs pères, elles présentaient un spectacle semblable à la désolation du monde, à la fin d'un âge. Eplorées, courant de toutes parts, l'âme abattue de douleur, elles ne savaient ce qu'il leur fallait faire... Et Gandhari, la reine, dont tous les fils sont morts, contemplant l'affreux champ de bataille, exhale longuement ses plaintes : Oh ! ces héros qui sur des lits précieux reposaient autrefois, le corps parfumé de sandal, les voilà aujourd'hui dormant sur la terre nue ! Les vautours, les chacals, les corneilles avec des cris lugubres dispersent leurs parures. D'autres sous leurs cuirasses et leurs armes étincelantes sont respectés des bêtes sauvages, qui les croyant vivants n'osent les déchirer... Et leurs femmes errent çà et là. Leur visage beau comme le soleil et pareil à l'or, les larmes et la douleur l'ont fait couleur d'airain... Celles-ci, après des gémissements et de longs soupirs, succombent à leur souffrance, et tombent inanimées. Celles-là redoublent leurs cris, à la vue des cadavres... D'autres se frappent la tête de leurs mains délicates. Leurs visages rapprochés, leurs chevelures déroulées, leurs corps enlacés et groupés font briller la terre qu'ils recouvrent. A la vue de cadavres sans tête, et de têtes sans corps, des femmes sont soudain prises d'un horrible transport, et crient et rient, devenues folles.

Et la reine au milieu de ces morts aperçoit Duryodhana, son fils...

Alors Gandhari, épuisée de douleur, s'affaissa sur la terre, comme un arbre coupé tombe dans la forêt. Après avoir repris ses sens, elle contempla et embrassa longtemps le héros tout couvert de sang : Ah ! mon fils, s'écria-t-elle, comme égarée par la douleur, et de ses larmes arrosant ses seins et son beau cou paré de colliers d'or, ah ! mon fils, te voilà donc couché sur le lit des héros !... Lui qu'autrefois entouraient les brahmanes, des vautours l'entourent aujourd'hui, immolé, gisant sur la terre ! Lui qu'autrefois, avec leurs éventails, rafraîchissaient ses femmes, ce sont des oiseaux qui le rafraîchissent aujourd'hui avec l'éventail de leurs ailes ! Il dort, le guerrier aux grands bras, qui fut ferme dans la vérité, terrassé par Bhimasena, comme un éléphant par un lion [1]...

Et sans fin ces lamentations continuent. Il semble qu'on entende les imprécations, intarissables aussi, des vocératrices de la Corse.

Toutes ces peintures sont vivantes :

L'épouse de Duryodhana s'approche ; elle prend le corps et le baise, lave le visage... On voit des femmes chasser d'auprès des cadavres les vautours, les chacals, les corneilles, mais les bêtes reviennent... Celles-ci à la vue de leurs frères, celles-là, à la vue de leurs époux, ou de leurs fils morts, tombent en se serrant les mains... Une d'elles reste debout, immobile, tenant une tête séparée du corps... Voici Duhçasana ; voici Vikarnas, qui repose inanimé au milieu d'éléphants, comme la lune d'automne entourée de nuages noirs, et sa jeune femme ne peut de son corps écarter les vautours... Voici

---

1. Stri-Parva ou *les Lamentations des femmes*, trad. de Foucaux. Comparez dans le Harivansa, trad. de Langlois, t. I, *les Lamentations des femmes de Kansa*.

Durmonkha, le visage à demi rongé par les bêtes... Voici Kshitrasena qu'entourent ses femmes éplorées, au milieu d'une troupe d'animaux sauvages. Les sanglots de ces femmes et les cris de ces bêtes, tout cela m'apparaît comme un spectacle étrange !...

Après ces immenses tueries, qui ont été précédées par l'étonnant dialogue métaphysique de la Baghavad-Gita, projetant ses lueurs surnaturelles sur tout ce mystère de la mort, voyez, par contraste, les apparitions des femmes, ces figures si douces et si pures, ou si hautes de Sakuntala, de Damayanti, de Draupadi, l'héroïque épouse des cinq frères, et quelques figures voluptueuses, celle de la jeune courtisane par l'exemple, qui vient tenter l'anachorète.

Le poète compare à l'éclat de la foudre la fatale splendeur de la femme, « entrant impétueuse dans les cœurs pour les dévorer sans pitié »; et l'on sent que parfois près d'elle une sorte d'éblouissement et de vertige le saisit.

Les légendes d'amour sont nombreuses, curieuses souvent, et parfois très touchantes. Nous signalerons surtout celles de Sakuntala, de l'Ogresse amoureuse, de la tentation du brahmane, celles de Rama et de Sita, de Nala et de Damayanti.

L'épisode de Sakuntala sera le sujet de l'un des meilleurs drames du théâtre indien. Nous n'en citerons qu'un fragment, les plaintes de la femme outragée, quand elle arrive avec son fils à la cour du rajah, son époux, qui ne les veut pas reconnaître.

Le discours de Sakuntala, trop long, trop

sentencieux aussi, est d'un grand intérêt cependant; car il traduit les idées d'alors sur le mariage et la famille.

Sakuntala vivait dans un ermitage. Elle y est rencontrée par un rajah, Dushmanta. Le rajah l'aime et l'épouse; puis devant sans elle retourner dans sa capitale, il la confie à l'ermite qui l'avait adoptée. Un fils naît à Sakuntala qui quelque temps après se fait conduire chez son époux.

La femme aux charmants sourcils, tenant son fils aux yeux de lotus bleu, enfant pareil à un enfant des Dieux, s'achemine vers le palais du rajah.

Arrivée chez le monarque, elle se fait connaître; on l'introduit avec son fils d'une splendeur égale à celle du soleil adolescent.

Aussitôt que les ermites eurent annoncé Sakuntala, ils s'en retournèrent à l'ermitage. Elle salua le monarque suivant l'étiquette et lui dit :

« Voici ton fils! fais-le sacrer; car c'est le fils que j'ai conçu de toi. »

Dès qu'il eut entendu ces paroles, le roi, quoiqu'il n'eût rien oublié, répondit : « Je ne me souviens pas! De qui es-tu fille, mauvaise pénitente? Je ne me rappelle aucun lien d'intérêt, d'amour ou de devoir qui me lie à toi : va-t-en ou reste! fais à ta volonté! »

Saisie de honte en entendant ces mots, la jeune pénitente resta immobile et telle qu'une colonne, comme si la douleur lui eût ravi le sentiment.

Les yeux rouges de colère, les lèvres tremblantes, elle regarda de côté Dushmanta, comme pour le consumer de ses yeux obliques.

Tout émue de ressentiment, elle se cacha le visage; mais bientôt elle reprit cette force d'âme, qu'avait nourrie l'ascétisme.

Elle réfléchit un moment, pénétrée de colère et de

douleur, elle attacha sur son époux un regard indigné et lui tint ce langage :

« Pourquoi parles-tu ainsi, roi puissant; car tu sais bien tout ce que tu nies ?

Parle sincèrement comme un témoin, ne jette pas le mépris sur moi !... Personne ici ne me voit, se dit le malfaiteur; mais il est vu par les Dieux, et par l'Ame qui est en lui. Le Soleil, la Lune, le Vent, le Feu, le Ciel et la Terre, les Eaux, la Conscience, Yama, le Jour et la Nuit, l'Aurore, le Crépuscule, le Devoir ne sont-ils pas les témoins de ce que l'homme a fait ?

Pourquoi me regarder comme un objet vil au milieu de ta cour ? pourquoi ne veux-tu m'entendre ?

... Quand à l'homme marié il naît un fils mâle, ce fils assure le salut des aïeux, qui l'ont devancé dans la tombe.

L'épouse est la moitié de l'époux, l'épouse est le plus dévoué de ses amis, l'épouse est la racine du ciel. Est-il délaissé, elle reste son amie. Sa bouche est pleine de paroles douces; le père est là pour accomplir le devoir, et la mère, pour le consoler dans l'infortune.

L'épouse est le délassement de celui qui marche en des routes pénibles.

L'homme marche-t-il seul en des sentiers difficiles, s'avance-t-il même dans l'empire des morts, l'épouse fidèle suit toujours son époux.

L'épouse meurt-elle la première, dans l'autre monde elle attend son époux; devance-t-il sa femme au tombeau, elle ne tarde pas à le suivre.

Les hommes, consumés par les soucis de l'esprit et souffrant de maladies, trouvent un soulagement dans leurs épouses, comme ceux que la chaleur accable en trouvent dans les eaux fraîches.

Les femmes sont le champ pur, éternel de la naissance pour tous les hommes.

Un fils arrive aux pieds de son père; il embrasse ses membres : est-il une jouissance plus vive ? Pour quelle raison méprises-tu ton fils qui est venu à toi, et de ses yeux obliques te regarde avec l'envie de t'embrasser ?

Les fourmis nourrissent leurs œufs, elles ne les brisent pas : comment toi, qui sais le devoir, peux-tu refuser de faire vivre ton fils ?

Ni le toucher des vêtements, ni celui des femmes, ni celui des eaux n'ont rien d'égal en douceur au toucher d'un petit enfant qu'on embrasse.

« Tu es né, disent les prières à la naissance de l'enfant, de chacun de mes membres, tu es sorti de mon cœur : tu es appelé mon fils : vis cent années !

« C'est de toi que dépend ma vie perpétuelle, impérissable : vis donc pour moi, vis cent automnes, vis, mon fils, parfaitement heureux ! »

Le voilà, celui qui est né de tes membres, nouvel homme sorti de l'homme ancien ! Vois dans ton fils un second toi-même, comme si tu voyais ton image dans un bassin limpide. Comme le feu du sacrifice est emprunté au feu perpétuel entretenu dans la maison, ainsi ce fils procède de toi. Tu étais simple, te voici double !

Quel péché ai-je donc commis dans une vie précédente, pour que j'aie mérité d'être abandonnée dans mon enfance par mes parents, et aujourd'hui par toi ? »

Le débat continue mais une voix sortie du ciel l'interrompt, et proclame que Dushmanta est le père de l'enfant. Le roi, joyeux, le reconnaît enfin.

Il baise l'enfant sur la tête, et avec amour le serre dans ses bras.

Le doux attouchement de son fils porta le monarque au comble de la joie, il honora la mère comme son épouse légitime et lui tint ce langage, que précédait un mot caressant :

« Ce mariage avec toi, reine, ne fut pas contracté sous les yeux du monde : aussi pour te protéger contre tout soupçon, ai-je feint d'abord de ne te pas croire,

» Le monde eût pensé que ton union avec moi n'avait été qu'une fantaisie et notre fils eût trouvé des obstacles au trône; c'est pour cela que j'ai feint de douter. » (Adi-Parva, Ier vol. Sambharva[1].)

L'épisode de Nala et de Damayanti est l'une des plus belles légendes du Mahabharata, où il apparaît enchâssé comme un délicat bas-relief.

Nala, rajah du Nishadha, est le plus beau des princes, et il épouse Damayanti, fille de Bhima, rajah du Vidharba (le Behar d'aujourd'hui), la plus belle des princesses. Des princes, des Dieux même avaient aspiré à cette perle du monde, et étaient venus à son *svayamvara*, où Nala sur tous ses rivaux l'avait glorieusement conquise.

« Comment peux-tu m'aimer ainsi, disait avant leur union Nala à Damayanti, moi qui ne suis qu'un homme, quand des Dieux sont venus demander ta main ? » et la vierge au candide sourire lui avait répondu : « Je commence par adresser mon adoration à tous les Dieux : mais je te choisis ensuite et je te veux pour mon époux. »

Ils vivaient dans une félicité parfaite quand, entraîné au jeu par un démon, Kali, épris aussi de Damayanti et impatient de punir son trop fortuné rival, Nala joua, perdit toutes ses richesses, et sa couronne même.

Nala et Damayanti se retirèrent dans les bois, comme Yudhishtira et Draupadi. Douce, résignée, toujours aimante, Damayanti avait refusé de quitter son époux.

---

1. On verra dans le drame de Kalidasa une version différente des raisons qui font repousser par Dushmanta Sakuntala et son fils. Ce fils est Bharata, l'ancêtre des Pândavas, qui donnera son nom au Mahabharata.

« Il n'existe pas dans la douleur, dit-elle à Nala, de remède plus doux que la tendresse d'une femme. »
« Oui, répondit-il, il n'est rien d'égal à une épouse aimante ; elle est dans le chagrin l'amie, la consolatrice de l'homme. »

Ils allaient errants, mal vêtus, tourmentés par la faim et la soif. Un jour que dans une cabane Damayanti dormait, abattue de fatigue, Nala qui s'accusait sans cesse des souffrances supportées par elle, et pensait que, s'il la quittait, elle chercherait un refuge à la cour du rajah son père, la contempla longuement en silence, la confia aux Dieux, et s'enfuit.

Nous ne pouvons raconter toutes les épreuves et les angoisses que traversent les deux amants, la pauvre Damayanti surtout, seule dans la forêt terrible. Il faudrait tout lire et ne rien abréger de ce poème exquis.

Epuisée, presque folle, maigre, échevelée, les vêtements en haillons, elle arrive un soir à la capitale du rajah de Tshedi. Les enfants et la foule la suivent par les rues.

La mère du roi, du haut de son palais, la voit entourée par le peuple, et dit à une servante : « Amène-moi cette pauvre femme qu'on tourmente ; elle a besoin de secours. Je lui vois une telle beauté qu'elle peut en illuminer mon palais. Elle semble folle, mais cette femme est noble et ses yeux sont grands comme les yeux de Sri. » On la conduit près de la reine. « Qui es-tu, lui dit-elle, toi, qui brilles comme l'éclair dans les nuages ? »

Damayanti révèle sa naissance, raconte ses malheurs, et la reine l'invite à demeurer près d'elle jusqu'au jour où lui reviendra son époux.

Cependant Nala aussi errait misérable. Un jour, ayant arraché le Roi des serpents à la mort, il reçoit de lui le secret de vaincre Kali et de ressaisir son royaume. Il se rend déguisé près de Damayanti ; et rien de plus touchant que leur reconnaissance, puis les reproches de l'épouse à 'époux, qui se défend, s'excuse, rejette sur Kali toutes ses fautes.

Et Damayanti pardonne ; alors, déposant sa tête sur le sein de Nala, la femme aux grands yeux et au charmant visage gémit quelque temps encore, en proie à la douleur.

Et ayant embrassé sa femme au sourire candide, le tigre des hommes resta longtemps aussi tout rempli de tristesse. Enfin Damayanti savoura le plaisir de la réunion avec son époux, comme la terre quand elle obtient la pluie sur ses fruits presque mûrs... Et réunie à lui, ses soucis calmés, ses vœux comblés, son cœur tout gonflé par la joie, la reine resplendissait à son réveil comme une nuit que la lune éclaire. (Vana-Parva [1].)

En ces figures féminines, si douces, si pures, si passionnées, ne reconnaît-on pas l'idéal même de la femme aryenne ? Mais l'envahissement de l'Inde par les races mongoliennes et les Musulmans, corrompra ce respect si tendre, dont l'honorèrent toujours les Aryas Hindous.

Une autre figure féminine, adorable aussi, est celle de *Savitri*, dont l'amour et le dévouement pour son époux l'arracheront à la Mort ; ses paroles « aussi agréables que peut l'être une eau pure aux lèvres que brûle la soif, ayant fini par

---

1. Trad. du Mahabh. par Fauche. Lire aussi la traduction d'Em. Burnouf.

émouvoir le Dieu, qui dans ses profonds abîmes engloutit toutes choses ».

Mais en même temps qu'ils glorifient la femme, les poètes du Mahabharata ne cessent de rappeler qu'elle est le péril des sages, « avec le poison de ses yeux, qui ravit la force ». « Si minime que soit une faute d'amour, dit encore le saint livre, elle peut détruire le juste et l'utile, comme le feu dans le creux d'un arbre finit par le dévorer tout entier. »

Aussi, après ces légendes qui montrent l'amante ou l'épouse sans tache, d'autres rappellent les fascinations et les pièges de l'attirante et trop douce ennemie. La tentatrice, elle est trop souvent le danger des anachorètes. C'est à elle que les Dieux s'adressent, quand ils veulent faire succomber les ascètes, et affaiblir la redoutable puissance que leur donnaient parfois leurs méditations et leurs pénitences. Singulier et magnifique orgueil de ces idéalistes Hindoûs! Ils sentent que la méditation, la pureté absolue les égalent aux Dieux. Indra, le ciel entier tremblent devant ces ascètes, amaigris par le jeûne, mais si redoutables par les énergies de leur âme et de leur pensée. Seule, la femme, la grande corruptrice, les peut vaincre : aussi les tentations des rishis, des grands solitaires sont-elles très nombreuses en ces poèmes.

Visvamitra lui-même est séduit par une apsara, et Sakuntala naît de cet amour[1]. Mais l'une

[1] Il a passé dix années auprès d'elle. Un jour il se repent de son long égarement : « Ma science, s'écrie-t-il, le trésor de pénitence que je m'étais amassé, mes résolu-

des plus célèbres parmi les tentations d'ermites est celle du jeune brahmane, dont le récit, devenu classique, et reproduit par le Ramayana, est un chef-d'œuvre.

Un rajah, dont les États sont dévastés par la sécheresse, apprend que seul un anachorète, Rishyaçringa, peut la faire cesser, mais qu'il sera très difficile de l'amener dans le royaume. On conseille au rajah d'envoyer vers « cet homme aux grandes pénitences » une courtisane, jeune et rusée, qui sous un déguisement d'ermite l'attirera vers un ermitage construit sur un radeau. Le radeau préparé, des hommes le conduisent vers le lieu où d'ordinaire se promenait l'anachorète ; la jeune courtisane, apercevant Rishyaçringa, se dirige vers lui. Adroite-

---

tions, il n'a fallu qu'un instant pour tout détruire : qu'est-ce donc, hélas ! que la femme ? » Il fuit Menáka, il veut gagner le titre de brahmarshi par des mortifications nouvelles, et Brahma lui dit : « Comment peux-tu aspirer à une condition si haute, quand tu n'as triomphé en toi ni de l'amour ni de la colère ? Dompte tout d'abord tes organes des sens. » Et Visvamitra s'imposa des macérations plus terribles encore.

« Ses bras levés en l'air, debout, sans appui, se tenant sur la pointe d'un pied, immobile, sur la même place, comme un tronc d'arbre, n'ayant pour aliments que les vents du ciel ; enveloppé de cinq feux l'été, dans l'hiver sans abri, qui le défendît contre la pluie des nuages ; et l'hiver couché dans l'eau, voilà quelle fut la grande pénitence à laquelle s'astreignit l'énergique ascète. Il resta ainsi lié à cette cruelle et culminante pénitence pendant une révolution entière de cent années ; et la crainte alors vint saisir tous les Dieux du ciel. » (L. I du Ramayana.)

Voir encore dans l'Adi-Parva l'épisode de Sunda et d'Upasunda, deux Daityas jumeaux, dont la force invincible va soumettre le monde et détrôner Indra, quand une femme apparaît, Tilottama, qu'ils se disputent furieux, et pour laquelle ils s'entretuent. Comp. la légende de Prométhée et d'Épiméthée, attirés par Pandore.

ment, elle l'aborde, lui demande si Sa Sainteté se plaît en cet endroit, lui dit qu'elle est venue pour le voir.

Rien de charmant comme le premier trouble, le ravissement du jeune homme devant cette femme, d'une grâce raffinée, d'une beauté parfaite, et qu'il croit un anachorète tel que lui.

« Ta Sainteté, répondit Rishyaçringa, brille comme la lumière, et c'est moi qui dois m'incliner devant elle. Je te donnerai de l'eau pour laver tes pieds, des racines et des fruits selon le devoir. Asssieds-toi sur ce gazon recouvert d'une peau d'antilope. Où est ton ermitage? quel est le vœu que tu observes? Je vois un Immortel en toi. — Mon ermitage, répondit la courtisane, est à trois yodjanas plus loin que la montagne... Mais ce n'est pas moi que doit honorer ta Sainteté, c'est ta Sainteté qui dois être honorée par moi... »

Après qu'elle eut quelque temps essayé son pouvoir sur les sens du jeune homme, et qu'elle l'eut vu troublé par elle, elle s'en alla sous le prétexte qu'elle avait à entretenir le feu perpétuel, mais en jetant vers lui des regards languissants.

Et quand elle fut partie, Rishyaçringa, enivré d'amour, fut comme s'il avait perdu son âme.

Son visage était triste, et il soupirait dans ce vide, où l'avait laissé son cœur, qui avait suivi le faux brahme. Un moment après, avec ses yeux de lion, qui du noir passaient au jaune, apparut son père Vibhandaka, environné de poils jusqu'à la naissance des ongles, occupé de la récitation des Védas, et encore attentif à sa contemplation terminée.

Il s'approche et voit son fils assis dans la solitude, plongé dans la rêverie, l'âme obsédée, poussant des soupirs, tenant ses regards vers le ciel. Vibhandaka lui dit: « Le bois n'est pas prêt: pourquoi cela, mon fils? As-tu négligé aujourd'hui le feu perpétuel?

Tu n'es plus ce que tu étais; tes pensées

sont ailleurs : ton âme t'a quitté : tu parais tout triste. Que t'est-il arrivé aujourd'hui ? Qui est venu ici ? »

Rishyaçringa lui répondit :

« Il est venu un novice aux cheveux en gerbe, ni petit ni grand, plein d'esprit : sa couleur est celle de l'or, ses yeux sont grands et pareils aux lotus ; il brille, comme de l'éclat des Dieux.

Sa beauté resplendit à l'égal du soleil; ses yeux noirs ont une tendresse extrême ; sa couleur est d'un jaune parfait; ses cheveux noirs, lisses, parfumés, très longs, sont entrelacés de rubans d'or. »

Et il décrit sa grâce, sa beauté de femme, qu'il ne connaît ni ne comprend encore.

« A chacun de ses mouvements, des clochettes gazouillent, comme dans un lac des cygnes ivres d'amour. Ses vêtements sont admirables et ceux-ci, les miens, n'ont pas de formes si gracieuses.

Sa voix est une merveille ! Ses accents portent la joie dans l'âme. Quand j'entendais sa voix, pareille au chant du kokila mâle, mon cœur était plein d'émoi !

Sa douce odeur pure, exquise, embaume, dispersée par le vent, telle que la forêt au mois de Tchaîtra, quand le printemps souffle au milieu d'elle.

Les cheveux de son djatà sont élégamment attachés, suspendus, partagés en deux, assez inégaux sur le front : ses oreilles sont couvertes de tchakravakas...

Arrivé en ces lieux, il prit dans sa main droite des fruits divers, ronds, et les fit bondir en l'air plusieurs fois d'une merveilleuse façon...

A la vue de ton fils, mon père, il fut saisi d'une joie et d'un plaisir égal à celui des Immortels.

Il serra mon corps à deux fois dans ses bras, il prit et courba ma tête sur son djatà, il appliqua son visage sur mon visage et m'adressa des paroles, qui firent naître la joie dans mon cœur.

Il n'a pas voulu de notre eau pour se laver les pieds, ni de ces fruits, que je lui présentai : « Voici, » me dit-il, ceux dont je me nourris ! » Et il me donna d'autres fruits.

Ceux, que je mange, n'ont pas la saveur des siens.

Il est parti, et mon âme l'a suivi. Je voudrais être en la présence de cet homme, qui a brûlé mon corps, et de qui l'image voltige continuellement près de moi.

Quelle est sa règle ? Je désire pratiquer la même pénitence. »

Vibhandaka lui répondit :

« Les Rakshasas (les démons), circulent parfois sous cette forme de beauté parfaite, pour mettre obstacle aux pénitences.

L'anachorète, à l'âme comprimée, et qui désire les cieux supérieurs, ne se doit pas approcher d'eux.

... L'homme méprisable seul thésaurise, mon fils, ces douceurs criminelles... »

Mais le père s'éloigne ; son fils bientôt succombe, cède à la tentatrice.

Il monte sur le radeau, dont on délie les cordes, et est emmené chez le rajah, dont bientôt il épousera la fille : le récit finit comme un conte de fées.

Ce poème, tout débordant de richesses poétiques, est comme encombré de légendes, beaucoup d'entre elles d'un extrême intérêt pour l'étude des mythologies comparées. La plupart des vieux mythes aryens reparaissent dans le Mahabharata, mais transformés, déformés déjà, monstrueusement agrandis, comme les Dieux eux-mêmes. Voyez la naissance et la conquête de l'*amrita* ou de l'ambroisie, le duel d'Indra et de

Vritra, le combat d'Indra et des Asuras, et Varuna dans son palais magique; voyez l'oiseau Garuda, l'antique ennemi des serpents, dont la légende se rattache aux mythes de l'éclair et de l'arbre céleste, et qui dans les Mille et une nuits sera l'oiseau Rock: il est devenu la monture de Vishnu, comme l'aigle sera celle de Zeus. Dans l'Adi-Parva il ravit l'ambroisie que gardent les serpents ou les dragons des nuages, et s'enfuit rapide comme le vent. Indra, jaloux, le frappe de sa foudre; mais elle le blesse à peine, et dans l'orgueil de sa force, Garuda lui crie :

Je porterais sur mon aile cette terre avec ses montagnes, ses bois, ses eaux, et toi-même, suspendu au-dessous d'elle... Je puis porter sans fatigue tous les mondes entassés sur moi avec leurs différents êtres; juge donc si ma force est grande ! (Adi-Parva, 1525.)

Bien des mythes se rencontrent dans le Mahabharata, qui n'apparaissent pas dans le Rig-Véda, et qui se retrouvent pourtant chez différents peuples d'origine aryenne. Ainsi les Hindous ont leurs Walkures, leurs femmes célestes, ravissant dans la bataille les âmes des héros morts.

Dans les contes populaires d'Europe, où nous retrouverons le nain, qui parcourt, comme Vishnu, le monde en trois pas, nous retrouverons aussi l'arc que nul ne peut tendre, le carquois inépuisable, la massue non pareille, et la conque à la voix de tonnerre. Que de passages du poëme qui ressemblent à nos contes de fées : voici la Princesse grenouille, le Roi des serpents, l'Ogre terrible. C'est en effet dans le Mahabharata tout un monde nouveau, créé par l'imagination populaire, monde fantastique d'ogres et d'ogresses, de poissons, de serpents, d'animaux qui parlent, d'êtres enchantés, de démons hideux, et que nous verrons reparaître dans les Mille et une nuits, dans nos romans de chevalerie ou dans nos contes de nourrices, sans que nous sachions encore quelle voie ils ont pu prendre pour venir ainsi jusqu'à nous. En effet, la naissance d'un grand nombre de ces contes hindous est postérieure à la dispersion de la famille aryenne ; ils sont bien nés sur le sol indien et leur origine se doit rattacher tout à la fois à la doctrine de la métempsycose et à l'impression de terreur et d'horreur laissée dans l'imagination des Hindous par le spectacle de tribus cannibales ou de ces carnassiers, de ces effrayants reptiles, que les Aryas partout rencontraient dans l'Inde. Les serpents surtout pullulent dans le Mahabharata, et le plus souvent cachent des âmes frappées par la malédiction d'un rishi, d'un brahme ou d'un Dieu.

L'une des plus importantes parmi tant de légendes est celle du déluge, que nous avons vue déjà dans les Brahmanas. Brahma est le poisson divin, qui pour sauver le monde annonce à Manu le déluge, et lui prescrit de bâtir une arche, où se réfugieront lui et les grands Rishis, et où seront déposées les semences de tous les êtres. Le navire attaché par un câble à la corne du poisson géant, « danse longtemps sur les grands flots, comme une femme ivre » et il aborde un jour à l'une des cimes de l'Himalaya. Le Dieu incarné se révèle alors, et dit à Manu :

Je suis le Créateur, au-dessus duquel rien n'existe. Je vous ai sauvés de la mort. Crée de nouveau les Dieux, les Asuras, les hommes et les bêtes. Une terrible pénitence manifestera ton énergie, et par ma faveur, le délire n'entrera plus dans la création des êtres !

Curieuse aussi est l'exposition dans le Mahabharata des hautes doctrines de la théologie et de la morale brahmaniques.

La toute-puissance des brahmanes éclate à chaque page du poème :

Un brahme irrité, c'est Agni, c'est le soleil, c'est un poison ou un cimeterre !

C'est leur malédiction qui enchaîne si souvent des âmes dans le corps d'un animal immonde. (Voy. dans l'*Adi-Parva* l'épisode du serpent.)

Le brahme est le but des êtres !...
Les brahmes inabordables, difficiles à émouvoir, sont pauvres des richesses humaines, mais opulents de richesses spirituelles et divines.

Cette pauvreté, comme cette sainteté, ne fut pas générale et ne dura pas sans doute; mais l'influence des brahmanes fut longtemps moralisatrice et souvent comparable à celle des prêtres ou des prophètes d'Israël, luttant sans cesse contre l'idolâtrie et les abominations de l'étranger.

A ce sujet nous trouvons dans l'*Adi-Parva* (4719-4723) un intéressant passage :

La promiscuité des femmes, coutume encore en faveur, chez les Kurus du Nord, existait autrefois; or, pour elles, cette coutume était comme un devoir, de même que pour les êtres conçus dans la matrice des bêtes, et qui suivent toujours avec indifférence cette loi naturelle. Ce fut un brahmane qui le premier, se révoltant contre cette coutume, établit la défense devenue aujourd'hui la règle éternelle, et inspirée du reste par la bienveillance pour les femmes.

Ce curieux document nous fait entrevoir la bestialité sombre des races humaines primitives.

On a parfois accusé le panthéisme d'être une doctrine funeste à l'âme humaine. Historiquement rien n'est plus faux. Nous avons vu déjà la morale si haute du Manava-Sastra : qu'on lise encore dans le Mahabharata ces purs et glorieux préceptes dus à la doctrine brahmanique, mais peut-être indirectement aussi au bouddhisme, dont le souffle de tendresse pénétra toute la littérature indienne .

L'amour est la cause du monde; l'égoïsme n'est qu'une ignorance; l'aumône est la conservation des êtres...
Il faut donner un lit au malade, un siège à l'homme fatigué, de l'eau à qui a soif, des aliments à qui a faim. Il faut donner ses yeux; il faut donner son âme; il faut donner sa parole gracieusement dite... (Vana-Parva, 101-102.)
S'il n'y avait parmi les hommes des esprits patients à l'égal de la terre, la paix ne pourrait subsister; car la guerre a pour sa racine la colère... l'homme maudit maudirait; frappé, il frapperait; il nuirait à qui lui aurait nui; dans cette exaspération du monde, la naissance n'aurait pas lieu; car la paix est la racine de la naissance des êtres.
Le mortel, qui, injurié et battu par un plus fort,

supporte cet outrage malgré sa colère, et qui triomphe de son courroux en tous temps, celui-là est un sage et un homme supérieur.

La patience est le devoir, la patience est la vérité, la patience est le Véda, quiconque sait cela saura tout pardonner.

La patience est la science sacrée, la patience est la vérité, la patience est la pénitence, la patience est la pureté : le monde est soutenu par elle.

La patience est la splendeur des resplendissants, la patience est le Véda des ascètes, et les mondes les plus élevés sont réservés à ceux dont la patience a toujours surmonté la colère...

Les malheurs de Draupadi l'ont fait un moment douter de la justice des Dieux :

« Swayambhu, dit-elle, se cachant sous différents masques, détruit les êtres par les êtres.

Unissant et divisant, l'auguste maître, qui a produit l'opération du désir, se joue avec les êtres comme avec des jouets d'enfant. Le créateur n'agit pas en père et en mère à l'égard de ses créatures ; il les traite comme avec colère...

Depuis que j'ai vu de nobles personnes, remplies de pudeur et de vertus, arrachées de leur condition, et des infâmes, jouir du bonheur ;

Depuis que j'ai vu ton infortune, fils de Pritha, et la prospérité de ton ennemi, j'accuse le créateur de n'avoir pas les mêmes yeux pour tous. »

Et Yudhishtira lui répond par ces paroles si hautes sur la grandeur et la sainteté du devoir :

« Je me conduis, fille de roi, sans considérer le fruit des œuvres...

Qu'il y ait une récompense, ou qu'il n'y en ait pas, je fais de toutes mes forces ce qui est mon devoir. Mon âme est de sa nature portée à la justice : qui doute de la justice fait acte d'athéisme. Je te le dis avec reproche : ne doute pas d'elle : qui doute d'elle suit la voie des brutes...

Les révérends rishis, ces hommes pareils aux Dieux et de qui les pensées sont comme des Sastras visibles, ont décrit au commencement le devoir, qu'il nous faut toujours accomplir...

Le devoir est la barque même, et il n'en est pas d'autre, des hommes qui naviguent vers le ciel (le Swarga); il est comme le navire du marchand sur la mer, aspirant à la rive ultérieure.

La vertu n'est jamais sans fruit, le vice également porte le sien... Le lever des récompenses pour les actions mauvaises ou bonnes, comme la naissance ou la mort, sont les secrets des Dieux... Il faut respecter ces secrets : les Divinités ont une science obscure... et parce qu'on ne voit pas les récompenses du bien, ce n'est pas une raison de douter ni du devoir, ni des Dieux. » (Vana-Parva.)

Lisez ces paroles encore :

Mon âme est troublée sans cesse; oui, toute mon âme est continuellement troublée. Dis-moi, prince, en quel lieu n'existe pas la crainte? — Je ne vois pas que tu puisses trouver la tranquillité ailleurs que dans la science et dans la pénitence, ailleurs que dans la compression des sens, et le renoncement aux désirs.

L'homme chasse la peur par l'intelligence, il acquiert la grandeur par la pénitence, il obtient la sérénité par l'absorption en Dieu.

Le bonheur de l'homme augmente à la fin d'une lecture bien faite, d'un combat bien soutenu, d'une bonne action bien exercée, d'une pénitence bien pratiquée. (Vana-Parva.)

Que l'homme qui aime le plaisir renonce à la science, ou s'il aime la science, qu'il renonce au plaisir! Le bois ne peut rassasier la flamme, ni les fleuves rassasier la mer, ni tous les êtres ensemble rassasier la mort, ni des yeux charmants rassasier l'âme humaine!... (Yudyaga-Parva.)

On ferait un beau livre avec des pensées ainsi prises au Mahabharata, et isolées de ces digressions interminables, où, par malheur, elles sont perdues souvent :

Il en est des héros comme des fleuves : leur source est obscure et difficile à connaître. (Adi-Parva.)

La sincérité, l'empire sur les sens, les austérités, les dons, l'absence d'injures envers autrui, la constante pratique du devoir, voilà, ô roi, ce qui constitue notre valeur : peu importe notre caste et notre origine ! (Épisode du serpent Nahusha.)

Ce n'est pas par la seule volonté du destin que les actes d'ici-bas s'accomplissent, ce n'est pas non plus par la seule volonté humaine ; le succès dépend de ces deux forces. (Sauptika-Parva.)

Nulle doctrine religieuse n'a cherché davantage à dégager le divin dans l'homme. S'identifier à Dieu fut l'idéal brahmanique, comme l'imitation de Jésus-Christ sera l'idéal chrétien [1]. Qu'on juge donc le brahmanisme, comme il faut juger toute religion, plutôt par ses aspirations, ses tendances, que par ses fautes ou par ses hontes, qui représentent dans son histoire la part de la folie, de l'imbécillité humaines, l'action toujours fatale des natures vulgaires et basses, et des esprits étroits. Les vertus sans cesse prêchées par les brahmanes sont celles de la morale éternelle : c'est la pureté, la patience, le courage tranquille, la répression des sens, c'est l'amour, la miséricorde, c'est la pitié pour tous les êtres.

1. Tout le Santi-Parva (le XII° livre) et l'Anusaana-Parva (le XIII°) sont des traités d'éthique : ils contiennent surtout l'exposition des devoirs des rois, et les moyens pour l'âme d'obtenir l'émancipation finale.

La morale religieuse, comme dans les lois de Manu, s'appuie sur la théorie des récompenses et des peines, et de ce passage des âmes à travers d'incalculables vies futures, théorie qui agrandit si mystérieusement la portée et la responsabilité de tous les actes.

Malade de tous les vains amours, athée, la pensée folle, l'homme mort suit la route où l'ont jeté ses œuvres.

Le pécheur qui descend ici-bas en de viles matrices erre sans cesse au milieu des maux stupéfiants de la naissance, de la vieillesse et de la mort. L'homme, victime des fautes qu'il a commises, parcourt des milliers de mères brutes; les âmes roulent ainsi attachées par le lien de leurs œuvres, et l'homme est affligé après la mort pour telle ou telle action qu'il a faite. Il lui arrive de renaître dans une matrice impure à cause de l'obstacle de ses vices. Ensuite il ramasse un grand nombre d'actions nouvelles, et pour elles il est tourmenté de nouveau comme un malade qui a mangé d'un aliment insalubre. (Virata-Parva.)

Et le livre saint, par une parole profonde, montre combien est lointaine parfois, et indéfinie, la conséquence d'une faute :

Un seul a commis le péché : un grand peuple en mange les fruits.

Mais sublime et rayonnante est la destinée des héros et des saints, et le ciel, promis aux élus, ressemblerait à celui des chrétiens, si les Hindous admettaient la durée éternelle de la personnalité humaine, qui tôt ou tard doit s'absorber en Dieu.

Dans le Mahabharata bien des légendes rappellent cette pitié, cette tendresse pour tous les êtres, qu'exaltèrent surtout le bouddhisme et le jaïnisme, mais qui semblent avoir appartenu toujours à l'âme de la race hindoue.

L'une de ces légendes très connue, et que nous croyons d'origine bouddhique, est celle du faucon et du roi. Un roi, pour sauver un pigeon qu'un faucon poursuit, offre à l'oiseau de proie de lui livrer un lambeau de sa propre chair, égalant le poids du pigeon. L'oiseau accepte ; mais la chair coupée n'est jamais assez lourde, et le roi lui-même monte dans la balance. Le faucon, c'était Indra, le pigeon c'était Agni, qui voulaient éprouver la vertu du rajah. (Vana-Parva, 10 557 et s.)

Nous avons dit qu'au commencement du poëme, dans la cosmogonie qui s'y déroule, Brahman et Brahma seuls dominent tout le peuple des Dieux.

Les anciens Dieux ont gardé leur puissance, Agni surtout, avec son caractère de Dieu universel.

Agni dit : je multiplie mon être par l'énergie de mon abstraction, et je réside en tous les corps, dans les feux perpétuels, dans les oblations, dans les offrandes aux morts, dans tous les sacrifices. (Adi-Parva, 912.)

Il est parfois glorifié dans un magnifique langage :

Les nuages et les éclairs, Agni, ne proclament-ils pas ton nom, comme les sages ? Les flammes sorties de toi portent l'universalité des êtres. Toutes les eaux sont déposées en toi ; sur toi, tout le monde repose... Le feu est le plus grand des poètes..

Indra est honoré toujours, mais par les peuplades surtout qui s'étaient le moins mêlées aux races autochtones, ou qui, arrivées les dernières, avaient gardé plus purs la foi antique et le vieux sang de la race.

Comme Brahma, comme Agni, chacun des Dieux nouveaux par le procédé habituel, nous l'avons vu, aux Aryas Hindous, est pour son adorateur un Dieu universel, le Dieu qui porte et contient tous les mondes.

« Tu es le palais des êtres, est-il dit à Krishna ; tu joues mainte et mainte fois avec Brahma, Sankara, et les autres chœurs des Dieux, comme un enfant avec des marionnettes : tu es l'homme éternel. Les constellations, les dix points de l'espace, le ciel, la lune, le soleil, les mondes et les gardiens des mondes, tout enfin subsiste en toi ; la mortalité des êtres et l'immortalité des habitants du ciel. » (Vana-Parva.)

Et ils disent de même à Rudra Siva :

Ta forme est la lumière, le son de ta voix est l'air, le vent est ton toucher, l'eau est ton goût et la terre ton odeur... Brahma, le Temps, les brahmes, ce qui est mobile et ce q... ... ...lle est né de toi, cause divine.

Les gouttes de ... ...ent individuellement des mers, et elles ... ... une à une : ainsi les choses rentrent en t... à la dissolution des mondes. Possédant cette connaissance, j'ai pensé que la naissance et la mort étaient identiques avec toi !... (9466-9468, Drona-Parva[1].)

---

1. Voir aussi l'hymne à Kali, l. VII, 66.

Aucune tristesse ne suit, chez les auteurs du Mahabharata, védantistes certainement pour la plupart, cette conscience de la mobilité des choses et de leur fuite incessante. C'est que tout meurt, mais pour renaître; c'est que tout vit et meurt en Dieu.

Le temps qui détruit l'univers doit de nouveau créer les mondes.

Mais c'est dans la Baghavad-Gita surtout que nous trouverons l'évangile de la religion nouvelle, de la foi en Vishnu-Krishna :

« Il n'est pas une légende sur terre, dit le Mahabharata, qui n'ait sa base dans ce récit. » (Adi-Parva, 656.)

Le Mahabharata, dont le rayonnement, comme celui de toute la littérature hindoue, s'étendit si loin, devint pour les Hindous en effet une mine inépuisable de thèmes et de lieux communs poétiques. Nul monument peut-être après le Véda (et il fut surnommé le cinquième Véda) n'a plus d'importance pour qui veut connaître l'âme et le génie de l'Inde antique : et il serait nécessaire qu'il fût bientôt entièrement traduit, commenté, étudié, vu dans tout son ensemble et sa pleine lumière.

VII

LA BAGHAVAD-GITA
(LE CHANT DU BIENHEUREUX)

Fragment du Mahabharata, la Baghavad-Gita est comme la cime géante de la philosophie védantiste. Elle se dresse au milieu du poème, telle que ces sommets de l'Himalaya, dont les Hindous avaient fait la demeure des Dieux, et qui dominent tout de leur prodigieuse altitude. Ce ne devait pas être sans religieux frisson que l'Hindou s'approchait d'un tel livre, celui peut-être, avant les Pensées de Pascal, qui donne avec le plus d'intensité, de puissance et d'horreur, la sensation de l'infini. Des hauteurs où plane ici le génie humain, toute contingence comme toute différence s'effacent dans l'immensité de l'espace et du temps; et rien n'apparaît plus que ce gouffre de lumière divine où flottent et roulent les univers, comme des poussières d'atomes dans un rayon de soleil. Mais chez le poète, terrifié d'abord et comme pris de vertige, la conscience de l'identité de son âme avec l'âme divine peu à peu fait pénétrer une paix sublime : et le poème devient un chant magnifique d'extase et de consolation.

Entre les deux armées va s'engager le combat formidable, où tant de héros vont périr : et Arjuna, songeant à ce prochain carnage, se sent pris soudain d'une immense pitié.

Krishna, le Bienheureux, se présente alors et lui reproche cet attendrissement, indigne d'un héros. Arjuna répond qu'il ne sait plus où est la justice, ni ce qu'il doit vouloir et poursuivre, mais qu'il est son disciple et tout prêt à l'entendre. Et Krishna dans l'âme d'Arjuna fait tomber ces paroles d'une sérénité divine :

Les sages ne pleurent ni les vivants ni les morts; car jamais l'existence n'a manqué, à moi, à toi, ni à ces princes; et jamais nous ne cesserons d'être, nous tous, dans les temps à venir[1]...

Rien donc ici-bas ne doit troubler les sages.

Les rencontres des éléments qui causent le froid et le chaud, le plaisir et la douleur, ont des retours et ne sont point éternelles. Supporte-les, fils de Kunti.

L'homme qu'elles n'inquiètent pas, l'homme ferme dans la joie et dans la douleur, participe, dès ce monde, à l'immortalité... Comme l'on quitte des vêtements usés, pour en prendre d'autres, l'âme, quand elle paraît mourir, quitte son corps pour en revêtir un nouveau.

C'est que l'âme humaine, on le sait, n'est qu'une des apparences de l'âme universelle. Tout est si obscur, il est vrai;

Le commencement des êtres vivants et leur des-

---

[1]. Tous ces fragments de la Baghavad-Gita sont empruntés à l'excellente traduction de M. Em. Burnouf (Nancy, 1875, in-8).

truction sont insaisissables; on ne saisit que le milieu.

Mais voici la lumière, et voici la sagesse : la sagesse est dès cette vie terrestre de rentrer dans la vie divine, de mourir au monde pour revivre en Dieu ; et c'est le but du *Yoga*, de cette philosophie qui nous est déjà connue, et que la Baghavad-Gita va exposer et traduire dans un si haut et si admirable langage.

Quand un homme, dit Krishna, est inébranlable dans les revers, exempt de joie dans les triomphes, quand il a chassé de son âme les amours, les terreurs, la colère... quand il n'est affecté ni des biens, ni des maux de la vie ;... comme la tortue retirant à elle tous ses membres, quand il soustrait ses sens aux objets sensibles, il y est yogin et ferme dans la sagesse... il marche à la paix, à la halte divine : et l'âme qui l'atteint, n'a plus de troubles ; et celui qui s'y tient jusqu'au dernier jour, va s'éteindre en Dieu.

Il semble qu'on entende ici la parole bouddhique ; le mot de *nirvana* est même prononcé, celui qui suit cette doctrine « *brahmanirvanam reçati* » acquiert le *nirvana*, le repos en Brahma.

On reconnaît dans la Baghavad-Gita, en effet, une préoccupation perpétuelle de la foi bouddhique et de son large esprit de tolérance.

Arjuna fait une objection : si la pensée est préférable à l'action, si la foi, comme l'enseigne la doctrine du Yoga, est supérieure aux œuvres : pourquoi l'action ? Et la Baghavad-Gita, éclectique toujours, déclare l'action nécessaire :

Elle est nécessaire, dit le Bienheureux ; il est

nécessaire de coopérer au mouvement de la vie, d'être utile, de donner de grands exemples ; mais tandis que le vulgaire ou l'ignorant ne voit rien que son œuvre, le sage ne se laisse ni troubler ni limiter par elle ; il l'accomplit avec simplicité et désintéressement, et dans le triomphe même il demeure sans orgueil et tranquille. « Moi-même, dit Krishna, quel bien puis-je donc acquérir en ce monde ? et cependant je continue mon œuvre. »

Et il donne à Arjuna ce conseil, qui ne peut s'adresser qu'aux forts, aux âmes vraiment héroïques :

Rapporte à moi toutes les œuvres ; pense à l'Ame suprême ; et sans espérance, comme sans souci de toi-même, combats et n'aie point de tristesse.

Mais l'ignorant, mais l'homme sans foi ou livré au doute est perdu, « car ni ce monde, ni les autres, ni aucune joie possible n'appartiennent à celui qui doute ». (IV, 40.) Le Yogin, au contraire, maître de son âme, est envahi d'une félicité sans bornes, et un jour se sent un avec Dieu. (VI, 27.) Alors, à la clarté de la vérité éternelle, en tous les êtres il voit l'âme divine et dans l'âme divine tous les êtres... et dans ce sage, victorieux, pacifié, ce sera l'âme universelle « qui régnera désormais, recueillie, tranquille, au milieu du froid et du chaud, du plaisir et de la douleur, de la gloire ou de l'opprobre ». (VI, 6.) Affranchi des limites où le *moi* l'enferme, le Yogin sera sans égoïsme et sans haine ; vivant dans une perpétuelle égalité d'âme, il sera miséricordieux et bon, aimant tous les êtres, se donnant sans cesse, ne troublant pas le monde qui ne le peut troubler, plein de mansuétude, de patience, de constance, de sincérité ; et il atteindra le repos suprême, « il entrera dans la demeure immuable ».

La Baghavad-Gita, comme la philosophie bouddhiste, voit dans le désir et dans la passion, nés de l'ignorance, les racines du péché, du mal et de la douleur.

Mais la science du Yoga, de l'union, affranchira l'âme; et que pourrait-elle en effet vouloir et poursuivre encore, cette âme délivrée, toute perdue en Dieu? C'est donc par cette doctrine libératrice, enseignée aux sages primitifs, mais perdue dans la durée des temps, que Krishna vient régénérer le monde.

J'ai eu bien des naissances, dit-il, et toi-même aussi, Arjuna ; je les sais toutes ; mais toi, héros, tu ne les connais pas[1].

Quoique sans commencement et sans fin, je me manifeste par ma vertu magique.

Quand la justice languit, Bhârata, quand l'injustice se relève, alors moi-même je me fais créature, et je nais d'âge en âge,

Pour la défense des bons, pour la ruine des méchants, pour le rétablissement de la justice.

Sent-on comme pour les Hindous cette vie humaine, toujours pénétrée du divin, dépasse les limites du visible, plonge jusqu'en ce mystérieux abîme, où la Substance, avant de se révéler à nous par ces visions dont l'esprit de l'homme prend si étrangement, mais si incomplètement conscience, a traversé déjà bien des métamorphoses, passé par bien des naissances, « qui

---

[1]. Comparez les diverses naissances des Buddhas, qui n'en prenaient conscience qu'à l'état de Buddhas parfaits.

nous seront toujours ignorées ». Et l'initiateur fait tomber les voiles qui cachent l'invisible, l'essence de la nature divine. Cette nature est double, elle est matérielle et spirituelle, inférieure et supérieure.

La terre, l'eau, le vent, l'air, l'esprit, la raison et le moi, telle est ma nature divisée en huit éléments : et c'est ma nature inférieure; maintenant connais l'autre, ma nature supérieure, principe de vie qui soutient le monde.

C'est dans son sein que résident tous les êtres, car la production et la dissolution de l'Univers, c'est moi-même.

Au-dessus de moi il n'y a rien; à moi est suspendu l'Univers comme une rangée de perles à un fil.

Je suis dans les eaux la saveur, fils de Kuntî; je suis la lumière dans la Lune et le Soleil; la louange dans tous les Védas; le son dans l'air; la force masculine dans les hommes;

Le parfum pur dans la terre; la splendeur dans le feu; la vie dans tous les êtres; la continence dans les ascètes.

Sache, fils de Prithâ, que je suis la semence inépuisable de tous les vivants; la science des sages; le courage des vaillants;

La vertu des forts exempts de passion et de désir; je suis dans les êtres l'attrait que le bien autorise.

Je suis la source des qualités diverses qui naissent de la vérité, de la passion et de l'obscurité; mais je ne suis pas en elles, bien qu'elles soient en moi...

Cette magie que je développe dans les modes des choses vous égare; on lui échappe en me suivant.

Mais ne sauraient me suivre, ni les méchants, ni les âmes troublées, ni ces hommes infimes dont l'intelligence est en proie aux illusions des sens et de la nature des démons.

Ceux qui me suivent sont ceux qui m'adorent, c'est l'affligé, c'est le sage surtout, qui m'aime par-dessus toutes choses et que j'aime.

Les ignorants me croient visible, moi qui suis invisible : c'est qu'ils ne connaissent pas ma nature supérieure, inaltérable, suprême ;

Car je ne me manifeste pas à tous, enveloppé que je suis dans la magie que l'Union spirituelle dissipe. Le monde plein de trouble ne me connaît pas, moi, exempt de naissance et de destruction.

Je connais les êtres passés et présents, Arjuna, et tous ceux qui seront : mais nul d'entre eux ne me connaît.....

Et Krishna se confond avec le Dieu suprême. C'est lui dont la force invisible a développé cet univers ; en lui sont contenus tous les êtres.

« A la fin d'un Kalpa, dit-il, les êtres rentrent en moi ; et au commencement d'un Kalpa, je les émets à nouveau... je produis ainsi par intervalles tout cet ensemble d'êtres, par la seule énergie de mon émanation. Mais ces œuvres ne m'enchaînent pas ; je suis comme en dehors d'elles, et je ne suis pas dans leur dépendance. »

On voit que ce système tend avec insistance à distinguer Dieu de la création, où sans cesse pourtant il se manifeste. Krishna dit encore :

Je suis la voie, je suis le soutien, le seigneur, le témoin, la demeure, le refuge et l'ami. Je suis la naissance, la destruction, la halte, le trésor, la semence immortelle.

C'est moi qui répands la chaleur, c'est moi qui retiens ou fais tomber la pluie.

Je suis l'immortalité, la mort, l'être et le non-être, Arjuna...

Ceux qui pleins de foi adorent d'autres divinités, ceux-là aussi m'honorent. J'accepte leur adoration ; mais ma pure essence leur demeure ignorée ; et l'infériorité de leur âme les condamne à une destinée inférieure...

Le panthéisme persan, le soufisme, atteindra aussi ce haut degré de tolérance, et pour lui l'église, la synagogue, la mosquée seront les temples du même Dieu.

Et Krishna ajoute cette parole profonde :

Je suis égal pour tous les êtres : je n'ai pour eux ni haine ni amour ; mais ceux qui m'adorent sont en moi et je suis en eux.

Indifférent de même au sort des créatures, sans haine peut-être et sans amour, n'est-ce pas ainsi qu'aux lueurs incertaines de la science nous entrevoyons par instant cet Infini formidable qui nous soutient, nous porte, nous fait vivre et mourir ; mais ceux qui l'adorent sentent s'élargir en lui leur âme, leur pensée, leur rêve, et comme Arjuna pris d'éblouissement et de vertige, ils se sentent en lui, et le sentent en eux.

Dieu, commencement, milieu et fin des êtres, réside donc en tous les êtres, mais certaines apparences semblent le manifester davantage, ainsi que des points où se concentrerait sa lumière :

Entre les corps lumineux, entre les sens, il est l'esprit, entre les vivants, l'intelligence ; entre les lacs, l'océan, entre les chaînes de montagnes l'Himalaya ; entre les mots prononcés, *Om*, la parole indivisible ; il est Garuda entre les oiseaux ; parmi les objets de purification, il est le vent, et Ganga entre les fleuves ; et Rama parmi les guerriers.

Avec beaucoup d'idées singulières, et d'un goût trop indien, parfois aussi contradictoires, ces différents passages renferment d'admirables beautés.

« Dans les choses créées, je suis le commencement, le milieu et la fin ; je suis le temps sans limite, je suis le fondateur, dont le regard se tourne de tous côtés ; la mort qui ravit tout, et la vie des choses à venir. Je suis la victoire et le conseil ; entre les Pandus, je suis toi-même, Arjuna. Tout objet d'une nature excellente, heureuse ou forte, est issu, sache-le, d'une parcelle de ma puissance.

» Arjuna, entre tous les solitaires je suis Vyasa. »

Et ainsi le poète et le héros se confondent dans une origine antérieure, au sein de l'identité divine, le poète, pour révéler par la parole ce que le héros ici-bas viendra révéler par l'action.

Arjuna a demandé au Dieu de se montrer à lui en sa forme éternelle ; et le Bienheureux déroule des milliers de formes, il prend l'apparence de ce vaste univers, un dans son infinie variété, et multiple en son unité. Il se manifeste encore sous cette figure symbolique, adorée de ses sectateurs, sous la grossière image où, brandissant des armes magiques, il porte de nombreux visages, tournés vers tous les points de l'horizon.

Mais il apparaît comme une montagne de lumière, et « si dans l'air s'élevait tout à coup la clarté de mille soleils, elle serait comparable à la splendeur de ce dieu magnifique. »

Alors plein de stupeur devant cette vision foudroyante, le héros se prosterne, comme Moïse aux pieds du buisson ardent ; ses cheveux se hérissent, ses mains se joignent, et frissonnant, tremblant d'une religieuse horreur, il balbutie le glorieux cantique, le *Sanctus Sabaoth* de l'adoration panthéiste :

O Dieu, je vois en ton corps tous les dieux et les troupes des êtres vivants; et le Seigneur Brahmâ assis sur le lotus; et tous les Rishis, et les Serpents célestes.

Je te vois avec des bras, des poitrines, des visages et des yeux sans nombre, avec une forme absolument infinie. Sans fin, sans milieu, sans commencement ainsi je te vois, Seigneur universel, forme universelle.

Tu portes la tiare, la massue et le disque, montagne de lumière de tous côtés resplendissante; je puis à peine te regarder tout entier : car, comme le feu ou le soleil, tu brilles dans ton immensité.

Tu es l'Indivisible, le suprême Intelligible. Tu es le trésor souverain de cet Univers; tu es impérissable; la Loi est immuable par toi; tu es le masculin éternel.

Sans commencement, sans milieu, sans fin; doué d'une puissance infinie; tes bras n'ont pas de limite, tes regards sont comme la Lune et le Soleil; ta bouche a la splendeur du feu sacré.

C'est ta chaleur qui échauffe l'Univers. Car tu remplis à toi seul tout l'espace et tu touches à toutes les régions; à la vue de ta forme surnaturelle et terrible, les trois mondes, ô Dieu magnanime, sont ébranlés :

Voici les troupes des êtres divins qui vont vers toi; quelques-uns lèvent de crainte leurs mains près de leurs tempes et prient à voix basse. « *Sto asti*, tu es », répètent les assemblées des Maharshis et des Saints, et ils te glorifient dans de sublimes cantiques.

Oui ! à ton nom, ô Dieu chevelu, le monde se réjouit et suit ta Loi, les Rakshasas effrayés fuient de toute part, les troupes de Siddhas sont en adoration.

Et pourquoi donc, ô magnanime, ne t'adorerait-on pas, toi plus vénérable que Brahma, toi le premier

Créateur, l'Infini, le Seigneur des dieux, la demeure du monde, la source indivisible de l'être et du non-être ?

Tu es la divinité première, l'antique principe masculin, le trésor souverain de cet Univers. Tu es le Savant et l'Objet de la science, et la demeure suprême. Par toi s'est déployé cet Univers, ô toi dont la forme est sans bornes.

Tu es Vayu, Agni, Varuna, Chandra, Prajâpati et le grand Aïeul. Gloire, gloire à toi mille fois ! et gloire encore, gloire, gloire à toi !

Gloire, à toi, en tous lieux, ô Universel ! Doué d'une force infinie, d'une puissance infinie, tu embrasses l'Univers.

Les Rudras, les Adityas, les Vasus et les Sâdyas, les Viçwas, les deux Açwins, les Maruts et les Ushmapas, les troupes des Gandharvas, des Yaxas, des Asuras et des Siddhas, te contemplent et demeurent éblouis.

Comme vers une flamme allumée l'insecte vole à la mort avec une vitesse croissante : ainsi les vivants courent se perdre en ta bouche.

De toutes parts ta langue se repaît de générations entières et ton gosier embrasé les absorbe. Tu remplis tout le monde de ta lumière, ô Vishnu, et tu l'échauffes de tes rayons.

Raconte-moi qui tu es, Dieu redoutable. Louange à toi, Dieu suprême. Sois propice. Je désire te connaître, Essence primitive ; car je ne prévois pas la marche de ton action.

— Je suis le Temps destructeur du monde ; vieux, je suis venu ici pour détruire les générations...

Et le Dieu, sur la prière de son disciple qui ne peut soutenir cette apparition terrifiante, reprend sa première apparence, sa forme humaine, et continue son entretien mystique.

Un curieux chapitre détermine les rapports de la matière et de l'idée.

« Le corps est appelé matière, et le sujet qui connaît est appelé idée de la matière. Sache donc, fils de Bharata, que dans tous les êtres matériels je suis l'idée de la matière. »

Tout ce passage est obscur, indécis, dénaturé peut-être par les interpolations ou les rédactions défectueuses. Quelques pensées se dégagent, curieuses cependant ; c'est que tout être naît par l'union de la matière et de l'idée ; c'est que l'âme, principe souverain uniformément répandu en tous les vivants, ne périt pas quand ils périssent, est inaltérable et immuable, et n'est jamais souillée par les souillures du corps.

« Comme le soleil éclaire à lui seul tout le monde, ainsi l'idée illumine la matière. »

L'idée est ainsi comme une force lumineuse, tout à la fois visible et invisible, qui pénètre, soutient et anime, fait mouvoir tout cet univers.

Or, la connaissance de l'idée affranchit l'âme des liens de la nature...

Il est des athées, dit la Baghavad-Gita, assurant qu'il n'existe de par le monde ni vérité, ni ordre, ni providence, que le monde est composé de phénomènes se poussant l'un l'autre et n'est rien qu'un jeu du hasard ; or ces athées, d'intelligence étroite, croyant que tout finit à la mort, satisfont dès lors tous leurs bas appétits, et sont des hommes de proie, les vrais ennemis du genre humain. Mais ces hommes abandonnés aux vicissitudes de la mort, renaîtront misérables en des matrices de démons, et s'égarant de génération en génération, jamais, dit le Dieu, ne pourront m'atteindre.

Ceux au contraire qui ont soumis leurs sens, qui tiennent leur pensée en parfait équilibre, et se réjouissent du bien des créatures, ceux-là s'élèveront jusqu'à moi.

La Baghavad-Gita, rappelant la division des castes déclare que tout homme, quelle que soit sa condition, peut arriver à cet état du sage. Pour permettre au brahmanisme sans doute une lutte plus égale avec le bouddhisme, la Baghavad-Gita, par un large esprit de tolérance, convoque donc à cette vie supérieure tous ceux qui cherchent leur refuge en Dieu, « eussent-ils été conçus dans le péché, les femmes, les vaysias, les sudras. » Et le saint livre, nous l'avons vu, semble accepter même toutes les révélations, tous les Dieux.

Enfin, la Baghavad-Gita résume toute la doctrine de l'absorption en Dieu et de l'absolu renoncement.

Arjuna tranquille dit à Krishna :

« Le trouble a disparu de mon âme; j'ai reçu la grâce, la tradition sainte, je suis affermi; le doute est dissipé; je suivrai ta parole. »

Ainsi finit ce poème rayonnant, cet évangile du panthéisme indien, où l'esprit, et jusqu'au vertige, goûte l'ivresse de l'infini.

A la métaphysique et à la religion du Bouddha, du kshatrya devenu Dieu, le brahmanisme opposa donc surtout cette religion de Krishna. Mais, tandis que le bouddhisme était nihiliste et sombre, cette dévotion à Krishna exaltait, glorifiait la vie, offrait aux âmes l'attrait d'une religion ivre perpétuellement de la nature et de Dieu, et qui appelait les âmes à partager la gloire et les énergies de l'essence divine.

C'est par sa joie surtout et aussi par ses molles tendresses, qui dégénérèrent trop rapidement en un licencieux mysticisme, que la religion de Krishna sut lutter avec avantage contre la religion bouddhique et à la fin l'emporter sur elle.

La Baghavad-Gita paraît être du premier ou du second siècle de notre ère. Œuvre éclectique comme toutes les œuvres des religions sectaires, elle concilie les doctrines védantiques avec celle du Yoga, et aussi certaines conceptions du Sankhya. Comme le Sankhya, elle reconnaît la coexistence de Prakriti, la Nature, et de Purusha, l'Esprit, mais en les faisant émaner l'une et l'autre de l'Être suprême.

Elle est donc surtout védantique et par conséquent unitaire, comme le seront la plupart des Upanishads [1], et les plus importants Puranas.

---

1. Cette doctrine unitaire de la Baghavad-Gita, nous la retrouvons dans les Upanishads vishnuïtes et krishnaïtes, par exemple dans celle de Vishnu Rama (la Rama-Up.), et dans celle de Vishnu Nrisinha, ou Vishnu l'homme-lion (la Nrisinhata-Upan.). — Ce sera celle aussi des Puranas vishnuïtes, comme le Baghavata-Purana, celle de Sankara, et la doctrine le plus en faveur toujours parmi les sectes modernes.

VIII

LE HARIVANSA

Poème énorme de plus de 16 000 slokas qui fut ajouté au Mahabharata, et où sont rassemblés aussi des fragments d'origines diverses et de diverses époques, immense compilation encore de légendes et d'hymnes aux Dieux nouveaux, le Harivansa ressemble aux Puranas, que nous étudierons plus loin, mais qui sont d'un âge plus récent [1].

On distingue aisément chez ses compilateurs le dessein de réconcilier après des luttes très longues, et qui peut-être avaient été sanglantes, les deux sectes nouvelles, les deux religions en présence de Vishnu Krishna et de Siva. Comme le Mahabharata, le Harivansa garde en de nombreux passages le souvenir de ces luttes religieuses, qui aboutirent à un large syncrétisme et à la conception de la *Trimurti*.

Il part, ainsi que les Puranas, de l'origine des choses; il expose le règne des Manus, l'histoire de quelques-unes des grandes familles

---

[1]. Voir la trad. de Langlois (Paris, 1825, 2 vol. in-4°) à laquelle nous avons emprunté toutes nos citations.

royales; puis il glorifie Krishna et mêle au délire d'une cosmogonie fantastique des hymnes parfois sublimes, et des spéculations théologiques ou métaphysiques, souvent très hautes.

Les plaintes de la Terre que tourmente sans cesse la race monstrueuse des Sakyas, des Danavas, des Rakshasas, dont Siva est si souvent l'allié, provoquent une nouvelle incarnation de Vishnu, sous l'apparence de Krishna. La naissance du Dieu pasteur est, nous l'avons vu, traversée de périls.

Krishna grandit au milieu des bergers. Est-il nécessaire de rappeler ici tant de légendes semblables, celles de Saturne et de Jupiter, celle d'Apollon ?

Tout jeune, il prouve sa force surhumaine, et commence contre les monstres ses luttes terribles et ses miraculeux exploits. Il soutient pendant sept nuits le mont Govarddhana, pour protéger des vaches qu'un vent glacé faisait souffrir. Il triomphe de Caliya, hydre effroyable, qui infectait avec tout son peuple de reptiles un lac près de la Yamuna (II, p. 250[1]).

Puis il tue Arichta, un Detya encore, monstre à face de taureau (lect. 77), il tue Késin, cheval féroce, mangeur de chair humaine, comme les chevaux de Diomède (lect. 70).

A ces légendes héroïques se viennent mêler par instants d'admirables peintures, ou de charmants tableaux de la vie pastorale. Ici c'est

---

1. Dans les représentations de Krishna, la danse du Dieu sur les têtes du monstre est très fréquemment figurée.

une description de l'automne, là ce sont des tableaux du soir et de l'aurore.

Voici le soir :

Le soleil, éteignant l'ardeur de ses rayons, était descendu vers l'ouest ; le ciel se rougissait des feux du crépuscule ; la lune élevait son disque jaune ; les oiseaux dans leurs nids reposaient tranquilles ; les étoiles commençaient à briller ; tous les points de l'horizon se couvraient de légères ténèbres : tandis que les oiseaux du jour s'endormaient au sein des *vasantis* fleuries (lianes touffues), les oiseaux de nuit s'agitaient en cherchant leur proie. Le soir mettait fin aux travaux des hommes, et appelait vers les flambeaux la troupe des papillons ; le soleil venait de se plonger au sein du crépuscule ; les chefs de famille rentraient dans leurs foyers ; on récitait pour honorer le feu divin les mantras usités parmi les ermites qui habitent les bois. On s'occupait à traire les vaches qui venaient de rentrer : on entendait les mugissements répétés de celles qui étaient mères, et près desquelles étaient attachés les jeunes veaux ; les pasteurs, portant des cordes, appelaient les vaches, et comptaient les troupeaux ; on entassait la bouse, et de tous côtés les feux s'allumaient ; d'autres bergers arrivaient courbés sous une charge de branches ; la lune, qui montait peu à peu, brillait d'un éclat moins pâle ; la nuit s'étendait ; le jour était fini ; le soleil allait se reposer de ses travaux, et la lune lui succédait, escortée de ténèbres ; les feux ardents de l'un étaient remplacés par la lumière tempérée de l'autre ; c'était le moment où brillent de toutes parts les feux perpétuels du sacrifice, où s'opère dans le monde l'union mystérieuse d'Agni et de Soma, où l'occident est enflammé encore de quelques lueurs, où l'orient perd ses dernières teintes, où le ciel se remplit d'étoiles.

Très colorée aussi est la description de l'automne, un des thèmes favoris de la poésie indienne [1].

Je signalerai enfin ces plaintes d'une amante, Prabhavati, fiancée de Pradyumna, fils de Krishna (lect 150) :

O mon ami, je ne sais quel feu me dévore, ma bouche est desséchée, mon cœur est inquiet. Quel est ce mal auquel il n'est pas de remède ? La vue de cet astre accroît mon secret tourment. Il n'est pas levé pour moi encore, l'astre dont les aimables rayons doivent rafraîchir mon cœur, et que je ne connais que par tes discours. Hélas ! je sens que je succombe. Malheureuses femmes que nous sommes ! je tremble, car il ne vient pas, comme tu me l'as annoncé, celui que mon cœur désire. Je m'étais dit : Je vais suivre une route parsemée de lotus ! infortunée que je suis ! j'y ai trouvé le serpent d'amour et sa morsure cruelle. Seraient-ce donc les rayons de la lune, si froids de leur nature, si doux pour les mortels, qui allumeraient en moi ce feu qui me dévore ? La brise du soir, fraîche et chargée du parfum des fleurs, est aujourd'hui comme une flamme qui me brûle. C'est lui, lui seul qui occupe ma pensée ; il est le maître de ma volonté. Toute remplie de son image, mon âme est sans force, sans énergie. Interdite, éperdue, je frémis, ma vue se trouble, et je sens que je meurs [2] !

Kansa, voulant dans un piège attirer Krishna, a donné à Mathura une fête solennelle en l'honneur de Siva : Krishna et son frère Rama « aussi

---

1. Voir le Meghadûta, et le Ve acte de Mritchtchakati.
2. Voir encore dans le Harivansa, la fête d'Indra (p. 304, Ier vol.) ; une peinture de l'automne, p. 217 ; un effet de nuit, p. 342 ; la description des trésors d'un roi, p. 526 ; une autre description de l'automne, IIe vol., p. 129 ; la description d'une ville, p. 142 ; la fin du monde, p. 210 ; la terreur universelle, p. 398 ; l'histoire de Pururavas et d'Urvasi, 36e lecture.

brillants que le soleil et la lune » entrent dans la ville « comme des léopards dans un pâturage, » tuent l'énorme éléphant posté par le roi devant la porte du théâtre pour arrêter et broyer le héros, puis, se précipitant sur la loge royale, égorgent le tyran.

Il y a là de curieux chapitres ; l'un entre autres donnant la description d'un théâtre hindou. Les lamentations des femmes de Kansa, et le discours de Krishna sur les énergies du Temps, dont la conception rappelle celle de l'Ananké grecque, sont des lieux communs familiers à la poésie des Hindous.

Krishna descend au séjour de Yama pour ressusciter un mort, et fait trembler le ténébreux royaume des roulements de tonnerre de sa conque. Il soutient la guerre contre le roi des Yadavas, ancien allié de Kansa, et prend dans ces quelques chapitres une figure moins légendaire.

Malgré ses victoires, la population de Mathura, où le Dieu avait fait une entrée triomphale, est obligée d'abandonner cette ville qu'il ne peut défendre. Krishna et son peuple émigrent sur les bords de la mer, et y bâtissent une cité splendide, Dwaraka, ville ornée de tours, de somptueux édifices,

« Dressant de hauts remparts et de larges portes jaunes comme les nuages que la lumière dore, ville pareille avec ses vastes bassins d'eau limpide et ses délicieux jardins, à une femme aux longs yeux, dont tous les membres seraient chargés de parures... »
(155 lect.)

Une des légendes les plus intéressantes est celle de l'enlèvement par Krishna de la belle Rukmini, la fiancée de Sisupala, épisode qui dans le Baghavata-Purana sera repris et longuement développé.

Krishna poursuit sa lutte contre les Detyas et les Danavas. Il en immole 800 000 ; il tue leurs principaux chefs ; formidables sont tous ces Titans de la mythologie indienne. Bien des traits de ces légendes rappellent leur origine première, les mythes antiques, qui si clairement dans le Rig-Véda traduisaient la lutte perpétuelle des grandes forces de la nature.

Les deux armées s'attaquent, comme le ciel et la terre à la fin des siècles se heurteront un jour : spectacle affreux que cette mêlée de Dieux et de Dânavas, où la modération lutte contre la violence et la sagesse contre l'orgueil. Les Suras (les Dieux) et les Detyas (les Démons) s'avançaient avec rage les uns contre les autres, et ressemblaient alors à des nuages s'élevant des deux côtés de la mer, poussés par la violence de deux vents ennemis, ou à deux éléphants rivaux, qui sortent de forêts opposées. Le ciel, la terre, les dix régions retentissent avec fracas du bruit des tambours, du son des conques guerrières, et les échos répètent le frémissement des arcs et le mugissement des tambours... Ainsi éclaterait un orage, où les Danavas seraient la nue grosse de tempêtes, les armes des Dieux l'éclair qui la sillonne et les flèches des deux partis la pluie qui traverse l'air.

Krishna, un jour, combat Indra et invoque Siva contre lui. Une autre fois, il combat Varuna ; mais de ces guerres des Dieux, la plus curieuse est celle de Krishna et de Siva, souvent représenté, avons-nous dit, comme l'allié de ces Danavas, Detyas et Raskhasas, dont Vishnu Krishna venait délivrer la terre. La Terre se plaint devant Brahma de cette lutte entre Hari (Vishnu) et Hara (Siva).

Pourquoi ta lutte avec Krishna, dit Brahma à Rudra ?... Ne sais-tu pas que Krishna est un autre toi-même. Alors Rudra reconnaît son identité avec Krishna et Brahma ; et l'aïeul des mondes, et les deux divinités, un moment ennemies, se confondent en une seule, Hari-Hara, forme éternelle qui n'a ni commencement, ni milieu, ni fin. (Ier v., p. 244.)

L'histoire de Hari dans le Harivansa finit sans dénouement à la 187e lecture, après son combat contre Varuna.

Les derniers chants, très confusément réunis, exposent tour à tour les caractères des quatre âges du monde, l'incendie et l'inondation de l'univers, le mystère du lotus sacré, celui du Grand-Être et de la création des choses ; ils déroulent les phénomènes de l'Upasarga, font apparaître le corps infini de Brahma, rappellent l'établissement des castes, la querelle des Devas et des Detyas ; les mortifications et les pénitences des Detyas, le barattement de la mer ; reprennent les légendes connues de l'œuf du monde, et de l'avatar de Vishnu.

Le dernier tableau du poème est la destruction de Tripara, une des villes aériennes, habitée par les Asuras, avec ses palais étincelants, ses maisons jaunes, ses tourelles, ses pavillons scintillants d'or, et que les flèches du Dieu brûlent et consument jusqu'à son évanouissement en fumée, « comme s'évanouit le nuage dissous par la chaleur ».

De cette histoire de Krishna Vishnu, de tout ce naturalisme grossier, de tout ce mysticisme, qui deviendra chaque jour plus sensuel, se dégage cependant une conception élevée, parfois presque chrétienne, d'un Dieu de sacrifice et d'absolue bonté.

Cette âme hindoue si tendre, si exaltée souvent, put satisfaire ainsi, en ce culte de Vishnu, ses instincts d'amour, tous ses besoins d'adoration et d'extase.

« Que tous les êtres soient heureux, est le dernier mot de la Baghavad-Gita. » Une pensée semblable de bénédiction et d'infinie charité termine cette curieuse parabole, que nous trouvons dans le Harivansa, et qui du livre de *Calila et Dimna*, en se transformant sur la route, est arrivée, comme tant de fables hindoues, jusqu'à nous et à La Fontaine (fable VII du IX° livre).

Le sage Narada va vainement d'un être à l'autre, cherchant celui qu'il pourra pleinement admirer et dont il enviera la félicité parfaite. Mais à tous les êtres une grandeur, une force ou une vertu manquent. Il va ainsi de la Ganga, la plus belle des rivières, « peuplée de poissons gigantesques, et dont les îles sont les retraites des pénitents », à l'Océan vers qui se hâtent toutes les rivières, « comme des épouses vers leur époux »; puis de l'Océan à la Terre qui porte les animaux, nourrit les hommes, soutient même les Dieux; de la Terre aux Montagnes,

« les colonnes du monde, pleines d'or, de pierres précieuses, de métaux ; et d'elles il va à Brahma, la source de vie et d'énergie pour toute cette création immense, et Brahma le renvoie aux Védas, qui enseignent toute sagesse et toute science, sont sa propre substance ; puis des quatre Védas, il se rend près des Sacrifices, qui les ont créés et qui les font vivre. Et comme le sage leur rendait hommage, ces sacrifices paraissant à ses yeux répondent que Vishnu seul était l'être parfait. Alors s'approchant de Vishnu, Narada lui dit qu'il est admirable et heureux : « Oui, répond le Dieu, je le suis par tous les présents que je fais ! » (166e lect.)

IX

LE RAMAYANA DE VALMIKI, ET L'UTTARAKANDA

Voici certainement l'un des plus glorieux chefs-d'œuvre du génie humain. Et ce n'est plus ici un chaos architectural, un monument de tous les styles et de tous les âges, grandiose mais sans proportion, comme le Mahabarata. Le Ramayana, si démesuré qu'il soit encore avec ses 24 000 slokas ou distiques, offre en toutes ses parties un art admirable et une harmonie à peu près parfaite. Et nul poème n'est plus humain. Le sujet du Ramayana c'est, en réalité le drame éternel de la vie, tel du moins que la race aryenne l'a conçu, sous la forme d'un combat livré par un héros toujours beau, lumineux et fort, incarnant toutes les puretés et les noblesses, toutes les grandeurs de la nature humaine, contre les puissances mystérieuses et jalouses, comme le Zeus, l'Ananké des Grecs, ou contre les esprits de la nuit et du mal. Ces

---

1. Voir la traduction de H. Fauche, Paris, 1854-1858, 9 vol. in-12 (nos citations lui sont empruntées) ; la trad. italienne de Gorresio ; la trad. anglaise de Griffith.
Voir encore l'abrégé de la trad. de H. Fauche, 2 vol. in-12 chez Marpon.

esprits du mal dans le Ramayana, ce sont les Rakshasas, qui semblent figurer l'animalité primitive, les troupeaux terribles d'hommes et de bêtes, maîtres du monde avant la venue de la race blanche, et certainement maîtres de l'Inde, avant la venue des Aryas.

Nul poème aussi, malgré sa figuration fantastique, qui soit plus vivant et réel, tant y sont vrais toujours le caractère, les sentiments et le langage de ses héros.

Sita est comme *Rama* une figure d'éternelle beauté : nulle femme peut-être en aucune poésie n'apparaît plus chaste et ni plus passionnée, parfois plus doucement héroïque. Si fière, si pure et d'inaltérable tendresse, elle est bien de même race que ses sœurs plus modernes, l'Ève de Milton ou les héroïnes de Shakespeare, les seules femmes qui nous la rappellent.

Nulle poésie, avant celle de Shakespeare, n'a été si profonde, confinant presque à la musique par l'infini de ses voix, et de ses horizons. Avant lui, en effet, avant le prestigieux auteur de la Tempête ou du Songe d'une nuit d'été, nul autre poète que *Valmiki* n'a su par le mélange du fantastique et du réel ouvrir au rêve un si large et si merveilleux univers, ce monde illimité, jusqu'à eux inconnu, de la poésie panthéiste, où tout frissonne, tout vibre et chante, à l'unisson de l'âme ou en harmonie avec elle.

Et si grand, si riche est ce décor de la forêt indienne et de l'océan indien ! L'épopée par instants devient une immense symphonie où toutes les voix de la nature dans un accord puissant s'élèvent, s'entremêlent, se fondent. A celles de Rama et de Sita, aux paroles des deux amants, qui marchent enlacés sous les bois fraternels, s'ajoutent et répondent, chant profond, sourd et magnifique unisson, le grand murmure des forêts, et l'émoi passionné de tous les êtres, qu'agite le même trouble d'amour.

Nous sommes ici parvenus au point le plus élevé de la poésie hindoue. Après le Ramayana commencera la décadence.

Le drame s'ouvre dans la splendide ville d'Ayodhya. Le roi *Daçaratha*, âgé de 9 000 ans, — nous sommes donc en pleine légende, — va appeler Rama, son fils aîné, à la succession du trône. Rama (celui qui plaît ou qui se fait aimer) est adoré déjà de ses futurs sujets.

Son portrait dans le Ramayana est bien l'image de la personne royale selon l'idéal brahmanique.

Ce prince pensait que monter aux sommets de la science était préférable encore à l'honneur de monter sur un trône. Ce prince, plein de charité pour tous les êtres, secourable à ceux qui avaient besoin de secours, libéral, défenseur des bons, ami des faibles, vrai dans ses promesses, ferme dans ses résolutions, maître de son âme, avait l'intelligence de toutes les affaires, le travail facile, parlait toujours avec un langage affectueux ; il était capable de renoncer à la vie et à la plus opulente des fortunes ou à ses voluptés les plus chères, plutôt qu'à la vérité ; il était droit, généreux, modeste, doux, patient, invincible ; il avait un grand cœur, une grande énergie, une grande âme ; il était le plus vertueux des hommes, il était d'un aspect aimable comme la lune, et était doux comme le soleil d'automne ; il était égal en courage à Indra, égal à Vrihaspati par l'intelligence, égal à la Terre en stabilité... il était le père et la mère de tous ses sujets...

D'une force sans égale, il avait su courber l'arc du Dieu Siva, arc prodigieux, que huit cents hommes avaient apporté dans son étui de fer sur un char à cinq roues. Rama non seulement avait courbé l'arc, mais l'avait brisé en le courbant. Il avait conquis ainsi dans un *swayamvara Sita*, fille de Djanaka, roi du Videha, promise à qui accomplirait ce prodige [1].

Pavoisée, résonnante de musiques, toute la ville est en fête, attendant le sacre de Rama. Mais, au fond du harem, *Kikéhi*, la seconde femme de Daçaratha, et la mère du prince *Bharata*, a rêvé pour son fils absent cette puissance dont Rama va être investi.

Excitée par une servante bossue, elle s'affermit dans sa résolution, « et se dépouillant de ses parures, l'âme haineuse, le visage assombri par les nuages de la colère, ayant détaché rubans et joyaux de son buste pur [2], cette épouse si belle de l'Indra des hommes, devenue comme le ciel enveloppé de ténèbres, » se rendit auprès du roi, le troubla par sa douleur, lui

---

1. Le premier livre qui finit ici contient parmi ses curieux épisodes l'incarnation de Vishnu en nain, la descente de la Ganga sur la terre, l'origine du Dieu de la guerre Kumara; la création de l'Océan ; la conquête de l'Amrita, l'ambroisie céleste ; l'histoire de Viswamitra, qui vient à la cour de Daçarathra chercher Rama, le héros divin, pour vaincre Ravana, le contempteur, et l'ennemi des ascètes ; le mariage de Sita et de Rama ; et le duel de Rama et de Parasu Rama, vu déjà dans le Mahabharata.
2. II⁰ chant, Ayodhya-Khanda.

rappela une promesse ancienne d'accorder la première faveur qu'elle pourrait solliciter de lui, et l'ayant pris ainsi « dans le réseau d'un serment », elle exigea qu'il éloignât Rama et transmît le trône à son second fils Bharata, absent d'Ayodhya pendant tout ce complot de sa mère. Le roi dut céder; il condamna son fils à vivre exilé pendant quatorze ans dans les jungles et dans les forêts; et Rama, « le devoir incarné », s'inclina devant la volonté paternelle. Le jeune prince, au moment de partir, s'arrachant des bras de sa mère, que torturaient la douleur et la honte, lui dit ces paroles saintes :

« Jamais, Reine, fût-ce au prix d'un royaume, je ne céderai mon honneur ni ma gloire. Dans les bornes étroites où la vie est enfermée pour nous, c'est le devoir que je choisis pour moi, et non la terre sans le devoir! »

Sa mère gémissante le serre étroitement sur sa poitrine, cherche à le garder encore, lui dit qu'outragée, exposée toujours aux attaques de ses rivales, elle ne peut se réfugier qu'à l'ombre de son fils. Rama lui répond :

« Reine, excuse-moi; ton mari est ton Dieu. Aussi dans ton amour pour moi, ne te révolte pas contre la volonté d'un époux : c'est la conduite qui sied le mieux à ta vertu, comme à la mienne. »

Et il la supplie même de pardonner à sa rivale, de ne la poursuivre d'aucune injure.

L'héroïsme de Rama est mis à une nouvelle épreuve dans ses adieux à Sita. Mais l'âme de Sita est à la hauteur de la sienne. Rama refuse d'abord de la laisser partager son exil ; Sita « aux paroles toujours douces » lui répond :

« Je te suivrai partout où tu iras. Séparée de toi, je ne voudrais pas du ciel même. Oh ! je te le jure par ton amour et ta vie ! Tu es mon Seigneur, mon maître spirituel, ma route, tu es mon Dieu. Je ne te quitterai donc pas, c'est ma résolution dernière. Si tu as tant de hâte à partir pour la forêt épineuse, je marcherai devant toi, brisant devant tes pas les herbes et les épines. Pour une femme aimante, ce n'est pas un père, un fils, ni une mère, ni un ami, ni son âme même, qu'elle doit suivre à jamais : non ! mais c'est son époux ; oh ! ne m'envie pas ce bonheur ; jette loin de toi cette pensée jalouse, comme on jette l'eau qui reste après que l'on a bu ; emmène-moi sans défiance : il n'est rien de méchant en moi. L'asile de tes pieds, mon Seigneur, est, à mes yeux, préférable aux palais, aux châteaux, à la cour des rois, aux chars de nos Dieux, au ciel même. Accorde-moi cette faveur : que j'aille, accompagnée de toi, au milieu de ces bois peuplés de lions, d'éléphants, de tigres, de sangliers et d'ours ! J'habiterai avec bonheur au milieu des bois, heureuse d'y trouver un asile à tes pieds, aussi contente en ces retraites d'y couler mes jours avec toi, que je le serais dans les palais d'Indra.

» J'emprunterai, comme toi, ma nourriture, aux fruits et aux racines ; je ne te serai jamais un fardeau pénible, mais avec toi je veux les habiter, ces forêts qui sont fraîches, ces régions ombragées, délicieuses, tout embaumées de fleurs. Là, des milliers d'années écoulées près de toi sembleraient à mon âme n'avoir duré qu'un jour. Sans toi le paradis me serait un séjour odieux, et l'enfer avec toi m'est un ciel préféré. »

Et Rama lui peint l'horreur, les mille dangers de ces forêts :

« De quel plaisir, Sita serai-je donc pour toi, quand il ne restera plus de mon corps consumé par les pénitences, qu'une peau sèche sur un squelette ?.. Pour moi, voyant tes couleurs effacées par le hâle, par le vent et l'ardeur du soleil, ton corps si frêle épuisé par les jeûnes, le spectacle de tes souffrances avivera mes douleurs. Même en demeurant ici, tu ne cesseras pas d'habiter dans mon âme ; tu seras sans cesse dans ma pensée... Non, je n'ai peur de rien, répond-elle, ni des lions, ni des tigres, ni des sangliers, ni d'aucunes bêtes fauves ou venimeuses. Combien moins puis-je redouter leur venin ou leurs dents, si la force de ton bras étend sur moi sa défense ! Mourir là d'ailleurs vaut mieux pour moi que vivre ici sans toi ! »

Et Rama vaincu, l'âme débordant d'amour, d'un splendide élan de passion la relève, l'entoure de ses bras, lui murmure ces paroles:

« Oui, le ciel même sans toi je ne le voudrais pas ! si je t'ai dit : non, je refuse de t'emmener, c'est que je désirais m'assurer de ta résolution, femme de qui toute la vue est charmante... mais puisque, dans ton amour pour moi, tu ne tiens pas compte des périls que la nature a semés dans ces bois, il m'est aussi impossible de te délaisser, qu'au sage de répudier sa gloire. »

Rama, accompagné de Sita et de son frère Lakshmana, quitte la ville royale et se dirige vers les forêts profondes. Alors commence ce que nous pourrions dans ce poème appeler la symphonie de la forêt. Seule, la musique, ou parfois la poésie de Shakespeare ont de pareils accents.

Ils arrivent tous trois aux bords de la Yamuna. Là quand Rama et son frère eurent lié ensemble pour en faire un radeau des branches et des bambous du rivage, Rama, ayant pris Sita dans ses bras, l'y porta doucement, tremblante comme une liane. Et ils se dirigent vers le mont Tchitrakoûta, montagne heureuse, dont les échos répétaient les chants des kokilas, des paons, de mille oiseaux divers, les cris des gazelles et le barit formidable des grands éléphants enfiévrés d'amour. Une nuit s'écoule, et le matin, Rama réveillant Lakshmana : Ecoute, dit-il, écoute tous ces bruits, toutes ces voix, ces chansons d'oiseaux,... et tous trois dans la forêt marchent éblouis et ravis.

« Vois, ma bien-aimée, vois comme sur les bords de la Mandaki la nature a étendu pour nous sous chacun de ces arbres des lits semés de fleurs !...

» Vois les surfaces de la montagne délicieusement tapissées par l'expansion des lianes... dans cette forêt charmante où gazouillent une infinité d'oiseaux, où paissent des milliers de gazelles, où errent des troupeaux d'éléphants, nous aurons un plaisir délicieux à marcher ensemble, ô ma bien-aimée...

» Sita aux grands yeux, vois-tu près du fleuve les kinçoukas fleuris, et qui sont comme en feu. Vois encore le long de la Mandakini, cette forêt de karnikaras, toute illuminée de ses fleurs splendides qui flamboient comme l'or. Vois ces bhallatakas, ces vilvas, tous ces arbres dont les branches pendent sous le poids des fruits... »

Et les deux amants s'avancent enlacés dans ces bois, consolés de leur exil par leur mutuelle tendresse et par l'enivrement de cette grande nature, qui mêle sa voix à leur voix et ses caresses à leur amour.

Et ils vont, admirant les forêts, les fleuves,

les montagnes avec leurs cascades, leurs sources, leurs ruisseaux, leurs rivières.

Les unes étincellent comme l'argent, les autres comme des opales; celles-ci comme l'émeraude ou comme le diamant imbibé de lumière, rivières peuplées de grues et de cygnes, voilées de lotus et de nymphœas bleus, tout ombragées d'arbres, semées d'îles.

Et Rama près de Sita oublie son exil et la perte de son royaume.

Pendant qu'ils vivent ainsi sous l'abri tranquille des forêts, une armée se présente de 10 000 éléphants, de 60 000 chars de guerre, et de 100 000 cavaliers.

C'est l'armée de Bharata, qui depuis de longs jours est à la recherche des fugitifs. Daçaratha, le roi, est mort ; Bharata, protestant contre la conduite de sa mère, a refusé la couronne, et vient la rendre à Rama. Mais le héros déclare que la volonté de son père lui est plus sacrée que jamais, et qu'il doit et veut rester en exil. Il confère alors l'investiture à Bharata et lui rappelle les devoirs des rois :

Comme l'aspect de la lune, brillant à plein disque, verse la joie dans les cœurs, fais que tous tes sujets se réjouissent par toi; comme la terre soutient également tous les êtres, c'est un devoir pour un monarque de protéger tous ses sujets...

Il lui prescrit même d'effacer de son esprit ce qu'avait fait sa mère par amour pour lui ou par ambition, et de se comporter envers elle avec respect toujours, comme le doit un fils.

1. Voir dans le IIe livre les funérailles du rajah.

Bharata s'éloigne suivi de son armée, mais il refuse encore de garder la couronne, se fait ascète, et ce sont les sandales royales qui représenteront, dans Ayodhya-Rama, le monarque absent. Rama, Sita, Lakshmana continuent leur marche errante, visitent de nombreux ermitages et passent des années heureuses parmi les anachorètes. Les deux héros les protègent contre l'attaque des Rakshasas, bêtes fauves ou tribus sauvages, qui faisaient le péril toujours de ces forêts profondes, où si vaillamment pénétraient et s'établissaient ces missionnaires de la foi brahmanique et de la race blanche. (III° ch., Aranya-Khanda, ou chant de la forêt.)

Un jour dans un bois ils rencontrent une Rakshasi, sœur de Ravana, du démon aux dix têtes, qui bientôt sera l'adversaire de Rama. « Elle voit le héros aux longs bras, aux épaules de lion, aux yeux pareils aux pétales de lotus, et cette créature immonde brûle d'amour pour lui ; sous les traits d'une femme, elle s'approche du héros, lui parle, lui promet la puissance, s'il la veut aimer. Rama sourit, la repousse, la renvoie à son frère.

La Rakshasi furieuse se précipite sur Sita et va la dévorer, quand Lakshmana l'arrête, et d'un coup d'épée lui tranche le nez et les oreilles. Elle s'envole avec des cris terribles, fuit vers son frère, tombe parmi les Rakshasas dont il était environné, « comme la foudre du haut des cieux », et sanglante, étendue à terre, demande à Ravana vengeance.

Sur l'ordre du roi des Rakshasas, « tels que

des nuages chassés par le vent » les noirs démons s'élancent et fondent sur Rama ; mais le héros, tranquille, de ses longs traits empennés d'or, de ses flèches magiques qui fendent l'air et l'illuminent avec un éclat égal à celui des grands météores, Rama repousse les démons.

Ravana renvoie contre lui quatorze mille Rakshasas, « pareils à des nuages sombres, d'une impétuosité formidable, et qui s'approchent avec un bruit pareil à celui du grand Océan ».

Cette fois encore, impassible devant leur choc, le héros triomphe.

Ainsi que la mer reçoit les tributs des fleuves, le corps percé de dards, mais aussi peu troublé qu'un grand mont sous les coups de la foudre, le regard étincelant de colère et flamboyant comme le feu à la fin d'un Yuga, Rama dans la journée immola tous ses ennemis ;

et cependant il était seul, car il avait éloigné Lakshmana, en lui confiant Sita.

Ravana apprend de sa sœur la nouvelle victoire du héros. Alors l'horrible géante, pour mieux exciter son frère à la vengeance, lui fait entrevoir comme une proie merveilleuse Sita, « la femme aux grands yeux et de beauté parfaite, charmante comme la déesse Sri ».

Ravana va trouver un Rakshasa, Maritcha, qui vivait en ermite au milieu des bois. Il lui ordonne de se métamorphoser en gazelle, au pelage d'or moucheté d'argent, et de s'offrir ainsi aux regards de Sita. Tentée par la bête, elle lancera certainement à sa poursuite Rama et Lakshmana, et Ravana viendra l'enlever alors,

« comme une éclipse ravit la lumière de la lune ».

Maritcha combat ce projet criminel, dangereux pour Ravana et son peuple ; il connaît la valeur et la sainteté de Rama, « de force à rejeter tous les Rakshasas hors du monde ». Mais le monstre aux dix visages repousse les paroles sages que lui adressait Maritcha, « comme le malade qui veut mourir se refuse à suivre un traitement ».

Ravana commande, Maritcha obéit, et sous cette forme d'une gazelle magique il se glisse dans l'ermitage de Rama et il se montre à Sita. A l'apparition de la gazelle, Sita prie son époux, fasciné lui-même par l'attrait de la bête magique, de s'élancer à sa poursuite. Rama court vers l'animal qui fuit, lui échappe au loin, l'entraîne dans la forêt. Enfin il la perce d'un de ses traits. Le prestige s'évanouit, et le Rakshasa reprend sa forme monstrueuse.

Du moins en mourant il servira son maître ; et imitant la voix de Rama, il lance un long cri de souffrance. Ce cri a frappé l'oreille de Sita, comme un appel du héros. Lakshmana devine et redoute un piège, mais Sita exige qu'il la quitte, pour courir au secours de son frère ; il obéit, il part, et bientôt Ravana se présente, déguisé en religieux mendiant, « avec le manteau jaune, les cheveux relevés en touffes, une ombrelle, des sandales, un paquet sur l'épaule gauche, le vase de terre et le bâton à la main ».

A la vue du monstre s'avançant humblement, les prières des Védas aux lèvres, tous les êtres de la création demeurèrent immobiles, le vent retint son haleine; et le tentateur, s'approchant de la jeune femme, versa à ses oreilles ces paroles caressantes :

« Femme au charmant sourire, aux yeux charmants, au doux visage, cherchant à plaire, et si timide, tu brilles comme un bois en fleurs! Qui es-tu, toi, que ta robe jaune fait ressembler à une fleur d'or?... Es-tu la Pudeur, la Gloire, la Félicité, la Splendeur ou Lakshmi? Qui es-tu, femme au doux visage? Es-tu l'Existence elle-même ou la Volupté?... »

Ses paroles de plus en plus tendres décrivent toutes les beautés de Sita, ses sourcils, ses joues, ses oreilles, ses mains bien faites, sa taille, ses pieds d'une délicatesse enfantine, et dont les doigts ont une fraîcheur d'enfance, « et ces étoiles de jais, ces yeux nageant dans un émail pur, entre leurs angles rouges. Jamais une Kinnari, une Yakshi, une Gandharvi, une déesse n'a su égaler sa beauté... »

« Ce lieu est le repaire des Rakshasas féroces. Les jardins des grandes villes aux palais magnifiques, aux lacs tapissés de lotus, les bois comme le Nandana ou les autres bois célestes, méritent seuls d'être habités par toi. La plus noble des guirlandes, le plus noble des vêtements, la plus noble des perles et le plus noble des époux sont, à mon avis, les seuls dignes de toi, femme charmante aux yeux noirs. Dame illustre, née pour toutes les jouissances, il ne sied pas que tu vives ainsi privée de tous plaisirs, condamnée même à la souffrance, dans un bois désert où tu n'as pour lit que la terre nue et pour aliments que des racines ou des fruits sauvages. »

Et la jeune femme inquiète d'abord, puis reprenant confiance, raconte au faux brahme sa naissance et les événements qui l'ont conduite en cette forêt d'exil.

Le démon, enflammé d'amour, violemment alors se révèle.

« Écoute qui je suis, de quel sang je suis né, et quand tu le sauras, n'oublie pas de me rendre tout l'honneur qui m'est dû...

» J'ai reçu de l'Être existant par lui-même le don de prendre à mon gré toutes les formes et de voler aussi vite que la pensée... Ma force est renommée dans le monde... Sois à la tête de toutes mes femmes, la première de mes nombreuses épouses, qui sont elles-mêmes au plus haut rang de la beauté... »

Et il décrit sa capitale, Lanka, dans la plus merveilleuse des îles de la mer ; il montre sa ville, ouvrage de Viçvakarma, « étagée sur une montagne, dominant l'Océan, et qui porte comme une aigrette des palais et de riches terrasses... »

Terrifiée, Sita jette au démon des paroles de mépris :

« Je serai fidèle à Rama, à ce héros, aussi impossible à ébranler qu'une montagne, et à troubler que l'Océan. Non ! tu ne me souilleras pas, comme tu ne pourrais salir les rayons du soleil. »

Alors Ravana quitte sa forme de mendiant, reprend sa face terrible du roi des Rakshasas, avec ses dix têtes, son corps immense, ses dents de lion, ses épaules de taureau, ses cheveux pareils à la flamme.

« J'emploierai donc la violence, s'écrie-t-il : ah ! tu ne connais pas ma force sans égale. Me tenant au sein des airs, je pourrais enlever la terre avec la vigueur de mes bras ; je pourrais tarir l'Océan, je pourrais tuer la mort, si elle-même luttait contre moi. Je puis de mes flèches obscurcir le soleil!... tu vois bien que je suis ton maître! Je prends à mon gré toutes les formes et donne à qui je veux les biens que l'on désire. »

Et il s'empare de Sita qui se débat, crie, gémit, appelle vainement Rama et Lakshmana.

Il l'enveloppe et l'enlève, comme un sudra qui déroberait l'audition des Védas, comme une éclipse qui ravirait la lumière de la lune,

et sur un char magique l'emporte dans les airs. « A moi, Rama, à moi ! » crie-t-elle encore, mais le héros au loin ne pouvait l'entendre.

A cet appel cependant accourt Djatayu, le roi des oiseaux, vieil ami du roi Daçaratha. Mais c'est en vain qu'étendant ses ailes, « déployant comme une montagne leur immense envergure », il se précipite au-devant du ravisseur et lui veut arracher sa proie. La vieillesse affaiblit ses forces; il est vaincu et tombe, saignant, inanimé, sur le sol. Ravana, un moment jeté à terre, a repris Sita, et l'entraîne. « Elle a beau de sa douce voix appeler Rama, Lakshmana, s'accrocher aux arbustes, serrer les arbres dans ses bras, le Démon la saisit et remonte dans les airs. »

Avec ses membres ornés de leurs bijoux d'or et sa robe jaune, elle brillait, cette fille des rois, comme l'éclair au milieu du ciel.

En voyant sa figure immaculée se détacher sur le corps du monstre, on eût dit la lune se levant dans un sombre nuage, et ses joyaux couleur du feu tombaient du ciel comme des étoiles;

Des singes sont sur une montagne : Sita les aperçoit et jette des bijoux à leurs pieds, dans l'espoir que ces bêtes un jour pourront révéler à Rama la route prise par le ravisseur.

Ravana enfin arrive à Lanka, et il confie sa captive aux Rakshasis, « toutes debout devant lui, les paumes de leurs mains rassemblées en coupes à la hauteur du front ».

Cependant Rama et Lakshmana, pleins d'angoisse, étaient rentrés à l'ermitage. Ils voient les traces de la lutte entre Sita et Ravana; à la recherche de Sita, ils visitent, mais vainement, les forêts, les montagnes, les fleuves et les étangs.

Rama de plus en plus s'enfonce dans sa douleur, « comme un éléphant entré dans un bourbier et qui ne peut faire un pas sans y plonger davantage ». Soudain ils découvrent le roi des vautours, tout sanglant, et près de mourir. Le roi raconte l'enlèvement de Sita, le combat malheureusement inutile, livré par lui à Ravana, et il expire. Les deux frères continuent à errer sans savoir où diriger leurs pas, ils rencontrent un fils de Lakshmi, qu'une malédiction d'Indra avait enfermé dans le corps d'un monstre. Il est par leur venue délivré de son effroyable pénitence, et soudain reprenant sa forme céleste, il annonce à ses sauveurs qu'avec l'aide de Sugriva, roi des singes, ils retrouveront Sita et vaincront Ravana. (Kishkindyâ-Khanda, le chant de la grotte de Kishkindyâ.)

Rama et Lakshmana se rendent vers Sugriva, conduits par le singe Hanumat, le singe héroïque, l'une des figures les plus populaires de la poésie et de l'art indiens¹.

Les sujets de Sugriva, « ces singes aux grands corps, à la vigueur immense, qui ont leurs villes, leurs palais, leurs jardins, et peuvent changer de formes selon leur désir, sont fils des Gandharvas ou des Dieux ».

Leur roi réside dans une ville somptueuse, où des deux côtés des rues s'étendent d'éclatantes files de palais, pareils à des nuées blanches, regorgeant de richesses, de pierres fines, ville splendide où flottent les exquises senteurs de l'aloès et du santal, où étincellent des temples aux murailles émaillées, où des lacs tapissés de lotus, et une rivière limpide, ombragée de bois en fleurs, répandent une fraîcheur exquise. Le palais du roi, avec ses dômes blancs, rappelle les sommets d'une montagne, et son harem où résonnent les instruments de musique est peuplé de femmes merveilleusement belles et splendidement parées.

Sugriva est replacé par Rama sur le trône dont Bali son frère l'avait dépossédé, et accordant son alliance au héros, il envoie des messagers parcourir les forêts, les montagnes, les rives des fleuves, pour convoquer toute l'armée des singes. Ils accourent, et des légions d'ours viennent les renforcer. Ce poème, comme les poèmes d'Homère ou nos chansons de geste, donne les noms des chefs, leur généalogie, décrit longuement ces bataillons bizarres.

La conception de cette fantastique armée de bêtes est peut-être le souvenir de l'appui prêté

---

1. C'est en souvenir de lui que les singes sont de nos jours si vénérés encore, et vivent en liberté autour des sanctuaires de Vishnu.

à l'invasion aryenne par quelques tribus sauvages.

On voit que le problème posé par les Darwinistes d'une antique parenté entre l'homme et le singe n'eût pas inquiété les Hindous. Certainement, pour ces panthéistes, tous les êtres avaient la même origine, le même sang, et la même âme, ce qu'aujourd'hui ont nettement démontré l'anatomie, la physiologie, la psychologie comparées; et là encore le génie des Hindous a de plusieurs mille ans précédé la science.

Hanumat, le fils de Marut ou du Vent, à qui est confiée l'avant-garde, part pour le Sud; il fouille des régions terribles, traverse des forêts enchantées, élevées par Maïa, forêts et palais qui reparaîtront dans les contes d'Orient ou nos poèmes du moyen âge. Puis égaré, redoutant la colère de Sugriva, il rencontre enfin un vautour, frère de ce Djatayu, du roi des oiseaux qui si courageusement avait défendu la jeune reine; et ce vautour, Phaéton indien, dont le soleil a brûlé les ailes, et qui, infirme, très vieux, habite le sommet d'un des monts Vindhya, révèle à Hanumat que Sita, ravie par Ravana, a été cachée dans Lanka [1].

Hanumat, le fils du Vent, se rend aussitôt devant la mer, dilate son corps et du haut du Mahendra s'élance en invoquant les Dieux. Sous son élan la montagne tremble, mugit, comme un grand éléphant blessé par un lion.

Les hauteurs boisées vomissent des ruisseaux

1. V° livre, Sundara-Khanda, le livre de beauté.

pleins d'écume; toutes les fleurs tombent et les grands arbres sont ébranlés.

La mer sur laquelle il passe et où court sa grande ombre, entre en fureur, soulevée par l'air qu'il déplace. Il passe comme un tourbillon et sa face, illuminant les nuages, tantôt s'y montre et tantôt disparaît, telle que la lune dans les nuits d'orage.

Il arrive vis-à-vis de Lanka, mais pour y pénétrer, il diminue son corps et revient à son état naturel, comme Vishnu, après ses trois pas.

Splendide lui apparaît la ville.

Réduit à la grosseur d'un chat, lorsque le jour a disparu, il saute sur un boulevard, pénètre dans la ville, partout retentissante de cris et de rires et des sons d'instruments de musique. La lune alors, comme si elle venait à son aide, se leva environnée par la troupe des étoiles et brillant de milliers de rayons. Il vit monter, avec la splendeur de la nacre, cet astre qui illuminait les régions éthérées de la nuit et qui, blanc comme le lait ou les fibres du lotus, nageait dans les cieux, pareil à un cygne dans un lac. Il vit l'astre radieux arrivé entre les deux moitiés de sa carrière, verser dans le ciel une lumière immense, et se promener dans le troupeau des étoiles, comme un taureau enflammé d'amour au milieu du parc aux génisses. Il vit l'astre aux rayons froids éteindre, en s'élevant, les chaleurs dont le monde avait souffert pendant le jour, enfler les eaux de la grande mer et éclairer toutes les créatures.

Il était semblable aux soirs du paradis cet heureux soir, que rendait si tranquille et si beau ce lever éclatant de la lune.

Nous ne connaissons dans aucune littérature de tableau plus pittoresque et plus vivant que celui de cette ville, se déroulant sous la clarté lunaire avec ses palais, ses maisons, et ses foules.

De tous ces démons, habitants de la ville, les uns sont hideux, mais les autres d'admirable beauté. L'œil perçant du singe pénètre dans les intérieurs ; il y découvre mille femmes gracieuses, enivrantes, toutes parées de fleurs, mais il n'y voit pas Sita.

Il s'approche du palais qu'habite le roi des Rakshasas, palais splendide, étincelant d'or et de pierreries, où criaient les paons, hérissé de drapeaux, perpétuellement illuminé par l'éclat de ses pierres fines, et où résonnent les tambours, les conques, les instruments à cordes et les instruments à vent. Se glissant, invisible toujours, dans le palais qui rayonne de treillis d'or, dont le sol est pavé de cristal, dont les murs sont revêtus d'ivoire, et où circule une odeur délicieuse, une odeur exquise, enivrante, céleste, exhalée des breuvages, des parfums de toilette et des bouquets de fleurs, il voit des milliers de femmes d'éclatante beauté, couchées sur de riches tapis, dans des costumes d'une variété infinie, avec des bouquets, des robes de toutes couleurs. Tombé sous l'empire du sommeil et de l'ivresse, ce troupeau de femmes renonçant à ses jeux, au chant ou à la danse, s'endormait alors en diverses attitudes. A ce moment le sommeil des oiseaux, le silence des robes et des parures, faisait ressembler la salle à une forêt de lotus, quand se taisent les abeilles et les cygnes.

Et le singe ébloui pensait : Voilà sans doute les étoiles qu'on voit de temps en temps tomber du ciel, et qui toutes sont rassemblées ici.

Celles-ci sommeillaient, un bras relevé sous la tête, enveloppées de fins tissus, parées de bracelets d'or ou de coquillages ; celles-là pour oreiller avaient les jambes, les flancs, les hanches, le dos les unes des autres...

Ces femmes à la taille svelte, formaient, enlacées ainsi, une guirlande aussi brillante qu'au mois de Modhava un bouquet de lianes en fleurs. Hanumat vit le roi et la reine du harem, Mandandari, la blonde favorite, semblable à la couleur de l'or, étendue sur un riche divan. Hanumat la vit, telle que l'éclair flamboyant dans le sein du nuage, illuminer ce riche palais par sa beauté et ses parures d'or bruni, qui enchâssait des pierreries et des perles...

Et il cherchait en vain la malheureuse Sita. Enfin, caché dans un arbre qui étalait largement ses ramures, il vit une troupe de Rakshasis, troupe de monstres avec des pieds d'éléphant, d'âne ou de chameau, des gueules de crocodiles, des hures de sanglier, des têtes de serpent ou de cheval, des mufles de tigre, de buffle ou d'hyène, l'une ayant une bouche et des yeux énormes, l'autre n'ayant qu'un œil et qu'une oreille [1], celle-ci avec un nez de la longueur d'une trompe, celle-là camarde comme la mort, toutes tenant des lames, des épées, des maillets, quelques-unes se repaissant de chair, souillées de graisse et de sang; et au milieu de cette troupe effroyable, il découvrit Sita,

Qui de ses bras vint étreindre comme une liane en fleurs l'arbre où il se tenait accroupi.

Et le singe la vit s'asseoir à la racine de l'arbre, dépouillée de ses parures, consumée de douleur, languissante, le corps brisé, telle qu'un lotus souillé de boue, une statue d'or couverte de poussière, ou l'épouse du roi des éléphants qui séparée du chef de son troupeau est tombée captive, gardée par des chasseurs.

Tandis qu'à ce spectacle le singe versait des larmes, le roi Ravana s'approche échauffé par l'ivresse, somptueux, couvert de joyaux, suivi d'une centaine de ses

---

1. Même description dans la tentation du Buddha. (Lalita-Vistara.)

femmes, qui portaient les éventails, les chasse-mouches et de riches noupouras tintant à leurs pieds.

Il s'avance vers Sita et, fou de luxure, mêlant les paroles tendres aux paroles brutales, cherchant à la fléchir par ses promesses ou à la terrifier par ses menaces, tour à tour humble et terrible, il revient mendier son amour.

Je t'aime, dit-il, femme aux grands yeux! Sache me regarder enfin, toi qui réunis toutes les perfections de la beauté, toi qui es l'enchantement des mondes! Oh! contre moi ne t'arme plus de ta haine! Reine, tu n'as rien à craindre; en moi prends confiance; donne-moi ton amour, ne reste pas ainsi plongée dans ta douleur.

Ces cheveux que tu portes liés en une seule tresse, comme les veuves, cette rêverie, cette robe souillée, cet éloignement des bains, le jeûne, tout cela ne te sied guère. Ce qu'il te faut, ce sont les guirlandes de fleurs, les parfums d'aloès et de santal, les robes variées, les parures célestes, les riches bouquets, les lits précieux, les siéges magnifiques, le chant et la danse, et les instruments de musique : car je t'égale à moi, princesse du Videha! O la perle des femmes! pare ton corps : comment peux-tu, de naissance si haute, te montrer ainsi à mes yeux?

Et abattue, d'une voix oppressée, Sita lui répond lentement, le rappelant au devoir qu'il oublie, lui faisant entrevoir les châtiments terribles qu'il attire ainsi sur son peuple et sur lui.

Je suis l'épouse d'un autre, je ne puis être à toi; jette les yeux sur le devoir, sur le sentier du bien! Tu défends tes épouses, défends celles d'autrui : ni ton empire, ni tes richesses ne me peuvent séduire. Je n'appartiens qu'à Rama comme la lumière n'appartient qu'au soleil! Ne suis-je pas légalement unie à ce héros magnanime, comme la science est unie au brahme, qui a dompté son âme et a reçu l'initiation sacrée ?

Ravana, rends-moi à Rama comme la femelle d'un éléphant que l'on ramène à son époux dans la grande forêt.

Et comme elle menace Ravana, celui-ci la menaçant à son tour lui promet une horrible mort, si avant un mois elle ne se livre à lui. Puis la quittant, il ordonne aux Rakshasis de tout mettre en œuvre, douceurs, flatteries, souffrances, terreurs et tortures, pour dompter son âme. Les Rakshasis entourent la pauvre reine, l'épouvantent. Elle est aux pieds toujours de cet arbre où se tient caché Hanumat, et elle soupire et pleure, invoque les noms chéris de Rama et de Lakshmana.

Tout à coup brisée sous l'excès de la peur et du désespoir, elle crie à ce troupeau de furies, ameutées et hurlant contre elle : « Eh bien, mangez donc, si vous voulez, mon corps. Mais je ne ferai pas ce que vous voulez de moi. »

Alors le singe ému, pour affermir et ranimer son courage, bien bas, lui glisse ces mots à l'oreille :

« Reine, ton époux et ton frère te saluent par ma bouche ; » mais quand la jeune femme, tressaillant de surprise et levant la tête, ne vit au milieu des branches qu'un singe d'un aspect aimable, prenant pour une hallucination cette voix entendue, elle perdit connaissance. Quand elle rouvrit les yeux, elle crut donc avoir fait un songe : « Oh ! toute mon âme, songeait-elle, depuis que j'ai perdu Rama, s'en est allée vers lui ; et l'amour que je lui porte égare bien souvent ma pensée ; comme dans mes rêves sans cesse je songe à lui, je ne vois que lui, je n'entends que lui toujours! »

Enfin, Hanumat prudemment se révèle, raconte sa mission, lui remet l'anneau d'or que lui a donné Rama, pour l'accréditer auprès d'elle.

La face baignée de larmes, mais de larmes de joie, Sita surprise, attendrie, charmée, l'interroge sans fin sur son message, sur Rama, sur l'expédition qui se prépare.

Il y a là encore bien des pages exquises ; Hanumat dépeint à la jeune femme la douleur de Rama loin d'elle :

« Plongé dans l'affliction, par ton absence de ses yeux, Rama ne peut trouver aucun calme ; son seul plaisir est celui que lui procure son âme en se reportant vers toi : sans cesse il gémit et se plonge dans sa douleur profonde. »

« Son âme avec toi toujours n'a pas d'autre pensée ; il rêve de toi dans le sommeil ; à son réveil, il pense à toi : « Sita! » dit le prince d'une voix douce à l'aspect d'une fleur, en courant la saisir : Ah! mon épouse! dit-il, ah! Sita! femme au corps séduisant, toi, de qui la vue émerveillait mes yeux! où demeures-tu, où es-tu? s'écrie-t-il, en pleurant toujours. Depuis l'instant où dans la nuit se lève le charme du monde, la lune toute ravissante par l'immense réseau de ses rayons froids, les yeux de Rama ne cessent d'accompagner jusqu'au mont Asta cette reine des étoiles, car l'amour, dont il est l'esclave, écarte de lui tout sommeil! »

Sita répond au singe : « Ce langage que tu m'as tenu est de l'ambroisie mêlée au poison ; car si Rama n'a pas une pensée dont je ne sois l'objet, son amour, hélas, le rend bien malheureux. »

Hanumat pour prouver sa force développe

immensément son corps, et ravage comme un ouragan les jardins qui la tiennent enfermée.

Assailli par les Rakshasis, le singe lance un trait enchanté qui les repousse, puis audacieusement il se laisse saisir et mener devant Ravana. Prenant en face de lui la qualité d'ambassadeur, il le somme de rendre Sita s'il ne veut voir d'effroyables malheurs fondre sur tout son peuple et sur lui. Ses paroles, son audace ne font qu'enflammer la fureur de Ravana; mais son titre d'ambassadeur le protège, et il peut s'enfuir.

Il traverse le bras de mer, rejoint ses compagnons, retourne vers Rama, et par les nouvelles qu'il apporte rend au héros un peu d'espérance et de joie.

Rama presse le départ, et, commandée par Sugriva, la grande armée des singes [1] serpentant dans sa route avec un bruit immense, « comme celui des flots soulevés par la tempête », se trouve bientôt sur les bords de la mer et est arrêtée par elle. Pendant que des conseils se tiennent pour étudier comment on la pourra franchir, à Lanka tout se prépare pour la résistance. Le frère de Ravana, Vibhisma lui conseille d'obéir au devoir et de renvoyer Sita, mais Ravana, « éperdu de fureur, le visage rouge comme le soleil couchant », traite de lâchetés ces paroles, et se ruant sur son frère il le frappe et le renverse; Vibhisma, doué de

---

1. VIe livre. Yudha-Khanda, le chant du combat.

mansuétude, ne répond à sa colère que par ces paroles tranquilles : « une flèche ne peut tuer qu'une vie sur le champ de bataille, mais l'aveuglement d'un roi peut faire périr lui et son peuple; » puis Vibhisma l'abandonne, « comme un éléphant enfoncé dans la boue ». Prenant son vol dans les airs, il se rend près du Dieu Siva, qui lui ordonne de se joindre à Rama.

Rama fait dans la mer bâtir une chaussée gigantesque, et l'énorme travail accompli, le passage de l'armée exige un mois entier.

Nous ne décrirons pas les combats sans nombre livrés sous les murs de Lanka, combats de géants, de héros ou de monstres, à coups d'armes enchantées et de traits magiques. Ravana pour triompher de la résistance de Sita lui fait porter la nouvelle que Rama est tombé mort sur le champ de bataille, et une tête ressemblant à celle du héros, tout à coup présentée à la jeune femme, la fait s'évanouir d'horreur.

Mais tandis que gémissante elle baise la tête qu'elle croit celle de son époux, et supplie qu'on la tue à son tour, une Raskshasi, dont l'âme s'est émue de pitié, lui décèle la ruse odieuse que vient d'employer Ravana.

Les combats continuent furieux, sans relâche, combats de jour, combats de nuit, « où sous leurs cuirasses tous les noirs démons luisent à travers les ténèbres, comme des montagnes qu'embraserait l'incendie ».

Et toujours, pendant qu'en face de Lanka se livrent ces combats gigantesques, à toutes les terreurs ou les séductions, Sita ne cesse d'opposer son invulnérable amour.

Formidable enfin est le duel de Ravana et de Rama. Des deux côtés partent des traits magiques, « impétueux comme la foudre, et si brûlants qu'il semblait que le soleil, la lune et les planètes tombaient du firmament en feu ».

La lutte est longtemps incertaine. Rama sur le char d'Indra attaque Ravana, également monté sur un char, « pareil aux nuages, et attelé de chevaux sombres. Les deux adversaires se ruent l'un contre l'autre, comme deux éléphants rivaux, ivres de fureur et d'amour. »

Les Rishis, les Siddhas, les Gandharvas, les Dieux se rassemblent pour contempler ce terrifiant spectacle. Mais des prodiges annoncent la défaite de Ravana et le triomphe de Rama.

Lanka parut tout à coup comme incendiée jour et nuit d'une aurore et d'un crépuscule qui ressemblaient aux fleurs du rosier de la Chine.

La scène de cet épouvantable combat fut tantôt le ciel, tantôt la terre ou le sommet des montagnes. Il dura dix-sept jours entiers, le grand duel qui avait pour témoins les demi-Dieux et les Dieux, et qui ne fut suspendu ni un jour ni une nuit, ni une heure, ni même une minute.

Enfin sous un trait de Brahma, trait terrible que le Dieu jadis avait lui-même fabriqué pour Indra, Ravana succombe. Son armée se débande tout épouvantée, et fuit dans Lanka, poursuivie par l'armée victorieuse. Un immense cri de triomphe emplit le ciel, les tambours des Dieux tonnent dans les airs ; les voix des immortels acclament le héros ; des apsaras viennent danser devant lui, et le soleil rayonne enfin d'une resplendissante lumière [1].

Hanumat est envoyé près de Sita pour lui annoncer cette victoire et sa délivrance. « Sita, en entendant Hanumat, se leva en sursaut, mais la joie ne lui permit pas de prononcer une parole. Enfin son ivresse éclate. Hanumat voulait massacrer toutes les Rakshasis, qui avaient sur elle vomi tant d'outrages. Mais Sita, digne du héros chez qui la douceur toujours égalait la force, Sita arrête le noble singe et lui dit :

« Ne t'irrite pas contre des servantes forcées d'obéir, et qui n'agissaient que par la volonté d'un autre, puisqu'elles vivaient dans la domesticité du roi.

» Tout ce qui m'est arrivé par leur fait, je l'ai subi en expiation des actions mauvaises que j'avais commises avant de naître. C'est ma destinée seule qui m'avait liée à cette condition douloureuse. Faible, je veux pardonner à de faibles servantes. »

Hanumat conduit Sita vers son époux. Mais une cruelle épreuve vient encore torturer l'âme de la jeune femme.

Tandis que les membres fléchissant de pudeur, Sita marchait vers le héros, belle à l'égal de Sri, le visage baigné de larmes, les yeux grands ouverts comme ceux d'une gazelle, elle vit le bien-aimé qu'elle retrouvait enfin, pâle, immobile devant elle, et gardant le silence.

Elle arrêta sur le visage de son époux un regard où se mêlaient à la fois l'étonnement, la prière,

---

1. VIIe et dernier chant. Uttara-Khanda, chant final.

l'amour, la colère et la douleur. Alors Rama, ouvrant son cœur, déclara qu'un doute était en lui. Elle avait habité sous le toit de Ravana. Etait-il croyable que, douée de cette beauté céleste, elle eût été toujours respectée par le monstre?

A ces paroles affreuses, à cet outrage public qu'entendit tout le peuple assemblé, Sita se courba sous le poids de la pudeur... Blessée par les flèches aiguës de ces paroles, elle répandit un torrent de larmes. Ensuite essuyant son visage, elle dit ces mots lentement, d'une voix tremblante : « Ainsi tu veux me répudier et me donner à d'autres comme une bayadère, moi qui, sortie d'une famille noble, Indra des rois, fus mariée dans une race illustre. Comment, héros, m'adresses-tu, ainsi qu'à une épouse vulgaire, un tel langage, atroce à mon oreille ?

» S'il m'est arrivé de toucher le corps de ton ennemi, le seul coupable fut le Destin ! Mon cœur, la seule chose qui fût en mon pouvoir, n'a jamais cessé d'être à toi... si mon âme, si ma nature chaste, si notre vie commune n'ont pu de toi me faire connaître encore, un tel malheur me tue et pour l'éternité... » Et Sita sanglotait en parlant. Puis, s'étant recueillie, elle dit à Lakshmana : « Fils de Sumitra, élève un bûcher ; frappée injustement par tant de coups terribles, je n'ai plus la force de supporter la vie ; dédaignée par mon époux, dans l'assemblée de ses peuples, je vais entrer dans le feu : c'est la seule route ici-bas qu'il me convienne de suivre.

Sur un regard de Rama, Lakshmana éleva le bûcher, et l'alluma.

La reine ayant décrit un pradakshina autour de Rama debout et la tête baissée, s'avança vers le feu allumé. Elle s'inclina d'abord en l'honneur des Dieux, puis en celui des brahmes ; et, joignant ses deux mains en coupe à ses tempes, elle adressa au Dieu Agni cette prière, quand elle fut près du bûcher : « De même que je n'ai jamais violé, soit en public, soit en secret, ni en actions, ni en paroles, ni d'esprit, ni de corps, ma foi donnée à mon époux ; de même, toi, feu, témoin du monde, protège-moi de tous côtés! »

Après qu'elle eut parlé ainsi, Sita, impatiente de se jeter dans les flammes, fit le tour du feu et dit encore ces mots : « Agni, toi qui circules dans le corps de tous les êtres, sauve-moi, ô le plus vertueux des Dieux, toi qui, placé dans mon corps, te tiens en lui comme un témoin ! » A ces paroles entendues, tous les chefs simiens laissaient tomber des larmes.

Alors, s'étant prosternée devant son époux, Sita d'une âme résolue entra dans les flammes. Une multitude immense, adultes, enfants, vieillards, était rassemblée en ce lieu; ils virent tous Sita éplorée se plonger dans le bûcher. Au moment où elle entra dans le feu, singes et Rakshasas poussèrent des exclamations de douleur, qui éclatèrent avec un bruit prodigieux. Semblable à l'or bruni Sita, parée de bijoux d'or épuré, s'élança dans les flammes comme une victime que l'on jette au feu du sacrifice.

Les Dieux, Kuvera, Yama et les mânes, Varna, le souverain des eaux, le fortuné Siva aux trois yeux, Brahma, le créateur du monde, tous étaient accourus sous les murs de Lanka. Alors le créateur de l'univers dit à Rama, qui se tenait devant lui, ses deux mains réunies en coupe : « Comment peux-tu voir avec indifférence que Sita se précipite ainsi dans le feu du bûcher ? Et comment, le plus grand des Dieux, ne te reconnais-tu pas toi-même ?

Alors à Rama, qui ne se croyait qu'un simple fils des hommes, l'Etre à la splendeur infinie révéla sa nature divine :

« O toi dont la force ne s'est jamais démentie, tu es Nârayana, le Dieu auguste et fortuné.

» Tu es la demeure de la vérité; tu es vu au commencement et à la fin des mondes; mais on ne connaît de toi ni le commencement ni la fin. « Quelle est son essence ? » disent les sages. On te voit dans tous les êtres, dans les troupeaux, dans les brahmes, dans le ciel, dans tous les points de l'espace, dans les mers et dans les montagnes!

» Dieu fortuné aux mille pieds, aux cent têtes, aux mille yeux, tu portes les créatures, la terre et ses montagnes. Que tu fermes les yeux, on dit que c'est la nuit; si tu les ouvres, que c'est le jour : les Dieux étaient dans ta pensée, et rien de ce qui est n'est sans toi.

» On dit que la lumière fut avant les mondes; on dit que la nuit fut avant la lumière ; mais ce qui fut avant toutes choses, on dit que c'est toi, l'âme suprême. C'est pour la mort de Ravana que tu es entré ici-bas dans un corps humain. Ce fut donc pour nous que tu as consommé cet exploit, ô la plus forte des colonnes qui soutiennent le devoir. Maintenant que Ravana est tué, retourne joyeux dans ta ville. »

Et transfiguré le héros un moment manifeste sa splendeur divine. Puis le Dieu reprend sa nature humaine pour finir son œuvre à la fois divine et humaine.

Le feu du bûcher avait respecté Sita. Le feu tout à coup prit un corps.

On vit Agni s'avancer du bûcher et porter Sita dans ses bras. Il la remit dans le sein de Rama, belle, pure, pareille au soleil enfant. Et Agni dit à Rama: « Voici ton épouse; nulle faute n'est en elle, reçois-la, car elle est sans tache... le feu voit dans le monde tout ce qui est apparent et caché, il est le garant de son honneur. »

— « Je savais, répond Rama, que le cœur de Sita n'avait pas changé, qu'elle m'était dévouée et que sa pensée sans cesse errait autour de moi : mais je voulais que personne en cette assemblée des peuples ne pût arrêter un soupçon sur elle. »

Sur la prière de Rama, Indra ressuscite alors tous les singes tombés sur le champ de bataille, et après avoir donné à Vibhishana Lanka et son royaume, Rama, en compagnie de Sita et des principaux chefs de l'armée, monte sur un char magnifique, « rapide comme la pensée », et qui les ramène à Ayodhya.

Pendant ce voyage, Rama du haut des airs montrait à la douce Sita et le champ de bataille, fange de chair et de sang, et l'Océan traversé, et la digue gigantesque et les forêts et les montagnes où il promenait sa douleur et ses plaintes, et la chaumière de feuillages où Ravana vint la tenter, et tout le chemin parcouru avec elle et la Yamuna, la Ganga, et l'arbre au pied duquel ils passèrent leur première nuit dans les bois.

Arrivés à Ayodhya, Bharata lui rendit son empire, et Rama dans la cérémonie du sacre au milieu des rois qui le contemplaient « apparut dans sa foudroyante splendeur, comme le soleil qui brûle au milieu du jour ».

Rama honora les brahmes, les couvrit de présents, pardonna à Kikéhi, et partagea avec Lakshmana le gouvernement de son royaume.

« Pendant son règne plein de justice, tout vécut dans la paix; la vue de Rama enchaîné au devoir y maintenait ses sujets, et les hommes ne cherchaient plus à se nuire. »

L'éclat surnaturel de toutes ces figures héroïques faisant par moments songer à la chevalerie du moyen âge chrétien, la grandeur de Rama, sa force, ses vertus, sa générosité, sa bonté divine, sa fidélité au devoir, son amour passionné pour Sita, et la beauté de Sita, sa tendresse, son invincible pureté, toute l'étrangeté de ce drame, où à un monde prodigieux de Dieux et de Déesses se mêle cet enfer de démons, l'immensité de la scène où il se déroule, les merveilleux décors de la mer et de la forêt indienne, dont tant de vers du poète semblent faire entendre par instants l'infini et le profond murmure, enfin cette morale et cette philosophie si haute, font certainement de ce poème gigantesque, bien que parfois trop fantastique sans doute, l'un des plus magnifiques chefs-d'œuvre de la poésie humaine. Il n'existe dans l'antiquité grecque ou latine aucune figure de femme comparable à Sita, et seule peut-être la poésie anglaise a su faire parler à la femme un langage d'une passion si chaste, si délicate et si contenue.

Bien que le Ramayana lui-même soit trop long, trop diffus, trop chargé d'interminables épisodes, déparé trop souvent par les défauts habituels de la littérature indienne, le Ramayana est donc un vrai poème, ordonné, composé avec un art infini, un *adikavyan*, disaient les Hindous, l'opposant au Mahabharata qui, lui, était un *itihasa*, une compilation de légendes.

Le Ramayana renferme certainement comme le Mahabharata beaucoup de rhapsodies d'origines diverses, mais un génie supérieur a su si bien les réunir et les fondre, que la variété de tous ces éléments ne nuit pas à son unité générale.

Nous n'avons montré que les grandes lignes, les scènes principales de l'épopée de Valmiki : il resterait bien des épisodes à signaler encore.

Quelques-uns d'entre eux se rencontrent déjà dans le Mahabharata, ainsi la tentation du fils du brahmane (liv. Ier, ch. ix); la lutte de Visvamitra contre Vasishta, et ses tentations, ses formidables austérités, quand, les bras levés en l'air, debout, sans appui,

> Se tenant sur la pointe d'un seul pied, il restait immobile à la même place, comme un tronc d'arbre, n'ayant pour aliments que les vents du ciel : l'été enveloppé de cinq feux, l'hiver sans abri, qui le protégeât contre la pluie, ou couché dans l'eau, par cette pénitence culminante à laquelle il s'astreignit cent années, épouvantant tout le peuple des Dieux. (LXIVe ch. du Ier livre.)

Citons aussi l'origine de l'ambroisie (ch. XLVI, liv. Ier), et parmi les lieux communs de la poésie hindoue, au ch. XXIV du liv. IV, après la mort du géant Bali, d'abord les éloquentes paroles de Rama sur le Destin, à la puissance duquel nul n'échappe, puis (ch. XXII) les lamentations de Tara, l'épouse de Bali, sur sa mort. Parmi les épisodes qui appartiennent en propre au Ramayana, indiquons la descente (ch. XLV du liv. Ier) de la Ganga, la rivière divine, « purificatrice des mondes et qui tombe en cataracte immense de la tête de Siva». Citons au ch. CIX la description d'un royaume idéal, l'énumération curieuse des métiers et des professions (ch. XC du liv. II) et tout le chant CXXII, commentaire du ch. VII des lois de Manu.

Le IIIe livre contient d'admirables paysages, entre autres, un paysage d'hiver (ch. XXII). Curieux aussi, mais moins large, est le tableau de la saison pluvieuse (ch. XXVII du l. IV). Au LXXIV⁰ ch. du I⁰ʳ livre, la mer contemplée d'une immense forêt du rivage apparaît, comme dans la Mahabharata, « retentissante, agitée de bouillonnements et de tourbillons formidables, peuplée de monstres, bondissante, frappée des vents comme un grand tambour ! La mer, ajoute le poète, ressemble au ciel comme le ciel à la mer et tous deux étincellent d'une splendeur égale, la mer par ses pierreries, le ciel par ses étoiles, la mer enguirlandée de ses longs flots qui roulent et le ciel de ses nuées qui volent. »

Au ch. XC du IV⁰ livre, nous trouvons une description étrange de peuplades sauvages, d'oiseaux magnifiques, de mers aux eaux noires ou qui roulent du sang ou du lait, et aux XLI, XLII, XLIV⁰ ch., toute une géographie fantastique, qui laissera longtemps sa trace dans l'imagination des Hindous et arrivera jusqu'à nous. Enfin que de traits touchants, de pensées hautes !

Le suicide est l'acte d'un homme au désespoir, mais d'un homme qui a tué sa vertu, avant de se tuer lui-même.

Quand Lakshmana au début du poème s'indignant de la résignation de Rama, l'excite à la résistance, écoutez ses paroles dignes d'un héros grec :

« Il n'appartient qu'aux lâches d'en appeler toujours au destin, et jamais au courage... L'homme courageux, au cœur plein d'énergie, ose lui résister face à face et l'homme qui, aidé de ses seules forces humaines, lutte pour le vaincre, résistera souvent aux malheurs que le Destin précipitait sur lui. (L. II, ch. XIX.)

Quand Rama, calmant sa mère, lui rappelle que son mari est son Dieu, son maître spirituel, et que, dans son amour pour son fils, elle ne doit pas se révolter contre l'arrêt d'un époux,

« Pardonne même, lui dit-il, à Kikéhi et à Bharata. La force ne peut résister à l'intelligence : malgré la force, malgré les hommes, l'intelligence passe et triomphe!... Excuse-moi; c'est une prière que je t'adresse : ce n'est en aucune manière une leçon. » (Ch. XXIII, Ayodhya-Khanda.)

Comment s'est formé le Ramayana?

L'on sait qu'après la grande guerre, des avant-gardes de Pandavas pénétrèrent dans l'Inde dravidienne, que vers le XIIᵉ et XIᵉ siècle av. J-C. les Aryas étaient dans le Kalinga, mais qu'ils n'atteignirent Ceylan, et ne la prirent qu'au VIᵉ siècle.

Dans le poème, qui selon nous est postérieur à l'occupation de l'île, la prise de Lanka certainement n'est qu'une œuvre de fantaisie pure.

D'anciens itihasas avaient dû conserver le souvenir de cette marche des Aryas à travers le Dekhan, dans ces régions redoutables, repaires à la fois d'animaux terribles et de populations sauvages, toutes ou presque toutes d'une bestialité repoussante, adonnées à des cultes grossiers, quelques-unes anthropophages; ce furent les Rakshasas, ces ogres, ces ogresses, qui servent le démon Ravana.

Certains de ces peuples cependant auront pu

s'allier aux Aryas, et seront devenus dans la légende les troupes de singes que conduit Hanumat. Il est à remarquer que Siva, le Dieu pour nous d'origine anaryenne, est presque toujours dans le Ramayana invoqué par Ravana et par sa monstrueuse armée, tandis que Brahma et les vieux Dieux aryens apparaissent comme les alliés de Rama. Ce seraient de vieux itihasas, célébrant les aventures de rajahs aryens dans le Dekhan, ce serait ce Ramayana primitif, qui, repris par les brahmanes et, comme le Mahabharata, transformés par eux, seraient devenus, sous l'inspiration d'un poète de génie, le Ramayana, tel que nous le possédons aujourd'hui. Dans le Ramayana, comme dans le Mahabharata, la suprématie des brahmanes est perpétuellement reconnue des rajahs, et le premier de tous, Rama apparaît dès lors comme le vrai héros brahmanique, fidèle à la loi védique, pieux, libéral envers les prêtres. Et même quand il est si puissant et si grand, c'est qu'en réalité il est Dieu, une des manifestations de Vishnu.

Mais si dans la confusion du Mahabharata se reconnaît l'œuvre de plusieurs siècles, si ce temple immense est, comme les Puranas, une création anonyme, édifiée par plusieurs générations de croyants, l'exécution du Ramayana, par son art et son ordonnance à peu près parfaits, semble indiquer au contraire une seule pensée créatrice : et peut-être est-il permis de croire à l'existence du poète sublime, Valmiki, auquel la tradition l'attribue.

Nous donnerions volontiers pour date à son

œuvre le commencement du III° siècle avant J.-C., en rejetant toutefois, et jusqu'aux premiers siècles de notre ère, le final du poème, où Rama est identifié à Vishnu. Quant à l'*Uttarakanda*, qui continue l'histoire de Rama, et prolonge le Ramayana, comme le Harivansa complète le Mahabharata, ce poème est, à n'en pas douter, postérieur de quelques siècles au Ramayana de Valmiki.

Avant d'avoir été transfiguré ainsi par l'hinduisme et l'épopée indienne, Rama dut être quelque Dieu populaire. Quant à Sita, la fille du roi de Mithila, trouvée dans un sillon creusé par son père pour un sacrifice, on reconnaît facilement en elle la *Sita* des hymnes védiques, qui est le sillon même, la terre du sillon divinisée, et l'épouse d'Indra, parce que la pluie la féconde. Le mythe apparaît là tout transparent encore. Le *Balarama* du cycle de Krishna, surnommé *Hasabhrit*, le Porte-soc, fut sans doute un jour le même personnage que l'époux de Sita, Rama, fils de Daçaratha. L'époux de Sita porte aussi le nom de Rama-Chandra ou Rama-Lunus; c'est qu'un jour il fut assimilé à Soma, devenu le Dieu de la Lune; et Soma dans une légende du Yajur noir est uni à Sita, le sillon. Dans les traits du Rama primitif, on peut donc reconnaître un ancien Dieu lunaire, Dieu populaire des labours et des semences, mais qui plus tard se rapprocha d'Indra et des divinités solaires, par ses luttes avec Ravana ou son alliance avec le fils du vent, le dieu singe Hanumat. Le culte de Rama semble avoir été moins ancien, moins en faveur aussi que celui de Krishna. Il a eu ses Upanishads, mais n'a pas eu son Purana.

Rama étant l'incarnation de Vishnu, Sita naturellement devint une incarnation de la déesse Sri, femme de Vishnu et Lakshmana, son frère qui se tient près de lui, comme Balarama près de Krishna, devient lui-même une des apparitions du Dieu.

Rama, comme Krishna, aujourd'hui encore a son culte, ses brahmanes, et ses sectes diverses.

Les fêtes du Ram-Sila en octobre, à la fin de la saison des pluies, célèbrent toujours la victoire de Rama sur Ravana, et pendant ces fêtes des représentations qui rappellent nos mystères du moyen âge mettent en scène la sainte histoire [1].

Rama fut le Dieu suprême pour la secte des Ramanayas fondée au XIII° siècle, toujours très répandue dans le Sud, et pour celle des Ramanandas, qu'au XVI° siècle illustra le poète Tulasidasa, l'auteur du Ramayana hindi [2].

Ce poème aussi a rayonné au loin et, comme le Mahabharata, il a sa traduction javanaise.

On le retrouvait dernièrement encore sous une forme bien humble parmi les contes populaires de l'Italie.

---

1. Ces représentations en plein air durent trois soirées, et, grossières sans doute, sont relevées du moins par la beauté des nuits indiennes, et la foule pittoresque des spectateurs montés sur des chars à bœufs ou des éléphants.

2. Il y a deux éditions un peu différentes du Ramayana: celle du Nord ou de Bénarès, et celle du Midi ou du Bengale. C'est l'édition du Nord la plus complète que Gorresio a traduite.

A ceux qui accusent les doctrines panthéistes d'aboutir à l'immoralité, nous n'avons qu'à répondre en montrant la sublime pureté, la moralité si haute, qui se dégage de ce chef-d'œuvre [1].

[1]. L'Uttarakanda, que M. Gorresio a édité en 1867, fait suite au Ramayana dans certains manuscrits. C'est le complément des aventures de Rama. La première partie chante l'histoire des Rakshasas dans le Dekhan et de l'île de Ceylan avant leur défaite; et la seconde, les nouveaux malheurs de Sita, son nouvel exil, la naissance des fils de Rama, Kusa et Lava; enfin l'apothéose du Dieu fait homme. Cette seconde partie de l'Uttarakanda sera l'un des thèmes favoris de la poésie indienne et le sujet de drames célèbres.

X

LA POÉSIE MYSTIQUE.
LA GITA-GOVINDA DE JAYADEVA ET LE PANTCHADHYAHY

La religion de Krishna avait abouti chez certains croyants à un voluptueux mysticisme, qui dégénéra même chez quelques sectes en pratiques d'une obscénité monstrueuse.

C'est cette religion toute sensuelle de Krishna, le beau Pasteur, qui au XIIe siècle inspira la Gita-Govinda du Bengalais Jayadeva, et dans le Baghavata-Purana, à une date incertaine, le Xe chant.

Comme en certaines poésies des soufis persans, les images les plus lascives, les moins voilées, les expressions les plus ardentes de la passion physique servirent à rappeler les joies, les extases de l'âme en sa communion avec Dieu.

Conséquence logique d'une doctrine qui rapprochait ainsi dans l'amour la créature et le créateur, le mysticisme fut le ravissement de ces imaginations orientales. Voyez, après les Indiens, les Persans, quand l'islamisme lui-même se pénétra de panthéisme; voyez le Cantique des cantiques, étrangement dénaturé pour entrer dans le livre saint, malgré l'esprit général de la Bible, tellement contraire à ces énervantes tendresses, à ces unions idolâtres de la créature et de Dieu. On comprend que la nature de l'Inde, si voluptueuse, si ardente et troublante, ait facilement entraîné les âmes à des égarements pareils, et l'on comprend aussi qu'à ses incitations, à ses maléfices, à sa fatale tyrannie elles aient souvent dû répondre, réaction devenue nécessaire, par les révoltes, et les glorieuses folies de l'ascétisme.

La Gita-Govinda est le chant de Govinda ou du divin Pasteur; elle célèbre les amours de Krishna berger. C'est une sorte de ballet religieux, un de ces drames lyriques, à la fois chantés et dansés comme de nos jours encore en représentent les Bayadères. Tous les ans à Kenduli, dans le Burdvan, on donne en l'honneur de Jayadeva une fête où est joué son œuvre.

Ce mélodrame est à trois personnages : Krishna berger, Radha, son amante, et une amie, confidente de Radha.

Un quatrième personnage apparaît aussi, le poète prenant par moment la parole, comme le chœur dans la tragédie grecque, et après chaque scène principale rappelant au sentiment religieux le spectateur, que pouvait égarer l'érotisme de sa poésie trop humaine.

Le sujet du mélodrame, ce sont les infidélités de Krishna, puis son repentir, sa réconciliation avec sa bien-aimée, enfin son retour à elle.

Les stances du poème sont chantées suivant différents modes et dansées sur des rythmes divers.

Les deux amants se veulent, s'appellent, mais sans se rapprocher encore.

Radha « au corps de fleur », Radha sous les chaudes nuits printanières souffre, languit d'impatients désirs.

L'amie de Radha, « l'ayant vue dans l'habitation des lianes, incapable de marcher, et dévorée, consumée d'amour », fait connaître à Govinda l'état où se trouve sa compagne.

Elle croit te voir à tous les points de l'espace boire le miel de ses lèvres : Hari, notre seigneur, Radha languit, affaissée sur elle-même dans sa demeure parfumée !

Elle chancelle de joie, à la pensée de ton arrivée ; elle marche quelques pas et tombe : — Hari, notre seigneur, Radha languit affaissée sur elle-même dans sa demeure parfumée. Portant en bracelets de jeunes pousses et des fibres blanches de lotus, elle ne vit que par les illusions de sa pensée, rêvant ses amours avec toi : — Hari, notre seigneur, Radha languit affaissée sur elle-même dans sa demeure parfumée !

A chaque instant, elle dit à sa compagne : Comment Hari ne vient-il pas, n'accourt-il pas au rendez-vous ? — Hari, notre seigneur, Radha languit affaissée sur elle-même dans sa demeure parfumée.

Et tu tardes : et quittant sa retenue, elle se lamente et pleure, cachée derrière un vasaka (arbrisseau) : — Hari, notre seigneur, etc.

Puisse ce chant, œuvre du saint poète Jayadeva, multiplier le monde bien heureux des amants ! — Hari, notre seigneur, Radha, etc.

Ne croit-on pas entendre à travers cette traduction même le rythme doux et monotone, comme toute musique orientale, de cette adorable cantilène ?

Mais elle s'inquiète, elle est jalouse ; elle songe à la rivale heureuse, qui, les cheveux dénoués, en désordre, a pris sa place peut-être dans le cœur du Dieu.

Et dans le ciel la lune qui fait errer la raison, et dont la splendeur rappelle le visage de Hari, pâli par l'absence, la lune attise encore le feu qui la consume.

Un chant s'élève alors, d'infinie douceur, chant d'adoration, qui pour mieux ravir et attendrir les âmes fait trembler en elles le souvenir de cette flûte magique, soupirant aux lèvres du Dieu :

Qu'il daigne avec sa flûte, qui verse en nous une fascination si profonde, qui égare tous les êtres, qui disperse les fleurs du Mandara (arbre céleste) tout ému de plaisir, qui attire même les êtres immobiles, qui donne la joie, qui sur les jeunes filles aux yeux de gazelle, opère comme un charme puissant, qui même pour les hôtes du ciel, tourmentés par les orgueilleux Danavas, brise la chaîne des afflictions, qu'il daigne, l'ennemi de Kansa, avec les sons de cette flûte enchanteresse, éloigner de vous l'infortune !...

Le Dieu a de ces paroles d'amour agité, brûlé son amante.

« En vain tu me repousses, s'écrie-t-il, tu parles et le vif éclat de tes dents qui brillent comme un clair de lune, chasse l'obscurité de mon âme... O mon amie, oublie ta colère sans motif ; oh ! fais-moi boire le miel au lotus de ta bouche... Tu es ma vie, et ma parure ; tu es pour moi la perle de l'Océan de l'être ;

oh ! sois-moi toujours favorable ! ô mon amie, oublie ta colère sans motif ! »

Et Radha, craintive, entre dans le berceau où se trouvait Govinda :

« Ceci est maintenant chanté suivant le mode varadi, avec la danse sur la mesure yati : »

Elle vit Hari, de qui le visage attestait l'empire d'une joie profonde, Hari, dominé par un seul sentiment, celui de l'amour, qu'on voyait s'épanouir en lui, et dont il avait longtemps désiré les feux; — Hari, de qui Radha faisait sous ses regards éclore les passions diverses, comme le disque de la lune fait s'émouvoir à la vue et se gonfler les vagues de l'Océan.

Elle vit Hari, de qui le visage attestait l'empire d'une joie profonde, Hari, dominé par un seul sentiment, celui de l'amour, qu'on voyait s'épanouir en lui et dont il avait longtemps désiré les feux; — Hari, qui portait sur sa poitrine un collier de perles très pures, incrustées dans du lapis-lazuli, tel qu'un étang de la Yamuna aux eaux bleues, où sont mêlés de blancs flocons d'écume...

L'amante éblouie s'approche, et au premier regard que sur elle jette le bien-aimé, un torrent de larmes coule de ses yeux :

« Enferme mes seins dans leur feuille d'or, lui dit-elle ; étends le fard sur mes joues, attache la ceinture à mes hanches, orne d'une guirlande les touffes de mes cheveux ; passe à mes doigts leurs rangées de bagues ; mets à mes deux pieds leurs anneaux. » Et le bien-aimé à qui Radha parlait fit ce que voulait son amante.

Il est impossible de tout reproduire, et la nudité ou l'obscénité de l'image à chaque moment nous arrête. Mais comme une liqueur trop forte, on comprend que cette poésie ait enivré longtemps et qu'elle enivre encore, sous la lune éclatante, par les chaudes nuits du ciel indien, les foules réunies dans les fêtes.

Radha s'avance, et le chant l'accompagne, la porte heureuse aux bras du dieu...

« Ce poème qui donne la joie, et est comme une parure, éteint avec l'Ambroisie du souvenir de Hari, cette fièvre de l'existence causée par les péchés de cet âge Kali. » Il figure, disent les commentateurs, l'âme humaine, cherchant Dieu toujours, et ce Dieu parfois la paraissant fuir, s'échappant sous des feintes multiples.

Le *Pantchadhyahy* (ou les cinq chapitres), qui chante les amours de *Krishna* avec les *Gopis*, œuvre aussi de la décadence, est un petit poème mystique, introduit dans le Baghavata-Purana. (Voir le livre X[1].)

La doctrine du salut par la dévotion, la *bhakti*, enseignée par le Pantchadhyahy, explique la grande popularité de ce poème, qui appartient au plus populaire des Puranas. Les Gopis, ces amantes du Dieu, les bergères du « Parc aux génisses », figurent dans ce mysticisme hindou l'âme exaltée et sauvée par la foi.

Nous donnerons de ce livre quelques fragments très courts, mais qui suffiront pour en faire connaître le charme amollissant, la poésie

---

[1]. Ce livre a été traduit par M. Hauvette-Besnault, qui continue heureusement ainsi l'œuvre interrompue par la mort de Burnouf. Les passages cités sont empruntés à cette traduction excellente. Bagh.-Puran. IVᵉ vol. (Maisonneuve, 1883).

voluptueuse et troublante, la sensualité, la lasciveté mystiques.

A la vue des nuits où le jasmin s'épanouissait au souffle de l'automne, Bhagavat, voulant se livrer au plaisir, recourut à l'illusion du Yoga.

Alors la lune, rougissant de ses rayons propices la face de l'Orient, vint dissiper les souffrances des mortels : ainsi fait le bien-aimé pour sa bien-aimée après une longue absence.

En voyant l'astre ami des Kumidas, dont le disque, arrondi et rouge comme le safran nouveau, rivalisait d'éclat avec le visage de Râma, et la forêt baignée de ses doux rayons, Baghavat fit entendre ces harmonieux accords qui ravissent le cœur des femmes.

A ces accents qui redoublent leur amour pour lui, les femmes du parc dont Krishna a ravi les cœurs, se cachant l'une de l'autre, vont à l'endroit où était le bien-aimé.

Elles laissent les vaches, qu'elles allaient traire, le lait sur le feu, et leur table, leurs enfants, leurs maris, et se rendent vers Govinda, et ne reviennent pas, tant elles sont troublées...

Celles qui s'unissent par la pensée et méditent sur lui, en fermant les yeux, sont réunies à l'âme suprême, et elles croient l'être à un amant !...

Quand Baghavat vit ces femmes il leur parla ainsi, troublant leurs cœurs par les charmes de sa voix :

« Retournez au parc. Il ne convient pas à des femmes de rester ici, ô toutes belles ! mères, pères, fils, frères, époux, vous cherchent, ne leur causez pas d'inquiétudes.

« Vous avez vu la forêt en fleurs, rougie par les rayons de la pleine lune et embellie par les jeunes pousses des arbres, qui frémissent aux caresses des brises de la Yamuna. Retournez au parc sans tarder.. Les veaux, les enfants poussent des cris; faites les boire, contentez-les... C'est par affection pour moi que vous êtes venues ici... C'est bien à vous... tout ce qui vit trouve en moi le bonheur... Mais le devoir suprême des femmes est d'obéir à leur mari, de préparer la nourriture de leurs parents, de leurs enfants. C'est en m'écoutant, en pensant à moi, c'est en célébrant mon nom qu'on me témoigne de l'amour; » et comme il les veut renvoyer, abattues, le cœur brisé, elles tombent dans une profonde tristesse... les larmes, teintes du collyre de leurs yeux, enlèvent le safran de leurs seins; mais enfin, essuyant leurs yeux, et d'une voix altérée par le dépit, elles lui disent avec amour :

« Renonçant à tous les objets sensibles, nous aimons la plante de tes pieds; aime-nous, ô dieu capricieux! ne nous abandonne pas...

» Tu parles du devoir des femmes? Envers qui le pratiquer, si ce n'est envers toi qui es le but des préceptes et le souverain seigneur? Oui, tu es le bien-aimé, le parent, l'âme des êtres.

» Les sages mettent leur bonheur en toi, leur bien-aimé qui réside en eux-mêmes; qu'importent maris, enfants, et le reste du monde, sources de douleurs? Sois-nous propice, maître suprême! ne trompe pas l'espérance que nous avons mise en toi, Dieu aux yeux de lotus !...

» Par toi nous ont été ravies les pensées qui se renferment dans la maison, et les mains qui se plaisent aux travaux domestiques. Oh! dans le lac d'ambroisie de tes lèvres éteins le feu de l'amour qu'ont allumé en nous tes yeux souriants et tes harmonieux accords !... ô perle des hommes, donne-nous d'être tes esclaves... Pose ta main pareille au lotus, ami des affligés, sur nos seins brûlants et nos têtes, sur les têtes de tes servantes... » Le bienheureux sourit avec bonté, et cédant à leur appel, il marche, parcourt la forêt, en tête de ces cent femmes, resplendissant comme la lune au milieu des étoiles. Puis avec les gopis, dans une île du fleuve couverte d'un sable frais, il jouit de la brise, qui en caressait les vagues et qu'embaumaient les lotus de nuit.

Et il les prend, les enveloppe dans ses bras, il

promène sa main sur leurs mains, dans leurs cheveux... sur leur taille, sur leurs seins ; il leur imprime, en badinant, la marque de ses ongles, il joue, les regarde et sourit, allumant à la fois et satisfaisant leur amour.

... Puis soudain il disparaît du milieu des gopis, toutes enivrées d'orgueil, pour les punir et les calmer.

Et les femmes du parc, le dieu disparu, se désolent : telles les femelles de l'éléphant ne voyant plus le chef de leur troupeau...

Elles le cherchent comme des insensées, de forêt en forêt ; elles demandent aux arbres des nouvelles du Pursha qui, pareil à l'ether, est au dedans et au dehors des êtres...

Elles le cherchent, elles imitent ses jeux : et elles le chantent :

« Ta main qui comble les désirs, qui étreint la main de Sri : oh ! pose-la sur nos têtes !...

» Honore en nous tes servantes volontaires !... Montre à tes femmes ton visage brillant comme le lis des eaux !

» Ton pied pareil au lotus efface les péchés de tes adorateurs, il est la demeure de Sri, il a pressé la crête du serpent : pose le sur nos seins ! et anéantis notre amour ! La douceur de ta voix a jeté le trouble chez tes servantes : nourris-nous du nectar de tes lèvres.

» L'ambroisie de ton histoire, qu'ont chantée les sages inspirés, rend la vie aux affligés, enlève les souillures, sanctifie par l'audition, donne la paix... »

Le Dieu revient :

En voyant leur bien-aimé de retour, les jeunes femmes, ouvrant les yeux de bonheur, se levèrent toutes au même instant.

L'une, prenant sa main, pareille au lotus, avec foi la portait à son front... une autre, fronçant les sourcils, semblait vouloir dans un transport d'amour et de colère le tuer de ses regards obliques. Telle qui, les yeux immobiles, savourait le lotus de son visage, le dévorait sans se pouvoir rassasier, comme les saints, aux pieds de l'Être suprême.

Telle autre, frissonnant de plaisir, restait en adoration, inondée de joie comme un ascète. Toutes, élevées par sa vue au comble de la félicité, étaient affranchies de la douleur qui naît de la séparation : ainsi les hommes une fois réunis au Dieu qui possède la science...

Et de leurs vêtements, tachetés du safran de leurs seins, elles font un siège à celui qui réside en leurs cœurs...

Quand il s'y fut assis, elles lui dirent :

« Il en est qui aiment quand ils sont aimés ; d'autres même, quand ils ne le sont pas ; d'autres encore n'aiment jamais, aimés ou non ! Daigne nous l'expliquer. »

Et le bienheureux dit :

« Ceux qui aiment pour être aimés, ô amies ! n'ont en vue que leur propre intérêt : il n'y a là ni affection ni devoir ; c'est le pur égoïsme.

» Là où l'amour n'est pas payé de retour comme chez tant d'êtres compatissants et chez les pères, là est le devoir parfait, et le dévouement pur...

» Quelques-uns n'aiment pas ceux qui les aiment, encore moins ceux qui ne les aiment pas. Ce sont ceux qui trouvent le bonheur en eux-mêmes, ou dont les désirs sont satisfaits, les ingrats...

» Quant à moi, ô amies, si je n'aime pas tous les êtres qui m'aiment, c'est pour qu'ils se livrent à la dévotion... Et ainsi c'est pour que vous me soyez dévouées, que vous aimant à votre insu, ô femmes, je me dérobe à vos yeux !... »

Et les jeux continuent. Brillantes comme des perles, elles se tiennent entre elles par le bras : et lui, usant de sa puissance magique et se plaçant entre elles deux à deux, il les tenait embrassées par le cou, et chaque femme croyait qu'il était près d'elle seule...

Et le Dieu goûtait le bonheur avec les belles du

parc, comme l'enfant qui s'amuse de la réflexion de son image. Et quand la nuit de Brahma fut terminée, les gopis qu'il avait troublés retournèrent à regret dans leurs maisons, le cœur rempli de Bhagavat.

XI

LA RELIGION DE SIVA

La religion de Siva, du grand Dieu de la mort, a parfois fait naître une poésie singulière, sombre, farouche, mais par instants aussi voluptueuse et splendide, rappelant par son éclat sinistre ces champs de bataille magnifiques et sanglants, que les poètes orientaux ont aimé toujours et excellé à peindre. Siva (le Propice) fut identifié de bonne heure à Rudra, Rudra, l'antique Dieu védique, le roi des tempêtes, évoqué encore sous le nom d'Isana, d'Isvara (le Seigneur), de Mahadeva (le grand Dieu), dans le Yajur-Véda confondu avec Agni, le feu dévorateur, et dont l'une des formes fut Kala (le Temps), qui crée et détruit toutes choses.

L'hymne aux cent Rudras, le *Satarudriya* dans le Yajur-Véda, semble déjà par la sauvagerie de ses accents une litanie sivaïte. Mais l'on comprendrait difficilement une telle importance prise par ce Dieu secondaire, si le nouveau culte n'avait en réalité continué quelques-unes des religions populaires que les Aryas rencontrèrent dans l'Inde chez les populations indigènes. Ces religions farouches, pleines de luxure et de sang, où s'assouvissait encore l'animalité de l'homme primitif, et comparables peut-être à celles du Moloch phénicien ou du Baal d'Assyrie, le brahmanisme un jour dut les accepter ou subir, mais ce fut en les transformant. Tout dans le culte de Siva, et d'abord l'obscénité du symbole, le Lingam, indique une origine étrangère[1]. Il est le Dieu qu'on adore surtout dans les forêts profondes, sur les montagnes, dans la péninsule du Dekhan, là en un mot où s'étaient réfugiées et où dominaient les populations vaincues, les vieilles races anaryennes[2]. Il est Bhairava (le Terrible), le Dieu des furieux délires, qu'une troupe entoure de malfaisants génies, *Bhutas*, goules, vampires; il est le Dieu de la mort, et c'est sous la forme d'un squelette, qu'il rit et danse sur les murs sculptés de Bairani.

L'on reconnaît aisément à ces différents traits quelque divinité sombre des races aborigènes, races noires, touranienne ou kouschite. Cette divinité, l'une des plus invoquées sans doute par la superstition populaire, les Aryas d'abord l'assimilèrent donc à Rudra, comme les Romains dans les forêts d'Allemagne assimileront les Dieux germaniques à leurs Dieux. Puis peu à peu, transfiguré par le brahmanisme, ce Dieu

---

1. Il est représenté à Bénarès par un bloc de pierre.
2. Dans le Bundelcund par exemple, repaire de Thugs, de Dacoïts empoisonneurs, de gens hors castes, de bandits hors la loi.

féroce et meurtrier devint le plus formidable des ascètes, celui qui de son troisième œil, de cet œil de Cyclope, qu'il doit, comme sa couleur rouge, à son identité avec l'Agni védique, foudroiera l'Amour pour le punir d'avoir troublé ses insondables méditations. Enfin, comme Brahma et Vishnu, il est le Dieu suprême; il a sa cour céleste, et au milieu de ses Yakshas il habite dans l'Himalaya terrible la montagne sacrée du *Kaïlasa*.

Si son fils adoptif est Kanda, le Dieu de la guerre, si l'une de ses manifestations, vénérées dans le Dekhan surtout, est Virabhadra (le héros vénérable), le Dieu de la fureur guerrière, s'il est Mahakala (le Temps dévorateur), ou Mrityu (la mort), si la divinité féminine qui trône à ses côtés s'appelle tantôt Bhairavi (l'Effrayante), Karala (l'Horrible), ou Kali (la Noire), celle à qui les Thugs sacrifiaient leurs victimes humaines, si en un mot il a trop bien encore conservé son caractère de Dieu barbare, faisant ses délices de carnage et de sang, il s'est donc aussi, comme Brahma et Vishnu, élevé à la dignité de Dieu cosmogonique; il est, nous l'avons vu, le sublime ascète dont les rêves et les pénitences terrifieront les Dieux; il compte parmi ses Yakshas Ganesa, son fils, le Dieu à la tête d'éléphant, le Dieu de la sagesse, de la finesse, de la ruse, et des lettres; il a Kuvera, le Dieu des richesses; enfin toutes les formes de sa *Sakti* ou de son énergie divine, toutes ses représentations féminines ne seront pas hideuses, mais quelques-unes seront *Uma* (la Gracieuse), *Gauri* (la Brillante), *Sati* (l'Epouse aimante).

Dans la Trimurti, il représentera cette force de décomposition et de mort, cette force négative qui détruit et détruira tout : car l'idée d'un Dieu destructeur devenait logiquement nécessaire dans une théologie qui avait si nettement observé l'évolution éternelle et l'incessante dissolution des choses, et avait reconnu déjà des Dieux créateurs et conservateurs du monde. Mais lui-même aussi fut un Dieu créateur, et qui prit de plus en plus les attributs de Brahma et de Vishnu, comme ceux-ci prenaient parfois les siens.

La conception de ce Dieu destructeur devait, dans l'imagination hindoue plus qu'en toute autre, facilement s'imposer et grandir. Si l'on se souvient en effet des effrayants typhons de l'océan Indien, de ces furieux cyclones, qui pendant la saison des pluies fauchent, écrasent sur leur passage des forêts et des villes entières, laissant au Bengale par exemple deux cent mille cadavres sous les décombres, ou dans la vase, si l'on se rappelle les épidémies cholériques ou les famines plus meurtrières encore[1], si l'on songe à ce monde de fauves, et surtout de reptiles, qui font à eux seuls chaque année plus de 20 000 victimes, si l'on pense en un mot à l'étonnant et formidable spectacle en ce pays des jeux de la vie et de la mort, on comprendra que l'image d'un Dieu de la destruction soit

1. Deux millions d'indigènes périrent dans la dernière.

peu à peu dans la pensée de l'Hindou devenue aisément gigantesque. Mais ce ne fut pas assez d'établir dans la Trimurti l'égalité des trois personnes. Les sectateurs de Siva, comme ceux de Brahma ou de Vishnu, ne tardèrent pas à établir bientôt la prééminence de leur Dieu. La Mort devint donc, comme Mrityu déjà dans un passage des Upanishads, le principe de vie, et dans les caves de certains temples ce fut, avons-nous dit, un squelette dansant qui figura le Dieu suprême, ou l'Absolu.

Les sivaïtes ont-ils développé toutes les conséquences de cette conception singulière? Ont-ils considéré la vie comme un glorieux mensonge, une forme somptueuse mais vaine de l'éternel Néant, comme le manteau de pourpre et d'or jeté par lui sur son squelette vide? Ayant vu que pour les *vivants,* la mort seule est *durable,* ont-ils fait d'elle l'unique réalité? Ont-ils compris que la philosophie de l'Illusion étant appliquée à la religion de Siva, et l'absolu devenant la mort, la mort ou le néant ne faisaient en cette vie que revêtir l'apparence de l'être? En un mot ont-ils conclu au nihilisme? nous ne le croyons pas, bien que certains passages des hymnes sivaïtes autorisassent à le penser.

Aux yeux de la généralité des fidèles, Siva ne fut le destructeur que pour entretenir sans cesse et renouveler la vie. L'Agni védique, auquel de plus en plus il fut assimilé, avait été comme lui un Dieu destructeur, mais comme lui créateur aussi. C'était la même idée qu'en cette formule profonde exprimait un jour l'un de nos plus grands physiologistes[1]: « la vie c'est la mort, toute manifestation dans l'être vivant étant nécessairement liée à une destruction organique. »

Siva pour les sivaïtes est donc l'Absolu ou l'Être unique existant par lui-même. Il est bien, selon l'image indienne, le Dieu qui se tient dans l'infini, comme l'araignée au centre de sa toile, et dans ce filet roulent, pour y périr, tous les mondes, s'agitent et palpitent les êtres, destinés tous à devenir sa proie. Siva pour les mieux tromper prend mille formes. Un chant populaire dit au Dieu:

« Tu es la musique de la nuit et ses délices... tu es la vie brillante, la lune et le soleil; tu es le masculin, le féminin et le neutre; tu es à toi seul la terre, le vent, l'eau, l'air et le feu... tu es la vie de tous les êtres ; un seul atome, dit le Véda, ne peut s'ébranler sans ton impulsion[2]. »

Jamais le néant des choses, le squelette apparent sous la vie et cette odeur de mortalité, qu'un rêveur trouvait en toute chose, ne se firent vraiment plus sensibles.

Les Hindous avaient donc compris que la mort est là toujours, sur nous, autour de nous, en nous, mystérieuse, silencieuse, cachée; ils avaient vu que nous mourons sans cesse, que la destruction, la dissolution de notre être est incessante, de toutes les heures, de tous les instants, et que l'être ne vit, ou ne se survit, qu'en

---

1. Cl. Bernard.
2. *Chants populaires du sud de l'Inde.* Lamairesse (Marpon).

se réparant, se renouvelant sans fin. Oui, la mort, l'invisible ennemie est bien en tout et partout ; elle est en effet dans la nuit caressante, et dans ces baisers, ces brûlures d'amour, dans l'atroce et délicieux plaisir qui délie l'étreinte des amants ; elle est dans la gloire et le triomphe, dans l'excès des joies comme des douleurs, dans la peine et le repos, dans la veille et dans le sommeil. Les Hindous avaient vu qu'avec son cortège d'éternités, elle est la seule réalité qui demeure ; et la mélancolie profonde, qui parfois suit étrangement nos plaisirs, n'est peut-être que la sensation de sa présence, de l'ombre froide et muette, qu'elle projette ainsi sur toutes choses.

La plupart des paroles d'adoration que les sectateurs d'Agni, de Brahma ou de Vishnu adressaient à leurs Dieux, furent ainsi désormais appliquées à Siva. Par une contradiction singulière, due certainement à quelque interpolation d'une main sivaïte, dans le monument du Harivansa élevé tout entier à la gloire de Vishnu, Casyapa adorant Siva (129ᵉ lect.) le révère comme ayant produit le grand Hari lui-même, Brahma, toute la création. Dans cet hymne du Harivansa, il apparaît tantôt avec des yeux horribles, tantôt avec des yeux charmants. Etant l'immense nature, il en offre tous les contrastes, et son adorateur le reconnaît comme un objet d'admiration pour sa beauté, et d'épouvante pour sa laideur.

« Souverain seigneur, lui dit-il, sois-moi toujours favorable ; âme suprême, dans laquelle se meut et s'étend la décevante magie du monde, Dieu d'amour pour les êtres entrant dans l'existence... Je t'adore, grand Dieu, père de cet univers que tu parcours par des routes invisibles, auteur de toute beauté, de toute justice, fort et vénérable, grand arbre mystique, aux brillants rameaux, déité terrible aux milliers d'yeux, aux cent armures. Je t'implore... être aux aspects divers, tantôt parfait et juste, tantôt faux et inerte, étincelant de richesses, escorté d'animaux sauvages, puissant, ferme en ta dévotion, armé du trident... Protége-moi, Dieu unique, toi qui es aussi la volupté, et le passé et l'avenir... Préserve-moi de tout mal, toi qui es à la fois la fécondité et la stérilité, atome imperceptible qui résides au sein des éléments décomposés, substance unique des corps organisés, ne devant ta naissance qu'à toi-même, essence universelle... être éblouissant comme la pierre précieuse. »

D'après cet hymne, c'est Siva qui, en sa qualité de Brahma, a créé l'univers, et en sa qualité de brahmane a formé l'essence des devoirs.

Le Mahabharata (t. III, de l'édition de Calcutta) l'adore sous les noms d'Ugra (le Formidable), de Sthanou (l'Inébranlable), de Sarva (le Destructeur), et le représente « sur le mont Kaisala, accordant des faveurs, qui sont la cause de l'univers ». Puis il le montre habitant les cimetières, portant la massue dont le bout renflé est une tête de mort,

« Dieu à la couleur rouge, à la gorge noire, irrésistible, que rien ne peut arrêter, créateur du Véda et le Véda lui-même[1]. »

Et c'est sous ces aspects redoutables que dans

---

1. Trad. de Ph. Foucaux.

les hymnes, comme dans ses images, il apparaît le plus souvent [1].

Sauvage et monstrueuse, mais d'étonnante beauté, est cette mélopée, qui si mystérieusement, comme une musique profonde, se perd dans l'infini du temps et de l'espace :

Les âges pendant lesquels se succéderont plusieurs millions de Dieux du ciel, après que chacun d'eux aura vécu la durée marquée pour sa vie, le temps pendant lequel plusieurs Brahmas mourront, le temps après lequel Vishnou cessera d'être, ces temps ne sont même pas un des moments de Siva.

Quand viendra le temps où la mer, la terre, l'air, le feu et le vent seront anéantis, plusieurs millions de Vishnu périront; plusieurs millions de Brahmas mourront aussi; Siva rassemblera toutes les têtes de ces Dieux, de ces têtes fera son collier, et il dansera sur un seul pied une danse inimitable, dans laquelle ce collier se choquera sur ses huit épaules; et il chantera des airs mystérieux, que personne ne peut chanter; et il goûtera un plaisir, que personne ne peut goûter [2]...

L'un des hymnes les plus fameux de l'Inde et l'un des plus curieux de cette littérature sivaïte est le *Mahimna-Slava* ou l'hymne à la grandeur infinie.

Devant ces hymnes sivaïtes, l'on songe à ces temples souterrains, à ces cryptes mystérieuses et profondes d'Ellora ou d'Éléphanta, où une prodigieuse végétation de pierre offre, mêlées à

---

1. A Éléphanta l'image de la Trimurti (du IX° siècle environ de notre ère) ne représente que Siva sous ses trois faces de Dieu créateur, conservateur et destructeur du monde.
2. Poésies tamoules Calampagam de Siva. *Poésies pop. de l'Inde.* Lamairesse (Marpon).

des formes divines, formidables pour la plupart, grimaçantes ou hideuses, des figures de souriantes Déesses ou de voluptueuses Apsaras.

Un grand taureau, dit le Mahimna-Stava [1], un bâton de religieux mendiant, une hache, une peau d'antilope, de la cendre, des serpents, une tête de mort : ce sont là, dispensateur de toutes les grâces, ton seul vêtement, tes meubles et ta seule parure. Les Dieux ont pour lot, celui-ci telle richesse et celui-là telle autre, que ta majesté repousse avec dédain ; car le mirage des objets sensuels ne peut abuser l'Etre, qui fait toute sa joie de contempler son âme... Celui qui fut vainqueur toujours dans le monde des hommes, des démons, et des Dieux ; celui de qui les flèches ne vont nulle part sans toucher leur but, l'Amour fut ramené à la conscience de soi-même, quand il osa porter sur toi, Seigneur, le même regard qu'il eût jeté sur les autres Dieux...

Quand tu danses pour la conservation du monde, la terre battue par tes pieds tremble comme sur le point de périr ; le ciel est pris de vertige ; l'armée des planètes est enfoncée par le mouvement de tes bras, et le firmament dont tu frappes les rives de ton superbe djata (coiffure des religieux), est mainte fois près de s'écrouler : tant paraît contradictoire ta puissance, toujours d'accord avec elle-même.

Cette rivière sainte (le Gange céleste ou la voie lactée), dont les eaux circulent dans le ciel et d'où s'élèvent des écumes brillantes, qui nous semblent des étoiles, ne peut rehausser ce corps divin, enfermant en soi l'infini. Car ce grand fleuve qui donne au monde, enseigne-t-on, l'apparence d'une île ceinte par le bracelet des mers, est porté sur ta tête comme une légère goutte d'eau !...

Tes jardins, immolateur de l'amour, sont les cimetières ; les Piçatchas (sortes de vampires) forment ta cour ; la cendre des bûchers est ta poudre de sandal ;

---

[1]. Traduction de Fauche, Ier vol. de la Tétrade.

un chapelet de crânes humains, voilà ta guirlande de fleurs; ton humeur est sinistre; ton nom l'est également! tu n'en es pas moins la suprême félicité de ceux qui t'invoquent, dispensateur des grâces!

Assurément tu es la vérité, dont l'image enivre les sages, quand, l'âme absorbée en toi, le poil hérissé, les souffles de la respiration convenablement distribués, les yeux baignés par des larmes de bonheur, ils goûtent par elle une volupté intérieure, comme s'ils étaient plongés dans un lac d'ambroisie.

Tu es le soleil, tu es la lune, tu es le vent, tu es le feu, tu es l'eau, tu es le ciel et la terre, tu es l'âme universelle, enseigne-t-on. Quand ils parlent de toi les sages divisent ainsi ton être, c'est que nous ne connaissons pas dans ce monde une réalité que tu ne sois pas!

Aum, ce mot d'une forme invariable, emblème par ses trois lettres des trois Védas (Rig, Yajur et Sama), des trois états de la vie (les états de veille, de sommeil et de rêve), des trois mondes (le ciel, la terre et l'enfer), des trois Dieux même (Brahma, Vishnu, Siva), symbole aussi d'un quatrième aspect de ton être (la trinité une) par le son bref de la diphthongue dans un monosyllabe, proclame, Dieu protecteur, que tu es à la fois et le tout et chacune de ses parties!

Adoration à toi, qui es bien près, Dieu chéri! Adoration à toi, ce qu'il y a de plus petit [1], destructeur de l'amour! Adoration à toi, ce qu'il y a de plus grand [2]! Adoration à toi, ce qu'il y a de plus ancien! Dieu aux trois yeux! Adoration à toi qui es le tout! Adoration à toi, qui es au-delà du tout et renfermes le tout!

Voilà bien la prière de cette religion étrange, tout à la fois repoussante et sublime, comme le mystère même de la mort, et en qui se mêlent à

---

1. Puisqu'il est renfermé dans l'atome.
2. Puisqu'il contient l'infini.

une métaphysique profonde et raffinée des réminiscences de litanies sauvages.

Au culte de Siva se joignit celui des Déesses que la légende lui donnait pour épouses, *Kali, Durga, Arya, Uma, Bhavani, Catyayani, Cosiki*, et qui toutes bientôt devinrent la manifestation, la *Sakti* du Dieu. Le culte des divinités femelles fut en faveur surtout chez les sivaïtes, qui durent, nous l'avons dit, se recruter en grand nombre parmi les populations anaryennes.

La Sakti du Dieu fut aussi sa Maya ; comme lui, elle créait, conservait et détruisait le monde. Elle fut vraiment dans l'Inde la grande Déesse, la Maha-Devi ; et par là encore le sivaïsme se rapprochait des religions antiques de l'Égypte ou de Babylone. Maha-Devi, comme les Déesses de ces religions lointaines, ou comme l'Aditi védique, et la Prakriti du Sankhya, représentait la nature, éternellement féconde, mais éternellement aussi mortelle à ceux qu'elle a fait naître, berceau et tombe de tout ce qui est [1].

Sous cette forme de la Maha-Maya, de la grande Illusion, on comprend que le culte de la Maha-Devi ait parfois lui-même fait éclore une poésie magnifique et sinistre.

Illusion cruelle ou tendre, radieuse ou sombre, illusion qui crée et qui tue, la Maha-Devi est tour à tour ainsi la vie et la mort, la joie et la dou-

---

1. Ces deux faces du Dieu, masculine et féminine, eurent un jour leur représentation dans un Dieu hermaphrodite, que l'on voit à Éléphanta. Nouveau trait de ressemblance entre le sivaïsme et certaines des religions anaryennes, où ces idées de sexualité se mêlent si fréquemment aux conceptions cosmogoniques.

leur, la souffrance atroce et la volupté, et les sectes qui l'adorent sont presque aussi nombreuses que ses diverses apparences.

Durga, Kali, Candika, Camunda, sous ces formes effroyables, elle est la Déesse de la mort, à qui si longtemps, et il y a peu de temps encore, étaient offertes des victimes humaines, la Déesse que dans ses images on voit échevelée, sanglante, un collier de crânes au cou, follement danser sur un cadavre; mais ailleurs elle est attirante et belle.

Dans l'hymne à Durga, du Harivansa (l. VIII),

Elle est la prospérité, la sagesse, elle est la victoire et le plaisir. Elle est la nuit et la lumière; elle est le sommeil qui apaise les êtres.
Sœur aînée d'Yama, le Dieu de la mort, elle se couvre d'un vêtement de soie noire. Elle se présente sous mille formes effrayantes ou splendides. Tantôt son regard est affreux; tantôt ses yeux sont attrayants et larges.

Le Harivansa la fait habiter « au bord des rivières, dans les cavernes, les forêts et les jongles, où elle reçoit les hommages des Sauviras, des Barbaras et des Pulindas (peuplades sauvages qui vivaient dans les bois et parlaient des dialectes inintelligibles)[1]. »

Le mont Vindhya est son séjour favori! Elle fait sa joie des batailles. Elle apparaît ici toute couverte de haillons; ailleurs, resplendissante de vêtements magnifiques. Elle est la nuit et le crépuscule. Elle marche les cheveux épars; elle est la mort, qui se plaît à déchirer et à dévorer des chairs, toutes sai-

---

1. Trad. de Langlois.

gnantes et pantelantes, et elle est aussi la splendeur des étoiles, la piété chez les jeunes filles, le bonheur dans les épouses.

Dans un autre hymne du Harivansa (l. CXLV),

Elle réside en toutes choses, car elle est Maya, l'Illusion éternelle; elle séduit les yeux, elle charme les esprits. Elle est l'éclair et le tonnerre des nuages. Elle est le squelette, et elle est la Déesse aussi au large et souriant visage...

Et l'Hindou, agrandissant toujours jusqu'à l'infini chaque divinité qu'il adore, la proclame « le père et la mère du monde », fait d'elle l'univers entier, le ciel, les Dieux, les Apsaras.

Au-dessous de *Mahadevi* sont d'autres manifestations du même principe, et les *Mahamatris* d'abord, pareilles à ces Mères redoutables invoquées par le Faust de Gœthe, puis les *Yogins*, les *Nayikas*, les *Sakinis*, les *Dakinis*, tout un monde inquiétant, obscur de séductrices et de sorcières, rappelant la légion infernale des filles de Satan, diablesses, magiciennes, goules, vampires de notre moyen âge.

C'est naturellement en cette religion que durent chercher asile toutes les pratiques obscures de la sorcellerie et de la magie noire, plus familières du reste aux races indigènes qu'aux Aryas. On devine quel torrent d'immondices et d'impudicités dut sortir d'une pareille source! Tous les délires de l'imagination et des sens remplirent de volupté et de folie ces religions de Siva et de ses *Saktis*, religions de névrosés, d'extatiques, et de fakirs terribles, parfois d'idéalistes farouches, capables de rêver, comme certains émirs hallucinés d'opium, une purification universelle, une entière régénération du monde par la mort, rêve que certains nihilistes russes, en leurs cerveaux mongoliques, reforment peut-être de nos jours.

Ce fut sourtout dans cette religion des déesses sivaïtes que se pratiqua le *culte de la main gauche*, rendez-vous de toutes les fornications, sentiers de toutes les luxures, comparable à quelques-uns des abominables mystères, tels que la messe noire, de nos sorciers d'Europe. Mais dans la *Srisakra* (le saint cercle), les initiés, hommes et femmes, affolés de débauches, figuraient les accouplements du Dieu et de sa *Sakti*. Si le culte de Durga est, avec le culte de Vishnu, celui qui aujourd'hui encore donne lieu chez quelques Hindous au plus effréné des libertinages, on se tromperait beaucoup en pensant que tout le sivaïsme versa dans cette fange. La secte de Siva au contraire (l'homme n'est-il pas partout et toujours « un abîme de contradictions »?), demeura aux diverses époques, et malgré l'obscénité de son symbole[1], généralement austère et pure.

Ainsi la littérature sivaïte fut dans son en-

---

1. Le *Linga* est, dans le Mahabharáta, le symbole de Mahadeva. Il est presque toujours supporté par le *Yoni*, emblème de Devi, l'organe femelle, sans que cette représentation, une sorte de prisme triangulaire, n'ait en réalité rien de choquant à la vue. Il est même dans l'Inde porté d'une façon banale, comme la croix l'est parmi nous, et beaucoup certainement de ceux qui le voient ou qui le portent en ignorent le sens.

semble, comme la littérature bouddhique, bien inférieure à celle des cycles de Vishnu et de Brahma. C'est que le sivaïsme, avons-nous dit, fut longtemps et surtout la religion des basses classes. Plats et vulgaires sont le plus souvent ses Puranas : des légendes puériles et l'énumération des pratiques y tiennent d'ordinaire la plus large place.

Il est à remarquer que la plupart des réformateurs qui combattirent le plus vivement, après les bouddhistes, la hiérarchie des castes furent des sectateurs de Siva.

Charlatans, sorciers, jongleurs, vendeurs d'amulettes, diseurs de bonne aventure, fous vaguant en liberté, ou dévôts sérieux, fanatiques, sincères, on sait combien ses religieux ont pullulé dans l'Inde et y pullulent encore.

Les *Yogins* sivaïtes sont restés toujours parmi les plus exaltés d'entre les sectateurs du Yoga ; et si jamais la chair humaine fut méprisée, traitée comme une loque par l'esprit enivré de Dieu ou jusqu'à la folie orgueilleux de ses propres forces, ce fut bien en ce pays étrange. On comprend du reste que le Dieu de la mort demandât à ses fidèles ces macérations terribles, ces supplices qui domptent la chair, et, comme le feu purificateur, font peu à peu s'évanouir l'apparence humaine. L'imitation de Siva, du formidable anachorète abîmé dans ses méditations et ses pénitences, fut pour beaucoup d'Hindous le but suprême de la vie religieuse, ce que fut pour les Chrétiens l'imitation de Jésus-Christ; et l'idéalisme, et le mépris de cette matière que sans cesse dissout, anéantit la mort, furent ainsi chez les sivaïtes parfaitement logiques.

XII

LES PURANAS ET LES TANTRAS

Avec les Védas, les Brahmanas et les Upanishads, avec les Itihasas comme le Mahabharata, existaient encore parmi les anciens monuments de la littérature indienne un ensemble de poèmes, les Puranas (vieilles histoires), qui ne nous sont pas parvenus ; ceux que nous possédons sont de grands poèmes religieux, en l'honneur de Brahma, de Vishnu, de Siva. Œuvres gigantesques, parfois sublimes, ces poèmes furent rédigés pour l'instruction et l'édification des classes inférieures, exclues, comme on le sait, de la lecture des Védas et du Mahabharata. C'est encore à Vyasa (le compilateur) que fut attribuée par la légende la rédaction de ces Puranas, sortes de Védas populaires, et qui sont d'une époque relativement récente : ainsi le *Baghavata-Purana* serait du xiiie siècle de notre ère, et le plus ancien, le *Markandeya*, du viiie peut-être. Il y eut alors, en effet, dans la décadence du brahmanisme, comme un long âge de renaissance.

Le bouddhisme repoussé peu à peu abandonnait ses temples : l'hindouisme victorieux édifia les siens. C'est dans ces Puranas que l'hindouisme ou le néo-brahmanisme se montre triomphant, avec son polythéisme panthéiste, ses Dieux monstrueux et sans nombre, parfois ses orgies sinistres ou ses sensualités mystiques, comme il s'épanouit à la même époque dans l'architecture religieuse, grandiose et folle, dans le délire surtout du style dravidien, quand la pyramide, étincelante sous la lumière et parmi la végétation tropicale, se hérisse d'un fourmillement de formes, animales, humaines et divines, mêlées, enlacées, confondues, pullulant de la base au sommet [1].

Ils apparaissent bien ici dans leur plein triomphe les Dieux, que l'influence des Sudras méprisés finit par imposer au vieux panthéisme hindou, ces Dieux énormes, à plusieurs têtes regardant tous les points de l'espace, ces Dieux aux jambes, aux bras multiples, qu'ils projettent de toutes parts, comme des polypes gigantesques, Siva le rouge, dans son immobilité et sa terrible rêverie d'ascète, ou, un collier de crânes à son cou, assis calme sur des cadavres, et le bleu Krishna, dansant sur les têtes du serpent, ou lascif, efféminé, folâtrant parmi les bergères, et Ganesa à la face d'éléphant, et Hanumat à la face de singe, et toute la troupe, aimable ou terrifiante, des divinités femelles,

---

1. L'art ne fait et n'a fait jamais que refléter l'impression donnée par la nature. L'architecture égyptienne a reproduit la grande ligne droite, immuable, la ligne infinie du désert. L'art hindou reproduit les lignes complexes et touffues, le caprice, la pullulation sans limites, le délire de la nature tropicale.

visions, qui parfois défiant toute image semblent conçues dans le délire par des cerveaux d'hallucinés. Et certainement l'art populaire et l'art religieux d'alors, qui, symbolique avant tout, ne tendait guère qu'à une représentation d'idées, dut rendre encore plus monstrueuse et barbare la conception des Dieux.

Le vieux brahmanisme est donc à jamais vaincu, comme une aristocratie submergée par la plèbe, et dans ce néo-brahmanisme on reconnaît l'invasion, la poussée des sudras.

Les décadences n'en ont pas moins parfois leurs splendeurs de soleils couchants, et les Puranas eurent de ces splendeurs. Ils furent les livres saints de ces religions nouvelles. Sortes de villes saintes où vécut l'âme d'un peuple, leur création fut lente et anonyme, comme celle de toutes grandes cités; ceux qui édifièrent les Puranas furent de pieux dévots, des rêveurs, des saints obscurs, dédaigneux de leur personnalité, de leur nom, et ne pensant qu'à glorifier leur Dieu.

Le grand défaut de ces livres, leur inégalité, est à nos yeux un de leurs mérites peut-être; et, en effet, ce n'est pas ici une œuvre d'artistes, c'est la ville de Dieu ouverte à toutes les pensées, toutes les âmes, aux plus humbles et aux plus hautes.

La plupart de ces dix-huit Puranas sont consacrés à Vishnu, et les plus populaires en sont le Baghavata et le Vishnu Purana. C'est une division toute factice qui les partage en six *rajasas*, six *sattvikas*, et six *tamasas*, les premiers glorifiant Brahma, et les autres Vishnu et Siva, les noms de rajasa, sattvika et ramasa rappelant les trois *gunas* ou qualités des trois Dieux, rajas, sattva, tamas, passion, bonté, obscurité.

Dans tout Purana se retrouvent cinq grandes divisions principales :

1° Une histoire de la création de l'univers ; 2° une histoire de sa destruction, que suit une création nouvelle ; 3° une généalogie des Dieux et des patriarches ; 4° une histoire des Manus et de leurs règnes ; 5° une histoire enfin des races solaire et lunaire. En réalité les Puranas sont des encyclopédies gigantesques, contenant la mythologie, la théogonie, la cosmogonie, la philosophie et la morale, l'histoire et la physique, la géographie et l'astronomie, toutes les rêveries ou toute la science de leur temps ; énormes compilations, où leurs auteurs sans nul esprit critique, et animés seulement du pieux désir d'adorer et de célébrer leur Dieu, entassent, réunissent, confondent des fragments de toutes les provenances, des doctrines de toutes les écoles, des légendes de toutes les époques [2].

Delà tant de défauts communs, nous le savons, à la plupart de ces poèmes hindous ; mais en eux aussi les qualités abondent, et ce sont comme toujours la splendeur des images, la profondeur

---

1. L'Agni-Purana énumère tous les lieux de pèlerinage, les sirthas, les grands sanctuaires.
2. Dans le Baghavata-Purana le chapitre de l'ascète semble pris tout entier dans le Mahabharata. Comp. aussi la légende de la production de l'ambroisie dans le Bagh.-Pur. (du ch. v au ch. xi), dans le Ramayana (I. chap. xlvi) et dans le Mahabh. (Adiparvan, sl. 1097.)

de certaines conceptions métaphysiques, le déroulement grandiose des cosmogonies, l'élévation de l'idée morale, surtout l'enthousiasme, l'extatique ivresse des hymnes adressés aux Dieux : et une sensation intense sort de tous ces poèmes, que nuls peut-être mieux que les Hindous n'auront su donner, la sensation, jusqu'au vertige, de l'infini dans le temps et l'espace.

Les dialogues et les récits sont la forme générale adoptée par les Puranas, et le procédé littéraire habituel à ces compilations, les récits sortant les uns des autres, comme dans le Mahabharata.

La révélation des nouveaux Puranas fut attribuée aux *Sutas*, aux poètes qui autrefois vivaient près des rajahs [1] et composèrent pour eux les Puranas primitifs.

En reculant ainsi l'origine des Puranas, leurs auteurs inconnus cherchaient certainement à leur donner cette autorité qui s'attache en toute religion aux très anciens documents.

De fait ces livres saints prirent rapidement sur les esprits plus d'empire peut-être que les vieux livres de la smriti ; et aujourd'hui encore peu d'œuvres de la littérature sacrée sont plus répandues et plus populaires.

Les anciens Puranas, nullement destinés à un enseignement religieux ou philosophique, avaient donc été de simples poèmes héroïques

1. Les Radjpoutes, chez qui les coutumes féodales et chevaleresques se retrouvent si nombreuses encore, ont toujours leurs *bhâts* ou bardes, astrologues, poètes de cour, gardiens de l'arbre généalogique, historiographes et chantres des aïeux.

et légendaires, rattachant à la genèse du monde l'origine des grandes familles hindoues.

Les vrais héros des nouveaux Puranas, ce furent les Dieux de l'hindouisme, et toute l'histoire, toute la légende indiennes ne servirent qu'à en illustrer la légende.

Quant à la philosophie de ces saints livres, le plus large éclectisme y domine : et nulle part plus librement qu'ici le panthéisme n'aura su établir l'identité de tous les contraires.

Le Baghavata-Purana est de tous peut-être le plus intéressant, et c'est le mieux connu par la belle traduction de Burnouf. On l'attribue au grammairien Vopadesa et cette œuvre serait du XIIIe siècle de notre ère.

Aux Rishis [1] réunis dans la forêt de Naimisha, Suta, ou plutôt le Suta (car ce nom doit être pris ici dans son acception générique), apporte la révélation que lui a communiquée son maître, le bienheureux Vyasa.

Dans l'âge présent, dans cet âge de Kali, où la vie est généralement de peu de durée, où les hommes sont indolents, où leur intelligence est lente, et leur existence difficile, où tant de maux les accablent, il raconte pour le bonheur des êtres le récit qui donne à l'âme un calme parfait ; il expose l'histoire du Dieu dont l'incarnation eut pour but la protection et le bonheur des créatures, qui donne l'être en se jouant à des portions de sa substance ; et qui librement se livre à ces jeux, à l'aide de la Maya (l'Illusion) dont il dispose.

Quelle est l'origine des choses, quelle est l'histoire des incarnations divines, celle des premiers

1. Trad. de Eug. Burnouf, 3 vol. in-4° (Maisonneuve).

âges, des premiers Rishis, et des premiers rois; comment se divise et se mesure le temps, comment se comptent les diverses périodes, quelle est la distribution des classes et des conditions humaines, quels sont les devoirs communs à tous les hommes, et ceux qui sont particuliers aux castes ; comment (et c'est le perpétuel tourment de ces penseurs) expliquer tout à la fois l'esclavage au sein de la matière et la liberté de l'esprit, quel est l'état propre de l'esprit, sa forme véritable; comment Baghavat, l'être indépendant, se joue-t-il avec sa Maya? le saint livre cherche à répondre à ces questions sans nombre (VI, l. II, ch. VIII) qui ont de tout temps inquiété les rêveurs hindous.

Chacun de ces grands poèmes religieux semble donc une vaste encyclopédie qui tend à renfermer toutes les connaissances, à résoudre tous les problèmes, à être comme une *somme* théologique, philosophique et historique, mais où l'histoire et la géographie sont certainement aussi fabuleuses que chez quelques-uns de nos conteurs ou géographes du moyen âge.

C'est lui, c'est Baghavat qui, à l'aide de sa Maya, créa au commencement l'Univers.

Pénétrant au sein des qualités manifestées par elle, comme s'il avait ces qualités lui-même, l'Etre apparut au dehors, poussé par l'énergie de sa pensée.

Créateur des mondes, le Dieu les conserve à l'aide de la qualité de la Bonté, aimant à revêtir dans le jeu de ses incarnations la forme d'un Déva, d'un homme, d'un animal.

Et le poème expose alors les diverses apparitions du Dieu, ses différentes hypostases sous la forme de Purusha (l'Esprit et l'Homme-monde) et de Mahat, l'intelligence.

Puis viennent les apparitions du Dieu sous les formes du sanglier, du poisson, de la tortue, des saints rishis, et de Kapila, révélateur de la doctrine sankhya.

Il est Vyasa, le compilateur des Védas; il est Rama; et Bala Rama et Krishna.

Car les incarnations de Hari, trésor de bonté, sont sans nombre, comme les mille canaux qui sortent d'un lac inépuisable. Les Rishis, les Manus, les Dévas, les fils des Manus et les Prajapatis (chefs des créatures), tous brillants de splendeur, sont tous des manifestations de ses portions diverses. I. 27. Oui, cet être dont les manifestations ne sont pas un jeu inutile, crée, conserve, détruit cet univers, et il n'y est pas enchaîné.

Mais ce n'est pas l'homme avec sa raison imparfaite qui peut à l'aide du raisonnement comprendre le tissu de noms et de formes, que déroulent la parole et la pensée du Créateur; l'homme est comme un ignorant, qui assiste à une représentation dramatique.

Alors le suta révèle mille légendes divines et humaines; il dit comment Vyasa (ch. IV. 29), né d'une portion de la substance de Hari, après avoir divisé les Védas et composé le Mahabharata « en expose le sens sous un déguisement (les Puranas), afin de donner le bonheur, d'exposer la science et de révéler le devoir aux femmes, aux sudras, aux membres dégradés des trois premières classes, qui ne peuvent lire le Véda. »

Et ces mille légendes sont souvent confuses, quelques-unes monstrueuses et folles; mais elles sont pour le suta l'occasion d'appeler et de prosterner tous les êtres aux pieds de Baghavat.

Le poème apparaît ainsi comme un hymne sans fin, traversé de récits, de développements métaphysiques, d'apologues religieux ou philosophiques, et où tout concourt au même but, la glorification du Dieu.

Les Rishis, les Manus, les Dévas, Brahma, Siva même, tous les êtres viennent s'incliner tour à tour devant l'Etre qui les contient tous.

Parmi ces hymnes, signalons celui de Kunti, quand Vishnu a sauvé ses fils ; et tous ceux de Brahma.

Etonnant mélange d'effusions lyriques et de métaphysique, ces hymnes tendent à pénétrer tous les mystères de Hari, le secret de ses naissances, le miracle et le jeu de ses créations.

Rassemblons, pour recomposer la grande image du Dieu, quelques traits épars en ce livre immense.

Bhagavat est le commencement, le milieu et la fin des êtres : il est l'Esprit aux énergies infinies ; sous la forme du Temps, il emporte le monde comme un torrent profond entraîne tout ce qui tombe en ses eaux.

Ses formes sont incalculables ; sa grandeur sans borne ; il est pourtant plus subtil que l'atome.

Il est le seigneur suprême, pénétrant également partout ; il est Kala [1] (le Temps), Isana (Siva).

Tous les Dieux, Brahma et Siva, sont ses apparences. Il est l'entière réunion des Etres, dont il est l'âme et l'auteur.

Conservant sa forme infinie et insaisissable, il a

---

1. Kala, l'un des noms de Brahma, et de Yama d'abord.

créé la totalité de cet univers, et il est doué à la fois de deux énergies, l'une intelligente, l'autre aveugle [1].

Semblable à l'araignée, il produit et conserve, à l'aide de ses énergies, cet univers qu'un jour il fera rentrer dans son sein.

Mais l'homme ne connaît pas plus l'immense énergie de cet Être redoutable, qu'une masse de nuages ne connaît la force du vent qui la pousse.

Baghavat est le soutien du monde, lui qui sous la forme de la justice fait prospérer cet univers qu'il conserve, en revêtant les apparences variées de l'animal, de l'homme et du Dieu.

Puis sous les formes de Kala, du feu, de Rudra (Siva), cet univers qu'il a créé de lui-même, il l'anéantit, quand le temps est venu, comme le vent dissipe les nuées amoncelées.

Je vais te raconter dans leur ordre les jeux de Baghavat, ces jeux que développe sa mystérieuse Maya, dans le but de créer, de conserver et de détruire les mondes.

Au commencement cet univers était Baghavat, Baghavat existait seul sans qu'aucun attribut le manifestât, parce que tout désir était éteint dans son cœur.

Tout était obscur dans l'être primitif, il voulut se voir, lui et les choses ; et ses yeux s'ouvrirent, et le soleil y prit place, avec la vue, qui perçoit l'attribut de la forme.

C'est au moyen de l'âme individuelle que l'esprit revêt et quitte des corps divers ; c'est par elle qu'il éprouve de la joie, de la tristesse, de la crainte, de la douleur et du plaisir.

Pénétrant dans les êtres produits spontanément par la réunion des éléments subtils, des sens et du cœur, principes émanés des qualités, il y perçoit les impressions qui s'adressent à eux.

---

1. Curieuse pensée qui rappelle la philosophie de l'Inconscient. L'Inconscient ainsi prend conscience de lui même ; et il semble, en certains passages, qu'il n'ait créé le monde que pour sentir ou jouir en tous les êtres.

Mais alors en la pensée du sage s'éveille cette inquiétude :

C'est Bhagavat, l'Etre unique, qui réside, dis-tu, en toute âme : d'où viennent donc la misère et la douleur auxquelles le condamne sa présence au sein de l'âme humaine ?

Ce qui répugne à la raison, c'est la Maya dont s'enveloppe Bhagavat, c'est la misère et l'esclavage de l'Etre suprême naturellement libre.

Mais cette apparence n'est qu'une illusion sans réalité, semblable au rêve de l'homme qui pendant son sommeil s'imagine par exemple qu'il a la tête tranchée. (L. I, II et III, *passim*.)

L'idéalisme hindou devait forcément aboutir à cette doctrine de la Maya, à la fois si subtile et profonde. Tout fuit, tout nous leurre; rien ne dure; une perpétuelle illusion égare en effet tous les êtres : illusion, cette vie terrestre, étincelle jaillissant de la nuit pour rentrer sitôt dans la nuit; illusion, ce brûlant désir, qui une heure vient troubler les âmes, met aux lèvres jointes des amants l'échange de serments *éternels;* illusions, nos passions, nos ambitions, nos croyances; et cependant illusions nécessaires puisque ce monde n'existerait pas sans elles, et que c'est bien elle, la décevante Maya, ainsi que les Hindous l'ont su voir, qui perpétuellement recrée l'univers, en tisse la trame et la renouvelle, est ainsi au fond de toute tragédie ou de toute comédie humaines [1] !

Toutes les individuations, toutes les distinc-

---

1. Oui, l'illusion est dans tout, hors peut-être dans la passion de la justice et du vrai, dans la pitié pour les créatures misérables, dans la résignation transcendante à tout ce néant de la vie.

tions et les différences qui font le jeu des phénomènes, disparaissent donc pour ces idéalistes hindous, dans l'identité de l'universelle et de l'éternelle substance, comme aux yeux de la science tout se confond aussi, à l'origine et à la fin des choses, dans ces vagues et profondes nébuleuses, d'où sont nés les systèmes solaires.

Mais dans ce monde toujours, œuvre de la Maya, les hommes dont les désirs, la cupidité, l'envie ou l'erreur troublent l'intelligence, roulent à travers les différents états, avec la pensée que tous ces états sont réels.

Le Baghavata-Purana expose alors la théorie qui nous est bien connue de la libération par la science [1].

Ceux que la science n'aura pas affranchis de l'illusion des phénomènes, sont perpétuellement les dupes de la Maya, par instant du reste si puissante et splendide qu'elle sait égarer les Dieux mêmes. Mais le vrai sage, par-delà ce monde d'illusions et d'erreurs, contemple désormais dans l'éternité morne la seule réalité, le Dieu sans attributs et sans formes, calme comme le cœur de l'Océan, dont nulle tempête n'agite les profondeurs, ce Dieu de la Baghavata-Gita, sans haine, sans amour peut-être, mais refuge, mais lumière des purs, qu'ils sentent en eux, et qui se sentent en lui, ce Dieu disant à ses fidèles, selon la parole du saint livre : Je suis le cœur des hommes vertueux et les

---

1. Les religions sectaires ont prêché davantage la libération par la foi, la bhakti, la dévotion à leur Dieu.

hommes vertueux sont mon cœur ! (Ch. III, l. VIII.)

Qu'il me protége celui dont l'infatigable regard contemple à la fois en témoin, et le monde apparent que sa Maya fait quelquefois naître en son sein, et la cause qui d'autres fois le fait mourir et disparaître : celui qui supérieur à toute cause a sa racine en lui-même; celui dont on ne connaît ni la naissance ni les actes, ni le nom ni la forme, ni les qualités ni les défauts, et qui cependant pour créer et détruire les mondes, revêt à l'aide de la Maya ces accidents divers, et chacun en son temps.

Qu'il nous soit favorable ce Dieu à la puissance infinie dont on a dit que la mystérieuse Maya a fait sortir la matière, la durée, l'action, les qualités et le monde apparent, mystère incompréhensible que seuls pénètrent les sages.

Adoration à celui qui n'a besoin que d'un simple acte de sa pensée pour établir en lui-même des distinctions au moyen de l'Illusion dont il dispose, Illusion dont les qualités se divisent de tant de manières sous l'influence du Destin, dans les phénomènes de la création, de la conservation et de la destruction de l'univers. (L. IV, ch. VII.)

Sans l'Illusion dont dispose l'Esprit suprême, l'alliance de l'Esprit avec les choses n'aurait pas lieu, mais cette alliance est aussi peu réelle que l'est celle de l'âme avec les images qu'elle voit en songe. (L. II, ch. IX.)

Et c'est donc la Maya aussi qui préside aux amours des êtres :

Toutes les créatures s'unissent par couples, sous l'influence de l'Illusion dont l'Esprit dispose. (L. V, ch. IV.)

---

1. Idée profonde et que reprendra la philosophie de Schopenhauer.

Oui, l'Illusion, pour enchaîner les êtres, sait revêtir toutes les formes, et par exemple, dit le Baghavata-Purana, l'apparence d'une femme, qui joue de l'homme comme d'un misérable animal (L. VI, ch. II). Nous la verrons attirer et charmer Siva même, le Dieu de la mort, le terrible ennemi de l'Amour!

Et voyez à quel idéalisme transcendant parviendront ces prodigieux esprits, à quelle insensibilité surhumaine devant les assassinats de la mort, à quelle sérénité devant les apparitions, l'apparence, les fantasmagories de la vie, ils sauront quelquefois atteindre :

Ne pleurez ni sur un autre ni sur vous-même. L'idée du toi et du moi est le fruit de l'ignorance des âmes.

La naissance, la destruction, l'existence et l'apparition d'un être sont même chose.

Et le sage dès cette vie peut conquérir l'absolue quiétude; il l'atteint du jour où, par la doctrine du Yoga, il rentre en Dieu et redevient Dieu même ! Les devoirs de l'ascète, les règles du Yoga ou de l'absorption en Dieu, la puissance que peuvent donner aux solitaires les méditations et les pénitences sont des sujets familiers à tous les poètes indiens et aux auteurs de ces Puranas.

La pitié pour tous les êtres, la disposition à être satisfait de toutes choses, et le calme des sens, telles sont les premières vertus de l'ascète. (L. IV, ch. XXXI.)

Le Baghavata-Purana, pour rappeler la vanité et le néant des choses, a des accents d'une mélancolie profonde, qui rappellent singulièrement parfois l'enseignement bouddhique :

L'âme marche péniblement dans cette forêt de l'existence, qui est aussi misérable qu'un cimetière, et où les six sens sont comme des voleurs.

Qu'est-ce que ce misérable corps, qui finit par n'être que vers, que pourriture et cendres ? Et cette femme qui donne au corps les plaisirs des sens ? qu'est-ce que tout cela, auprès de l'âme qui remplit les cieux ? (L. VII, ch. XXII.)

Ce n'est pas la vie que je désire : qu'ai-je besoin de cette existence animale que les ténèbres enveloppent de toutes parts ? Je désire être délivré de l'ignorance qui me cache l'esprit ; car le temps ne peut rien contre cette délivrance. (Liv. VIII, ch. IV).

Dans la condition d'homme, voyant les efforts infructueux de l'homme et de la femme qui se livrent aux œuvres de la chair pour se procurer le plaisir et repousser la douleur, j'ai conçu le dégoût de la vie.

Et ce serait, ô Baghavat, ô précepteur de l'univers, ce serait si peu de chose pour toi que de sauver la race humaine, pour toi, cause suprême de la création.

Comme chez les bouddhistes, le désir, dans le Baghavata-Purana, est la « source du fleuve des existences » : c'est lui qui entraîne les âmes et les condamne à d'interminables renaissances. Mais ce monde aussi est pour beaucoup d'entre elles « la porte du ciel et de la délivrance ».

Les hymnes, leur morale, ou leur métaphysique, telles sont les vraies beautés de ces Puranas. Nulle poésie philosophique ou religieuse ne s'est, croyons-nous, élevée plus haut.

Les légendes ou *itihasas* sont généralement au contraire inférieures à celles du Mahabharata ou du Ramayana. L'imagination indienne y déploie par trop son délire et ses conceptions monstrueuses. Quelques-unes d'elles, didactiques, ayant pour but toujours l'édification ou l'instruction des fidèles, ont dans leur étrangeté cependant une singulière grandeur. Nous signalerons surtout les épisodes de Tchitraketu, du Roi des éléphants, de Siva trompé par la Maya. La première de ces légendes est le commentaire de cette pensée que la vie et la mort ne sont que des jeux de la Maya et, à proprement parler, n'existent pas, puisque Dieu seul est réel : elle nous montre à quel degré de paix surhumaine pouvaient s'élever ces idéalistes hindous.

Un rajah, Tchitraketu, « avait dix mille femmes, mais il n'avait pas d'enfant. Un rishi, reçu à sa cour, lui promet qu'il aurait un fils, et qui serait pour lui une cause de joie et de douleur. » Ce fils naît, mais des femmes du harem, jalouses de sa mère, l'empoisonnent. Pendant que le rajah sanglote sur le cadavre de son enfant, le solitaire Aggiras arrive, et lui dit :

Qu'était pour toi jadis, ô prince, celui que tu pleures, et qu'étais-tu pour lui dans l'ordre de la création ? Qu'êtes-vous aujourd'hui et que serez-vous dans l'avenir l'un à l'autre ?

Comme la force d'un courant disperse et rassemble alternativement les sables, ainsi le temps réunit et sépare tour à tour les êtres vivants.

Comme parmi les graines, les unes germent, et les autres ne germent pas, il en est ainsi parmi les créatures que pousse la Maya du Seigneur. Nous, toi et tous les êtres mobiles et immobiles, tout cela n'existe pas aujourd'hui plus que cela n'existait avant de naître et ne doit exister après la mort.

Incréé lui-même, le souverain des êtres crée, conserve et détruit les unes par les autres les créatures créées par lui et soumises à son empire; c'est un jeu auquel il ne donne guère plus d'attention que ne ferait un enfant.

Et le roi, consolé par ces discours, dit à ces pénitents, amis de Baghavat, qui parcourent à leur gré la terre sous les dehors de la folie, pour instruire les hommes d'une intelligence vulgaire, de faire luire sur lui, le flambeau de la science.

Aggiras dit : Tu désirais avoir un fils, ô roi, et nous te l'avons donné...

Aujourd'hui tu éprouves les chagrins de la paternité, chagrins que causent également une femme, une maison, des richesses et les diverses prospérités de la puissance.

Tout est passager, les qualités sensibles, telles que le son et les autres; les attributs de la puissance royale, tels que la terre, un royaume, une armée, un trésor, des serviteurs, des ministres, des amis et un peuple.

Toutes ces choses sont des sources de chagrins, de trouble, de crainte et de douleur; ce sont comme autant de songes, d'apparitions magiques, d'imaginations qui n'ont pas de réalité, disparaissant dès le moment où elles se font voir.

C'est pourquoi, considérant avec un cœur ferme la voie de l'esprit, renonce à la confiance qui te faisait voir quelque chose de durable dans la cause des impressions opposées (de la peine et du plaisir) et rentre dans le calme...

Par le miracle d'un des rishis, la vie est rendue à l'enfant, et l'âme, se réveillant dans le cadavre, prononce alors ces paroles :

Dans laquelle des existences traversées par moi, en

passant, sous l'influence de mes œuvres, par des corps de Dévas, d'animaux et d'hommes, ai-je eu pour père et pour mère ceux que je vois ici ?

On voit, parmi les hommes, un objet durable donner lieu à des rapports passagers ; ainsi la propriété d'une chose n'existe qu'autant que dure le rapport de possession qu'on a avec elle.

De même quand elle est descendue dans une matrice, l'âme individuelle, éternelle et sans personnalité, devient la propriété de celui au sein duquel on la trouve, et pour le temps seulement qu'elle y demeure.

C'est le souverain Seigneur, cet être éternel, impérissable, subtil, essentiellement lumineux et contenant tout, qui, à l'aide des qualités de l'Illusion dont il dispose, se crée lui-même l'univers.

Nul ne lui est ami ou ennemi ; nul ne lui est étranger ou parent ; il est le spectateur unique de toutes les pensées des hommes qui accomplissent des actions bonnes et mauvaises.

L'esprit, en effet, ne prend pour lui ni le bien ni le mal, non plus que le fruit des œuvres, parce que semblable au spectateur indifférent, il est le Seigneur qui voit à la fois la cause et l'effet.

Après avoir ainsi parlé, l'âme s'en alla ; et les parents du mort étonnés, brisant le lien d'affection qui les attachait à lui, secouèrent leur chagrin. Ayant porté le corps au bûcher et accompli les cérémonies nécessaires, ils renoncèrent à ce sentiment si difficile à quitter, l'amour, source de chagrin, de trouble, de crainte et de douleur.

On voit ici combien les doctrines bouddhiques du renoncement et de la résignation ont pénétré dans ces religions nouvelles. Nous signalerons encore parmi les plus curieux passages du Baghavata-Purana une géographie fabuleuse où se voient des mers de jus de canne à sucre, des océans de liqueurs enivrantes, de gigantesques figuiers d'or ; un cotonnier, dont a fait sa demeure le divin roi des oiseaux, et où il chante les hymnes du Véda, des cieux souterrains où le magicien Maya a créé des villes et qu'habitent les princes de l'abîme, les Daityas, les Danavas, les fils de Kadru, les grands chefs des serpents, la tête ornée d'élégants joyaux. C'est, on le voit, une géographie de contes des fées. Quelques-uns de ces traits sont curieux, parce qu'ils sont restés, et que nous les retrouvons, après un long et mystérieux voyage, dans certains poèmes du moyen âge et dans nos contes populaires.

La description des vingt et un enfers est intéressante. Dans l'imagination indienne le rêve des régions infernales était plus terrible encore que ne le sera celui du Dante (L. V. ch. xxvi). Il y a d'abord l'enfer de l'obscurité profonde, et celui des démons cannibales. Ailleurs il y a des fours à potier, pleins d'huile bouillante ; et la Corde du temps, où le sol est de cuivre brûlant, et dont le feu, la faim et la soif sont les éternelles tortures ; il y a la forêt dont les feuilles sont des épées ; et le Sûkaramukha, ou le groin de porc : là les damnés sont broyés par les bourreaux, comme des tiges de canne à sucre.

Ces quelques lignes suffisent, pour montrer combien cette conception était devenue formidable chez les Hindous, habitués à l'horreur et aux raffinements des supplices.

Ce génie indien est monstrueux toujours et déborde en tout. Les Indiens créent les êtres, comme la Maya même, en se jouant ; et toute forme rêvée par ces cerveaux, qu'obsède perpétuellement la vision de l'infini, devient aussitôt gigantesque. Ils décrivent par exemple le Maha Purusha, c'est-à-dire le corps immense du Dieu qui contient tous les corps : et ce corps, c'est l'univers entier : mais cette image, par la surabondance comme par le précis des détails devient aisément, on le devine, hideuse et repoussante. Et ainsi toujours dans ces poëmes la folie est près du sublime. Mais que d'intuitions étonnantes! Ils trouvent d'un éclair de génie ce que patiemment, lentement la science aujourd'hui confirme : ainsi au livre II tous les éléments de la nature naissent par transmutation d'un premier principe, et comme nous le dirions aujourd'hui, de quelques corps simples. Mais aussitôt l'idée s'égare et se va perdre dans l'absurde.

Une analyse plus longue de ce merveilleux poëme nous entraînerait trop loin. Et pourtant bien des chapitres, bien des détails intéressants en seraient à signaler encore. Citons entre autres deux allégories, (genre littéraire familier aux bouddhistes, mais assez rare dans les livres saints des brahmanes), l'allégorie de la caravane des âmes conduite par l'Illusion sur les routes du monde, et celle du corps figuré par une ville, qu'assiège le feu de la fièvre et la fille du temps, et qui, tombée en ruine, retourne au sein de la nature.

Appelons l'attention encore sur une description de la vie fœtale (L. III, ch. XXXI). Nulle part peut-être l'esprit dans son sublime orgueil ne s'est élevé à un tel dédain de la chair.

Signalons enfin au ch. xxiii la mort de Pritha et sa dissolution dans l'Être ; au ch. xxx l'exposition de la doctrine du Yoga et du Sankhya de Kapila; au ch. xxviii l'acquisition de la délivrance ; au ch. xxix le Yoga de la dévotion, et L. VII, ch. xi et xiii les devoirs de l'ascète. La dévotion la plus puérile et la plus étroite se mêle dans les derniers chapitres aux règles de la morale la plus haute et de la plus large tolérance. Dans une légende du livre, Djamila, brahmane débauché, est sauvé de l'enfer pour avoir, et seulement par hasard, prononcé le nom de Vishnu. Quand dans une religion une telle importance est donnée à la lettre, qu'en est devenu l'esprit ?

Il n'était pas mort cependant ; et malgré les excès, les délires, les puérilités, ou le dogmatisme, étroit souvent, de ces Puranas, l'âme ardente et aimante du panthéisme hindou ne s'était pas éteinte ; et cette prière après tant d'autres le témoigne.

Au ch. xviii, dans un hymne au Dieu, véritable hymne à la joie, le poète magnifiquement s'écrie : « Que le bonheur s'étende au monde entier ; que le méchant s'adoucisse ! Que tous les êtres ne songent qu'à leur félicité mutuelle ! Que toutes les âmes aiment le bien ! »

Le Vishnu-Purana présente avec le Baghavata-Purana une grande ressemblance. Nous n'en détacherons que ces deux belles prières à Vishnu.

Gloire à toi, tout puissant Seigneur, ô Vishnu,

âme de l'univers, être immuable, être saint, éternel, toujours un par essence, bien que tu te révèles en Brahma, Hari, et Siva, en créateur, en conservateur et en destructeur des mondes! Tu es la cause de la libération finale; ta forme est une, et cependant multiple; ton essence est une, et cependant diverse, tu es ténu comme l'atome, et pourtant sans limites; discernable et indiscernable; racine de l'univers et pourtant formé de lui; tu es le soutien du monde, tu es plus petit que l'atome; tu habites en chaque créature, et sans souillure cependant; impérissable et de parfaite sagesse !...

Seigneur de l'univers, refuge de tous les êtres, consolateur des peines, bienfaiteur des hommes, montre-moi ta bonté, délivre-moi du mal. O créateur du monde, de tout ce qui a été, de tout ce qui est, de tout ce qui sera, des êtres mobiles et immobiles, toi dont le corps immense est fait de tout ce qui a forme, comme de ce qui est sans forme; être sans bornes, et pourtant infiniment subtil; maître du monde, maître digne de louanges; je viens à toi, ô mon refuge, renonçant à tout attachement dans ce monde, aspirant à une plénitude de félicité, aspirant à l'extinction de moi-même, à mon absorption en toi[1]!

Il nous est impossible, on le comprendra, de nous arrêter davantage à ces poèmes sans limites, et dont la seule étude mériterait tout un long ouvrage.

Cette littérature est infinie. Après les 18 Maha-Puranas ou grands Puranas, en effet, viennent encore les 18 Upa-Puranas ou Puranas inférieurs, qui par le sujet et même l'étendue diffèrent peu des autres.

Et ce n'est pas là toute la littérature des reli-

1. Prières de Parasasa et de Mucukanda, d'après la trad. de Monier Williams (*Indian Wisdom*).

gions sectaires : il y a les Tantras encore, qui se rattachent au culte des grandes déesses, des *Saktis*.

Rappelons qu'aux principales divinités hindoues étaient attribuées deux natures, l'une au repos, l'autre active; et que l'active, la *Sakti*, fut représentée sous l'image d'une divinité femelle, épouse de ces grands Dieux. Il se peut que le culte tantrique dérive en partie de ce dualisme du Sankhya, qui opposait Prakriti, la Nature, à Purusha, l'Esprit. Les Saktis les plus en faveur, furent tout naturellement celles du Dieu le plus redouté, Siva, c'est-à-dire Kali, Durga, Parvati, Uma, Bhairavi. Dans ce culte des déesses, se mêlèrent, nous l'avons vu, à un mysticisme parfois profond, de sales et brûlantes imaginations érotiques. A ces cultes enfin aboutirent toutes les superstitions populaires, tous les mystères occultes de l'antique magie, et par leurs mantras, les Tantras se rattachent à l'Atharva-Véda, le Véda des sorciers, des charmeurs, des magiciens. Les Tantras sont généralement écrits sous la forme d'un dialogue entre le Dieu et sa Sakti, le plus souvent entre Siva et Durga.

Un Tantra, comme un Purana, doit répondre à un certain nombre de sujets ; il doit traiter de la création et de la destruction de l'univers, du culte des Dieux, surtout de l'obtention par l'initié de pouvoirs surnaturels, et des modes d'union avec Dieu : le Tantra n'est le plus souvent qu'un traité de magie.

Les Puranas furent les derniers poèmes religieux de la littérature hindoue : elle s'éteignit après eux ; ses dernières lueurs, elle les jeta dans ce long et glorieux crépuscule. Puis la décadence et la nuit se firent de plus en plus profondes. Quelques esprits ont accusé de cet état de mort où nous voyons aujourd'hui la pensée et l'âme de cette grande et vieille race, ses doctrines, sa foi panthéistes. Bien que sans doute les doctrines religieuses et philosophiques puissent être comptées parmi les éléments de force ou de faiblesse, qui préparent la grandeur ou la décadence d'un peuple, ce ne fut pas le panthéisme, ce ne fut pas même le nihilisme des Hindous, qui furent les vraies et seules causes de leur décadence. Ce qu'il faut dire, c'est que des causes nombreuses, et que nous ne pouvons chercher ni étudier ici, l'âge, le climat, la pullulation des races inférieures par exemple, produisirent cette décadence; ce qu'on peut dire encore, c'est que toute aristocratie est tôt ou tard altérée par son milieu, enveloppée, pénétrée, corrompue, vaincue par la plèbe ; c'est que les religions, les littératures, les races ont toutes aussi leur vieillesse et leur mort nécessaires ; c'est que la loi de l'évolution, si décevante et meurtrière, loi d'ironie et de néant, fatalement pousse à l'usure, à la destruction, à l'abîme les races les plus glorieuses comme aussi les plus beaux, les plus nobles des êtres ; c'est enfin que religions ou philosophies, mœurs, institutions, coutumes, tout n'est que relatif et fugitif, et n'a guère qu'une apparence d'être ;

c'est que toutes les civilisations ont péri, que toutes périront, et qu'aucun peuple, comme aucun homme ne peut arrêter sa vie à ce point suprême, où il aurait atteint la force, la grandeur ou la félicité parfaites.

Bien heureux l'homme ou le peuple dont il survit du moins, comme de cette race hindoue, un certain nombre de pensées hautes, et d'œuvres d'art, et ce qui est supérieur encore à toute pensée et à toute œuvre d'art, le souvenir de vertus saintes et d'héroïsmes, quelle que fût la forme de ces héroïsmes.

CONCLUSION [1]

L'idée de l'infini a inquiété sans cesse la pensée de l'Hindou, l'emplissant de monstrueuses images, la terrifiant d'hallucinations gigantesques, l'opprimant parfois jusqu'à un désir fou d'anéantissement dans la mort.

Nulle race n'aura mieux su voir les racines que la vie plonge au sein de l'infini et de l'éternel, ni mieux su constater par instant, l'incurable misère et la douleur des êtres.

Nulle race n'aura mieux compris combien est incertaine et vague la réalité si fugitive du monde des phénomènes, et tout ce qu'il entre d'illusion, illusion souvent nécessaire, dans nos rapports avec les choses.

Nulle littérature religieuse n'aura mieux démontré comment se sont formés les Dieux dans la conscience humaine, et tout ce qu'il y a de vain encore, peut-être de réel aussi, dans la notion des entités divines.

Nulle part enfin on ne peut suivre avec plus de netteté que dans l'histoire des philosophies et des religions hindoues, l'évolution de l'idée panthéiste : et l'on pressent dès lors l'intérêt actuel de toutes ces études.

1. Ce chapitre est, comme ce livre, écrit depuis quelques années déjà. J'ai été heureux de voir certaines de ses idées confirmées, il me semble, par les belles études de M. Ém. Burnouf et du comte Goblet d'Alviella.

Le panthéisme, en effet, n'est pas mort : sous sa forme nouvelle du monisme il renaît et grandit avec la science pour alliée [1], et chose curieuse, à l'heure même où l'esprit moderne retrouvait ses liens de parenté directe avec les Aryas panthéistes, à l'heure où l'histoire de ses origines lui révélait ainsi sa vraie nature et les vraies aspirations de son génie, et où la science opposait au sémitisme judéo-chrétien, dans sa dernière lutte avec lui, la résistance, la révolte obstinée de cette antique conscience aryenne.

Mais le panthéisme des Hindous, dont ce néo panthéisme, quel que soit le nom qu'on lui donne, ne fait que reproduire quelques-unes des intuitions les plus hautes, nous avons vu qu'il avait abouti à deux doctrines différentes : d'une part à la philosophie ou à la religion védantique, ivre sans fin de la vision de Dieu, doctrine où tout vient de Dieu, vit en Dieu, et s'abîme en lui, comme dans un océan de lumière, d'autre part à une religion ou à une philosophie pessimiste et nihiliste, au bouddhisme, ne reflétant au contraire que le sombre et douloureux côté des choses.

Le védantisme ne voyait que leur aspect glorieux. Le pessimisme vit surtout leur misère, l'inanité de nos grands espoirs et de nos joies, le mensonge de ces rêves, de ces illusions qui nous attirent et nous leurrent, la séparation et la dispersion éternelle de ces agrégats qui composent

---

[1]. Certainement pour nous les progrès de la science amèneront les partisans de l'évolution à cette conclusion du monisme.

nos corps et nos âmes, créent ces formes éphémères, objets de notre amour, font naître l'incompréhensible prodige de la beauté pure : et dès lors ne reconnaissant plus en ce monde qu'une agitation vaine d'atomes et de pensées, ne découvrant rien qui dure, hormis la mort, le pessimisme hindou du néant de chaque être conclut au néant du tout[1]. Or, le panthéisme toujours et partout n'aboutira qu'à ces deux solutions, le panthéisme védantique ou le pessimisme et le nihilisme bouddhique, si bien que l'histoire de ces âmes hindoues sera quelque jour peut-être celle de nos âmes.

Établissons d'abord que toutes ces religions et ces philosophies, nihilistes même, et surtout nihilistes, ont abouti à la morale la plus haute, la plus pure qui ait jamais été, prouvant ainsi que la notion du devoir n'est pas inconciliable avec une religion et une philosophie sans Dieu, ou dont le Dieu du moins reste indéterminé. Cette preuve nous importe : car si la science moderne tend de plus en plus vers le panthéisme, et si le panthéisme, par une pente trop facile, peut mener l'âme au nihilisme, il est utile, il est urgent d'examiner s'il n'y a pas là, au point de

---

1. Et le Védantisme lui-même par la doctrine de la Maya ne semblait-il pas aboutir, nous l'avons fait observer, à un nihilisme transcendant, puisque cette doctrine, détruisant la réalité de tout l'univers matériel, ne conservait plus qu'un Dieu sans attributs, sans qualités, sans formes, qui était comme s'il n'était pas; ce qu'un des plus grands poètes de notre temps, M. Leconte de Lisle, a traduit en ces vers magnifiques :

Rien n'est vrai que la froide et morne éternité,
O Brahma, toute chose est le rêve d'un rêve.

vue de l'ataraxie possible, quelque péril pour l'humanité future.

Nous ne croyons pas que ce péril existe. D'abord ce n'est plus le rêve, c'est l'action qui aujourd'hui domine en cet âge adulte de l'humanité.

L'une des ruses de la nature, pour employer une expression familière au pessimisme moderne, sera toujours de donner aux intérêts puissants, qui conservent l'individu ou l'espèce, plus de force sur la volonté, que n'en auront jamais l'intelligence ni la raison : ce qui permet à bien des pessimistes, nihilistes même, d'être pratiquement, dans leur existence de chaque jour, en contradiction avec leurs principes. C'est la logique des instincts, rarement celle des idées, qui mène en effet les hommes, individuellement ou en foule [1].

Puis la science est là pour résister quelque peu à cet idéalisme subjectif, qui entraîna si loin le panthéisme hindou.

Enfin chez la plupart de nos races, et surtout chez l'anglo-saxonne, les vigueurs natives, l'équilibre heureusement gardé entre la vie physique et la vie cérébrale, l'habitude et le goût du viril effort, et dans leur éducation, inconsciente ou

---

1. Je ne crois vraiment pas qu'il faille redouter pour nous cette ataraxie complète, ce désir d'immobilité ou de mort, familiers à la race hindoue. Nous sommes si loin de telles conceptions et de tels vouloirs. La masse des hommes est pour bien longtemps dans un état d'animalité ou presque d'enfance, capable de nous rassurer, si l'on redoutait les conséquences prochaines de cette philosophie transcendante, qui chez certains sages en effet a pour jamais calmé la soif, l'étrange soif de vivre.

consciente, des traditions très puissantes toujours, par exemple celles du christianisme (qui, continuant en ceci la foi judaïque, n'a jamais mis en doute l'âpre réalité du monde, ni la dignité et la liberté de l'âme humaine), d'autres encore, celles-là tout aryennes, traditions grecques, romaines ou germaniques, empêcheront sans doute les générations à venir de succomber à l'indifférence, à l'alanguissement moral, où se sont paresseusement et délicieusement éteintes tant de générations orientales.

En effet parmi les descendants de la famille aryenne, tous devant la Nature n'ont pas conservé cette attitude immobile de résignation ou d'extase, habituelle à la race hindoue.

Les Grecs appartenaient aussi à cette grande famille, et les Grecs sont depuis longtemps les éducateurs de nos âmes. Or la Grèce un jour a défié et a vaincu l'Asie. La Grèce s'est dressée devant elle à Marathon, à Salamine, et elle n'a pas résisté seulement à ces armées d'esclaves qui la venaient assaillir; elle a su résister aussi à l'invasion de ses idées. A la conception, qui fut à la fois l'honneur et le péril du vieil Orient, de cet Infini formidable, tel que l'entrevirent les Hindous, à cette vision pleine de vertige et de mort, elle sut opposer l'indomptable vigueur du génie et de l'orgueil humains.

Dans les *Perses* retentit magnifiquement toujours le cri de triomphe de l'âme humaine délivrée. Ce fut un Grec, Œdipe, qui, selon la légende, le premier sut demeurer debout devant le sphinx de Thèbes, devant la bête d'Asie fascinante et mortelle, et le premier dans ses yeux terribles fixa sans trembler ses yeux d'homme. Ainsi, comme deux pôles contraires, d'un côté nous apparaît l'Inde, de l'autre nous apparaît la Grèce. D'un côté, l'Infini, où le tourbillon humain semble comme perdu et visible à peine, pareil à ces vols d'éphémères qu'un soudain rayon illumine; et de l'autre, l'homme résistant aux Dieux, Antée le Titan, fort du ferme appui que lui prête le sol maternel, Prométhée tenant tête à Zeus, l'exaltation en un mot, presque la déification de l'homme! Toute forme divine n'est chez les Grecs qu'une forme humaine divinisée. Leurs Dieux souriants, comme cette race heureuse, ne sont que leurs parents célestes. Chez eux nulles divinités formidables. Le Fatum grec, qui dans Eschyle a l'apparence encore d'une divinité orientale, Prométhée le brave et dédaigne, et le héros, se sentant plus juste que la Force stupide qui l'opprime, superbement se dresse, se raidit contre elle, crie qu'il vaincra un jour, proclame sa revanche future.

Dans l'Inde, le panthéisme, et le nihilisme aussi, où il semble aboutir; en Grèce la philosophie d'Aristote, celle d'Epictète et de Marc-Aurèle, où l'homme satisfait de sa force, virilement résiste au destin, et pour lutter, pour triompher peut-être, se contente des seules énergies de son âme comme des seules clartés de sa raison.

L'accord est-il possible entre ces deux conceptions de la vie, d'apparence si contradictoires, celle de l'Hindou, chez qui l'Infini absorbe annihile le fini, et celle des Grecs, chez qui l'horizon de ce monde terrestre, le spectacle borné, mais parfois harmonieux des choses, semblent suffire à la pensée, et chez qui l'homme se fait grand par la seule conscience de ses énergies, de sa noblesse, de sa dignité d'homme? Cet accord, nous le croyons possible, et le panthéisme stoïcien n'a-t-il pas été un premier pas déjà vers cette conciliation ?

Le même contraste existe entre les arts : dans l'Inde, un art singulier et grandiose, qui, tendant à l'Infini toujours, atteint fréquemment le sublime, un art qui aspire à tout embrasser et reproduire, et qui dans son impatience d'égaler la nature, devient facilement, comme elle, énorme, monstrueux et fou ; car la nature a aussi ses monstruosités, ses laideurs et ses délires, ses créations formidables, ses êtres horribles ou bizarres. En Grèce, un art au contraire, qui loin de tendre à l'illimité, n'est fait que de limitation et de mesure. Le plus souvent l'artiste ou le poète grecs contemplent la réalité moins que leur propre idéal; d'où la nécessité pour eux de retoucher sans cesse, d'émonder la nature jusqu'à ce qu'ils aient créé l'œuvre idéalement parfaite, mais aussi, aux époques inférieures, la statue ou le poème sans âme, et cet art classique de la décadence si peu vivant, si froid, à qui tout fera défaut, la vérité comme la beauté même. Aussi les formules, les règles édictées par la critique de la Grèce ou de Rome, ou les canons de leur statuaire, ne pourront suffire aux rêves de génies passionnés, puissants et larges, tels qu'en produisit la Renaissance ; et un Skakespeare par exemple, rompant avec la tradition classique, et reprenant à son insu celle du vieux panthéisme ou du vieux naturalisme aryen, se rapprochera singulièrement de l'antique poésie hindoue par le réalisme et l'universalité de son théâtre, par l'infinie variété, l'intensité de vie de ses créations, par cette âme et cette voix rendues à tous les êtres. Puis, l'art moderne, revenant toujours davantage à cette tradition naturaliste, qui semblait perdue, tendra de même à réfléchir en ses œuvres non plus, comme le préférait l'art classique, un seul aspect très limité, très étroit des choses, si harmonieux et si parfait qu'il fût, mais la nature entière avec ses manifestations sans nombre, son peu de logique apparente, ses contradictions perpétuelles, ses puretés, ses gloires, ses splendeurs, ses monstres aussi, ses mille créations fantastiques, hideuses, terrifiantes ou immondes. En un mot toutes les modalités de la vie, toutes formes revêtues par elle intéresseront désormais le savant et l'artiste ; rien de la nature, comme rien d'humain, ne les laissera indifférents ; et l'on reconnaîtra que ce point de vue de l'art panthéiste ou naturaliste est quelque peu opposé à celui de l'art grec ou classique[1].

1. Comparez la simplicité du théâtre grec et la complexité de celui de Shakespeare ; les personnages de ce théâtre antique et Hamlet avec sa profusion d'idées, de sensations, de sentiments, toutes ses contradictions. Comparez encore la sculpture antique et celle d'un Michel-Ange, d'un Chapu, d'un Dubois, d'un Antokolski, le

Et cependant, disions-nous, si différentes que paraissent l'une de l'autre ces deux conceptions de la vie et de l'art [1], l'accord nous en paraît possible : nous allons chercher à le prouver.

La science a donc confirmé quelques-unes des idées les plus hautes de la philosophie et de la religion des Hindous. Le monisme et le pessimisme actuels ne font que reproduire dans une langue précise, justement exigée par l'esprit moderne, quelques-uns des plus anciens sutras du brahmanisme ou du bouddhisme. Comme ces prodigieux penseurs des bords du Gange ou des forêts indiennes, qui ont rêvé le poème magnifique du panthéisme hindou, dans tous les phénomènes nous entrevoyons les modalités d'une même force et d'une même substance ; par l'anatomie, l'histologie, la physiologie, la psychologie comparées, nous rétablissons cette vérité, repoussée par le judaïsme et le christianisme judaïque, d'une étroite parenté unissant tous les êtres ; et ainsi nous retrouvons l'homme, ses organes, sa sensibilité, ses passions dans la vie plus ou moins consciente de l'animal ou de la plante.

Mais en même temps certains d'entre nous, pessimistes autant qu'un sramana bouddhiste, reconnaissaient que l'ordre des choses est régi par des lois sans pitié, et que les conditions de

---

Parthénon et nos cathédrales ; enfin la musique d'autrefois, et nos immenses symphonies.
1. Voyez en poésie déjà Gœthe, Heine, Leconte de Lisle.

la vie sont et seront à jamais la destruction, le meurtre, la douleur et la mort. La science, déjà panthéiste, sera-t-elle pessimiste aussi, et nihiliste même? La logique de l'esprit humain devra-t-elle aboutir encore à quelque doctrine analogue à celle du Bouddha? L'homme devra-t-il croire à quelque néant infini, dont il serait étrangement l'image, tout à la fois par sa propre grandeur et son propre néant? Certainement nous ne le pouvons dire : mais ce que nous pensons, c'est que la religion ou les religions et les philosophies de l'avenir auront, presque autant que celles des Hindous, le sens profond de l'infini, et ce que nous pensons et espérons aussi, c'est qu'à cet infini, et même à l'horreur d'un infini néant, l'homme, comme les plus grands des Grecs, saura désormais opposer sa liberté, sa force, ses vertus, sa fierté légitime, ne cessant de lutter comme s'il devait vaincre, et de vivre comme s'il ne pouvait mourir.

L'homme un jour vivrait donc, comme vivait l'Hindou, en plein infini, ayant conscience que par tout son être il se meut et respire en lui, qu'il vit en lui et ne vit que par lui, et qu'il n'est vraiment grand et qu'il n'est éternel que par sa participation à la grandeur et à l'éternité du Tout. Comme l'Hindou, il reconnaîtrait l'identité de ses énergies avec les énergies du monde, de son corps avec l'universelle substance, de son âme avec cette âme mystérieuse des choses, qui les crée et perpétuellement les agite, peut-être aussi de son néant avec l'éternel et infini néant : mais, comme un Zénon ou un Marc-

Aurèle, il tenterait de garder entières sa noblesse, sa dignité d'homme; et usant de toutes les forces, vraiment incalculables, aujourd'hui amassées en lui, partageant avec la nature le don du rêve et de la création, il tenterait de recréer le monde d'après un glorieux idéal de justice, d'harmonie, de beauté absolues, idéal dont cette nature aura su rarement lui donner l'image. Du chaos des choses, de leur propre chaos, certains du moins d'entre les meilleurs des hommes aspireraient de plus en plus à dégager la lumière et la joie, cherchant à ajouter des illusions encore à tout ce que l'Illusion éternelle sait par instants nous offrir d'enchantements et de rêves, de consolantes et endormantes douceurs : mais ne voit-on pas que cette foi future serait, comme le panthéisme stoïcien, la synthèse élargie des plus hautes conceptions de la race aryenne sur les rapports de l'univers et de l'homme?

Cette synthèse, selon nous, serait plus vaste encore. L'esprit aryen reste en conflit toujours avec l'esprit sémitique; il le vaincra, étant le plus puissant, le plus large et le plus largement en accord avec les tendances de la science, et cette victoire sera suivie d'une réconciliation entre ces deux esprits, si profondément toujours opposés l'un à l'autre. Oui, le panthéisme aryen vaincra certainement l'esprit sémitique, essentiellement théiste, formaliste, étroit, qui creusa un abîme entre Dieu et le monde, ne comprit jamais la nature, sa vie, sa passion divine, ne sut imaginer, pour rapprocher le créateur et sa créature, que des révélations foudroyantes, comme celles de Dieu à Moïse ou à Mahomet, tandis que la conception aryenne était au contraire celle de l'immanence divine ou de l'évolution naturelle.

Ce ne serait pas la première fois sans doute que l'esprit sémitique céderait à l'influence aryenne. En effet, le christianisme judaïque n'a conquis le monde aryen, qu'en s'aryanisant, c'est-à-dire en acceptant l'idée, tout aryenne, de l'incarnation. Le christianisme fut par là déjà, comme par sa morale à jamais sublime, un grand progrès dans l'évolution religieuse de l'humanité ; mais il a trop gardé sans doute du vieil héritage sémitique ; et son anthropomorphisme, son Dieu personnel, si bien fait à l'image de l'homme qui se dit fait à son image, et cette théorie mesquine des récompenses ou des peines, où toute bonne action est une bonne affaire, enfin son ignorance, son dédain de la nature, que confirme la conception mécanique, adoptée par Descartes, de l'intelligence et de l'âme des bêtes, cet héritage sémitique, nous le répudions, d'accord avec toute la science et toute la tradition aryennes.

Ce nouveau panthéisme, fût-il pessimiste, et surtout même s'il était pessimiste, réédifierait donc la morale sur des bases plus larges et plus sûres.

Nous croyons que la théorie pessimiste, telle que la conçut le Bouddha, s'imposera de plus en plus à toute intelligence et à toute âme un peu hautes. Notre optimisme des philosophies officielles est l'un des legs directs et funestes du xviii° siècle[1]. Le christianisme est absolument pessimiste dans sa conception de la vie terrestre, et le christianisme a raison[2].

Inspirant une immense pitié pour la grande misère et les douleurs des êtres, le pessimisme ne laissera jamais l'homme se reposer et s'endormir à l'aise dans la paix de son égoïsme. Le pessimiste, inquiet des imperfections de ce monde, le voudra transformer selon un idéal d'absolue justice et d'absolue beauté, tandis que l'optimiste, satisfait toujours, acceptera volontiers tous les faits accomplis, et se contentera souvent de la plus vulgaire comme de la plus plate moralité.

Quelle que soit donc la solution dernière, seul le panthéisme selon nous saura fonder sur d'inébranlables bases la morale éternelle, parce qu'il l'appuiera sur la conscience désormais certaine que l'individu appartient d'abord à ce grand Tout qui est comme son *moi* infini, et qu'ainsi son intérêt ne se peut distinguer de l'intérêt général, sa volonté de la volonté générale. *Tu es cela, tat twam*, disaient les vieux Hindous, voulant dire : tu es cet autre, à qui

---

1. Nous devons à cet optimisme quelques-unes des erreurs de la révolution française. La grande erreur, qui a tout compromis, et pour bien des années encore, fut la confiance optimiste des législateurs dans la raison de l'homme et la sagesse du plus grand nombre. Le Darwinisme a fait justice de ces idées; et ses conclusions ne sont donc nullement en accord avec les tendances de ceux qui voulaient fonder la république scientifique.
2. Son unique espoir est en Dieu, et dans l'immortalité de notre âme.

tu te donnes; tu es cette patrie, à qui tu te sacrifies; tu es cette race humaine, pour qui et en qui tu vis et tu meurs; ou plutôt tu ne peux mourir, car c'est toi-même encore cette race, et cette terre et ces cieux, cette substance à jamais vivante, passionnée, douloureuse, parfois si haute et transfigurée comme toi, tout ce monde immortel enfin, où par la dissolution de ton individualité te fera bientôt rentrer la mort : *tu es cela*, oui, *tu es tout cela*. La peur, selon une parole hindoue, n'existe pas dans le monde des Dieux. La peur n'existera plus dans le monde des hommes, quand le *moi* humain reconnaissant son identité avec le *moi* universel, saisira la profonde parole de la Bhagavad-Gita : Les Dieux, dit Krishna, ne pleurent pas les morts; car, toi et moi, nous ne pouvons mourir, car toi et moi, nous ne cesserons pas d'être...

Du jour où l'âme individuelle entre en cette communion profonde avec l'âme, la vie universelles, elle se sent devenir infinie, éternelle, et elle jouit et souffre d'une façon divine, car elle est en sympathie constante avec toutes les joies comme avec toutes les douleurs du monde. Une telle âme est celle des héros. Le héros n'est-il pas celui qui à sa vie individuelle, à sa vie étroite, éphémère, substitue une vie plus large, celle de sa patrie ou de sa race, l'homme qui meurt à soi-même pour renaître en tous, et donne sa vie pour la multiplier ? Et que veulent aussi le grand artiste ou le grand poète, sinon communier sans cesse avec la nature immense, mêler toute son âme à leur âme éphémère, par leur rêve égaler son rêve, le dépasser parfois?

Oui, le plus solide fondement de la morale sera l'assurance que la vie individuelle n'a de grandeur et de force que comme partie de la vie du tout, et que la vie étroitement égoïste n'est, selon l'expression hindoue, qu'un état d'obscurité ou d'ignorance.

La mutuelle solidarité des êtres sera de jour en jour mieux comprise et mieux enseignée. La science et l'histoire montreront plus clairement chaque jour les liens infinis qui unissent l'homme à la nature entière, l'humanité présente à celle du passé et de l'avenir; et un devoir plus large répondra à cette conception élargie de la vie humaine, l'humanité et la nature nous apparaissant de plus en plus comme notre être agrandi ou comme notre *moi* éternel.

Qu'on ne s'effraie donc pas de ce retour et du triomphe, définitif peut-être, du panthéisme aryen. Certaines âmes sans doute qui ne seront ni les moins hautes ni les moins pures, trop cruellement meurtries par le mal d'ici-bas, par les duretés et les brutalités de la vie, s'écarteront de la lutte, chercheront la paix profonde dans une sorte de doctrine bouddhique, dans la doctrine de la résignation, du renoncement absolu, et ces âmes goûteront une mort exquise, en s'éteignant selon la parole orientale dans le couvent du *non-être*. Et déjà que d'âmes modernes inconsciemment sont bouddhiques par leur douceur, leur rêve, leur pitié, leur infinie tendresse, et aussi par leur indifférence, involontaire sans doute, au problème de la cause première, qu'après tant d'efforts elles ont désespéré de résoudre.

D'autres âmes peut-être s'attacheront de préférence à cette idée de la Maya, qui fait de la vie un songe mystérieux, une illusion souvent splendide, trop souvent douloureuse et sombre, et celles-là en participant au rêve des choses, par instants du moins béniront l'Illusion divine d'avoir su, tout en les trompant, les éblouir et les charmer parfois.

Mais le plus grand nombre, selon nous, en embrassant le panthéisme aryen, le transformeront en une religion héroïque, se rapprochant quelque peu de cet hylozoïsme, de ce panthéisme stoïcien, qui sut largement concilier la notion de l'infini avec les aspirations de la liberté humaine [1].

Être ou n'être pas, telle est la question éternelle. L'Inde a préféré ne plus être. Nos générations modernes veulent vivre au contraire de toutes les énergies, de toutes les puissances, aujourd'hui accumulées en elles.

Ainsi contrairement à ce matérialisme trop souvent abject, dont la grossièreté, la platitude sont naturellement fort goûtées de nos jours, nous espérons que l'une des religions de l'avenir, comme la religion de Spinosa, large, profonde, infinie, adéquate à l'immense nature, pourra être une foi héroïque, et devenir la consolation et la force de la future humanité.

1. Car nous croyons que les titres seront retrouvés un jour de cette liberté, trop niée aujourd'hui.

Par certains côtés cette religion ou cette philosophie ressemblera donc à ce panthéisme incertain, mais d'une sagesse pratique, si certaine et si haute, qu'enseigna Marc-Aurèle à une époque d'inquiétude et de doute, rappelant beaucoup l'heure présente. « Ou la sagesse divine préside au monde, disent les *Pensées*, et que crains-tu alors? ou tout va au hasard et tout vient du hasard; mais toi, du moins, toi seul, n'agis point au hasard. » Et ce mot admirable, *toi du moins, n'agis pas au hasard*, ne pourrait-il suffire, s'il était nécessaire, pour refonder la justice et recréer l'ordre dans un monde sans ordre ni justice?

Nous ne pensons donc pas comme certains pessimistes, et tout convaincu que nous puissions être de la misère irrémédiable attachée à la vie, peut-être n'inviterions-nous pas la conscience humaine au suicide. La vie, nous l'acceptons telle qu'elle nous apparaît, amère et douce, lumineuse et sombre, remplie de grandeur et de néant. Et tout cet univers ne fût-il que néant, il serait au moins glorieux encore de rêver l'idéal, l'absolu du beau et du bien dans un univers sans justice et sans idéal.

L'Inde pourra donc quelque jour avoir sur la civilisation moderne une influence anologue à celle qu'au xvᵉ et au xviᵉ siècle eut le monde merveilleux de la Grèce, soudainement aussi découvert[1]. Et nous voudrions que cette Renais-

---

1. Cette influence de l'Orient apparaîtra bientôt dans l'art, modifiant d'abord dans l'art décoratif les vieilles

sance gagnât l'Inde elle-même et l'Orient. La justification de l'Angleterre sera de comprendre et de remplir à l'avenir tous ses devoirs envers ce grand pays qu'elle a su conquérir avec tant d'adresse et d'audace. L'un de ces devoirs sera d'abord d'arracher à la destruction ou à l'oubli les monuments anciens de la littérature et de l'art; un autre devoir peut-être sera de réveiller dans l'âme et la pensée des Hindous l'âme, la pensée de leurs ancêtres, et ainsi de favoriser les tentatives de réformateurs comme Ram-Mohun-Roy, qui ont cherché à dégager des Védas une religion en rapport avec les besoins de l'esprit moderne. Il est plus facile en effet de convertir les Hindous à une religion hindoue, mais transformée, épurée par un des leurs, qu'à une religion étrangère, et aussi étroite par bien des côtés que le christianisme anglican. Il se peut que de cette rencontre au bord du Gange entre l'esprit ancien et l'esprit nouveau de la famille aryenne, sortent cette religion nouvelle, ou ces formes futures de religions nouvelles que nous essayons d'entrevoir.

Il est en vérité curieux que ce soit elle aujourd'hui, qui, par la publication et l'étude des vieux textes sanscrits rende l'Inde ancienne aux Hindous. Mais si la nation victorieuse a fait beaucoup déjà pour la nation vaincue, elle lui

formules par trop usées, renouvelant ses couleurs et ses lignes. L'aube de cette renaissance artistique, nous la voyons poindre depuis quelque temps déjà, mais en Angleterre.

doit plus encore : et ainsi et alors seulement sera peut-être justifié son triomphe.

Nous voudrions que la France, qui a laissé perdre les conquêtes de Dupleix, sût garder du moins et étendre dans la région de la pensée celles d'Eug. Burnouf.

FIN

TABLE

I. — Le Rig-Véda............................... 1
II. — Le Yajur, le Sama, l'Atharva-Véda. Les Brahmanas et les Upanishads.......... 43
III. — La philosophie des Hindous. Les six Darsanas..................................... 60
IV. — Le Manava-Dharma-Sastra (les Lois de Manu). Le Code de Yajnavalkya........... 77
V. — Le Buddha et le Bouddhisme. Le Jaïnisme....................................... 133
VI. — Le Mahabharata........................ 186
VII. — La Baghavad-Gita....................... 245
VIII. — Le Harivansa........................... 258
IX. — Le Ramayana............................ 269
X. — La poésie mystique : la Gita-Govinda et le Pantchadhyahy..................... 308
XI. — La religion de Siva...................... 319
XII. — Les Puranas et les Tantras,............ 336
XIII. — Conclusion............................. 364

FIN DE LA TABLE

ASNIÈRES. — IMPRIMERIE LOUIS BOYER ET Cⁱᵉ

BIBLIOTHÈQUE CHARPENTIER

A 3 FR. 50 LE VOLUME

EXTRAIT DU CATALOGUE :

HISTOIRE
DE LA
LITTÉRATURE CONTEMPORAINE

DANS LES DIFFÉRENTS ÉTATS DE L'EUROPE

EN ANGLETERRE, par M. Odysse Barot.
EN RUSSIE, par M. C. Courrière.
CHEZ LES SLAVES, par M. C. Courrière.
EN ESPAGNE, par M. Gustave Hubbard.
EN ITALIE, par M. Amédée Roux.

CHACUN DE CES OUVRAGES
FORME
UN VOLUME A 3 FR. 50

Envoi FRANCO contre mandat-poste.

Imprimeries réunies, A, rue Mignon, 2, Paris. — 45052.

www.ingramcontent.com/pod-product-compliance
Lightning Source LLC
Chambersburg PA
CBHW071912230426
43671CB00010B/1583